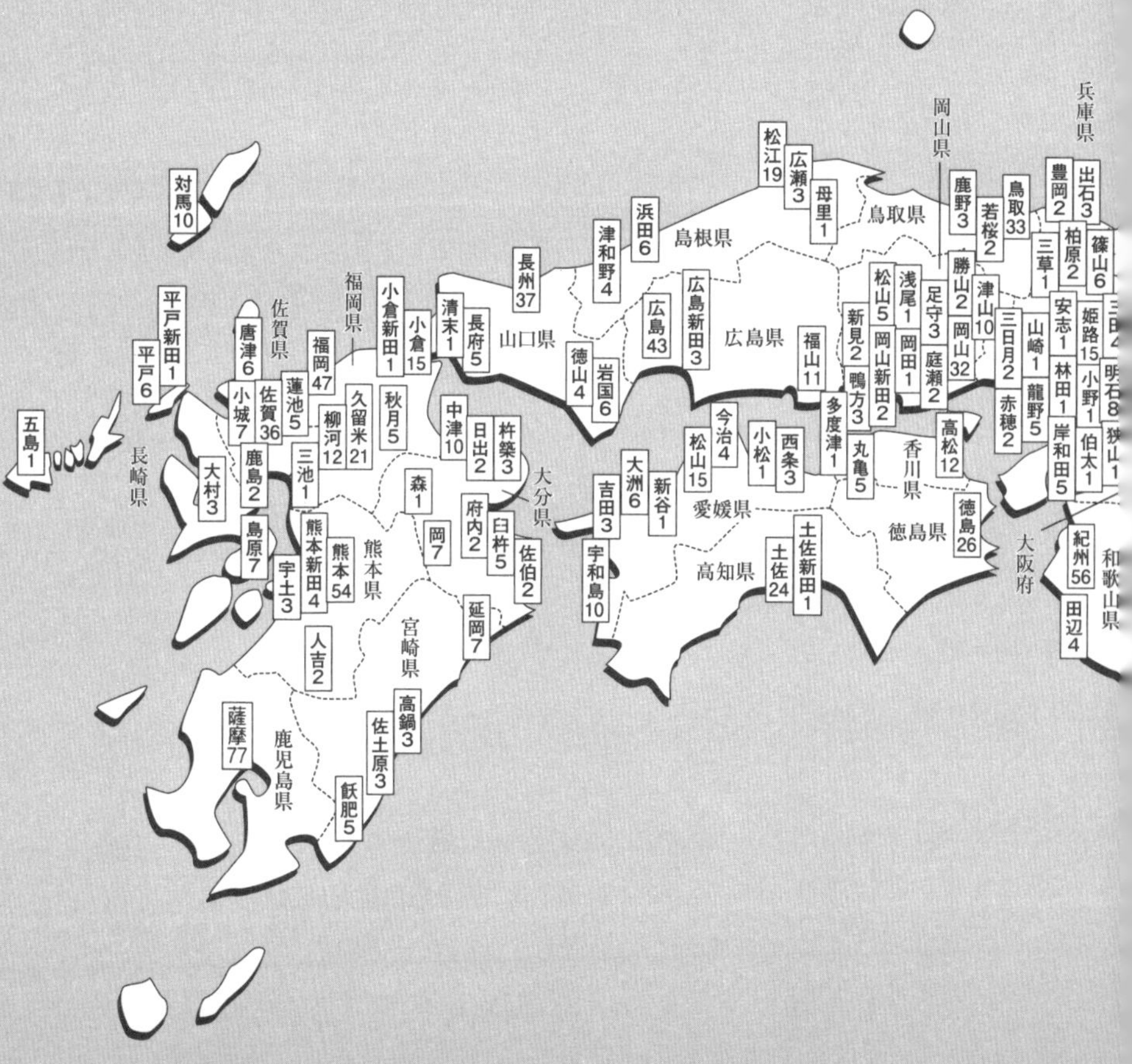

兵庫県
岡山県
松江19
広瀬3
母里1
鳥取県
鹿野3
若桜2
鳥取33
豊岡2
出石3
柏原2
篠山6
三草1
対馬10
浜田6
津和野4
島根県
長州37
福岡県
小倉新田1
小倉15
清末1
長府5
山口県
徳山4
岩国6
広島43
広島新田3
広島県
福山11
新見2
松山5
浅尾1
足守3
勝山2
津山10
岡田1
岡山新田2
岡山32
庭瀬2
鴨方3
三日月2
山崎1
安志1
姫路15
林田1
小野1
龍野5
赤穂2
岸和田5
伯太1
平戸新田1
平戸6
佐賀県
唐津6
福岡47
蓮池5
小城7
佐賀36
久留米21
柳河12
秋月5
中津10
日出2
杵築3
五島1
長崎県
大村3
鹿島2
三池1
森1
大分県
府内2
臼杵5
岡7
佐伯2
島原7
宇土3
熊本新田4
熊本54
熊本県
延岡7
人吉2
宮崎県
高鍋3
佐土原3
飫肥5
薩摩77
鹿児島県
吉田3
大洲6
新谷1
宇和島10
松山15
今治4
小松1
西条3
多度津1
丸亀5
高松12
香川県
愛媛県
徳島県
徳島26
高知県
土佐24
土佐新田1
大阪府
紀州56
田辺4
和歌山県

シリーズ藩物語【別巻】

白河藩

植村美洋……著

現代書館

プロローグ

白河の歴史的役割

白河は東北の玄関口に位置し、東北で最初に中央や関東の政治・経済・文化等と接触し、その影響を受けるという地理的特性がある。そのような東北における要衝の地のために、古代には白河関が置かれた。

その後、鎌倉幕府の成立時には、奥州平泉政権の最前線の地として、奥州侵攻の源頼朝軍と最初に衝突した。また、関ヶ原の戦い前夜には、徳川家康軍と上杉景勝《かげかつ》軍が対峙し、天下分け目の決戦の場と想定された。さらに、近代明治国家の成立時には、奥羽越列藩同盟軍と会津藩を中心とした東北諸藩と新政府軍が激戦を繰り広げ、東北の戊辰戦争の端緒となった。

このように白河の地は、新しい時代の幕開け、日本の歴史の大きな転換期において、きわめて重要なポイントとなった地でもある。

中世末（近世初期）まで白河を領有していた白河結城《ゆうき》氏が、北条氏討伐の小田原陣へ不参のために豊臣秀吉から改易されて領地を没収されたのち、白河は一時期会津領となり、蒲生《がもう》氏、上杉氏の支配

藩という公国

江戸時代、日本には千に近い独立公国があった

江戸時代。徳川将軍家の下に、全国に三百諸侯《しょこう》★の大名家があった。ほかに寺領や社領、知行所《ちぎょうしょ》★をもつ旗本領《はたもとりょう》などを加えると数え切れないほどの独立公国があった。そのうち諸侯を何々家家中《けかちゅう》と称していた。家中は主君を中心に家臣が忠誠を誓い、強い連帯感で結びついていた。家臣の下には足軽《あしがる》層《そう》★がおり、全体の軍事力の維持と領民の統制をしていたのである。その家中を藩と後世の史家は呼んだ。

江戸時代に何々藩と公称することはまれで、明治以降の使用が多い。それは近代からみた江戸時代の大名の領域や支配機構を総称する歴史用語として使われた。その独立公国たる藩にはそれぞれ個性的な藩風《はんぷう》と自立した政治・経済・文化があった。幕藩体制とは歴史学者伊東多三郎《いとうたさぶろう》氏★の視点だが、まさに将軍家の諸侯の統制と各藩の地方分権が巧く組み合わされていた、連邦でもない奇妙な封建的国家体制であった。

今日に生き続ける藩意識

明治維新から百五十年以上経っているのに、今

を受けた。白河藩が成立するのは、隣の棚倉《たなぐら》から丹羽長重《にわながしげ》が入封した時からである。その後、榊原氏・本多氏・松平氏（奥平）・松平氏（結城）・松平氏（久松）・阿部氏と、七家二十一代の藩主が支配した。初代の丹羽氏は外様大名であったが、その後は、白河が奥羽の押さえの地として幕府より重要視され、歴代、譜代大名が配置される。

　丹羽長重が、白河藩の象徴ともいうべき白河城（小峰城）の大改修をおこない城下町白河の礎を築く。その後、八代将軍徳川吉宗の孫の定信《さだのぶ》が田安家から松平家（久松）に養子に入り藩主となり、天明の飢饉《ききん》を乗り切り、すぐれた文化政策や産業振興策をおこなう。定信の白河藩における実績が幕府より高く評価され、定信は幕府の老中となり、中央政界において寛政の改革をおこなう。

　松平家の後に入った阿部家は、歴代当主から六名もの老中を輩出した、徳川幕府を支えた隠れた名家であったが、幕末期の政治的激動のなかで、棚倉に転封されてしまう。その後、白河に替わりの大名は配されず、白河は領主不在という特異な状況で戊辰戦争・明治維新期を迎えたのであった。白河藩が近世においてはどのような役割を果たし、この土地に住む人々がどのような生活を営み、どのような文化を生み出したか等を本書で明らかにしてみたい。

でも日本人に藩意識があるのはなぜだろうか。明治四年（一八七一）七月、明治新政府は廃藩置県《はいはんちけん》★を断行した。県を置いて、支配機構を変革し、今までの藩意識を改めようとしたのである。ところが、今でも、「あの人は薩摩藩の出身だ」とか、「我らは会津藩の出身だ」と言う。それは侍出身だけでなく、藩領出身も指しており、藩意識が県民意識をうわまわっているところさえある。むしろ、今でも藩対抗の意識が地方の歴史文化を動かしている。そう考えると、江戸時代に育まれた藩民意識が現代人にどのような影響を与え続けているのかを考える必要があるだろう。それは地方に住む人々の運命共同体としての藩の理性が今でも生きている証拠ではないかと思う。

　藩の理性は、藩風とか、藩是《はんぜ》とか、ひいては藩主の家風ともいうべき家訓などで表されていた。

〔稲川明雄（本シリーズ『長岡藩』筆者）〕

諸侯▼江戸時代の大名。
知行所▼江戸時代の旗本が知行として与えられた土地。
足軽層▼足軽・中間・小者など。
伊東多三郎▼近世藩政史研究家。東京大学史料編纂所教授を務めた。
廃藩置県▼幕藩体制を解体する明治政府の政治改革。廃藩により全国は三府三〇二県となった。同年末には統廃合により三府七二県となった。

シリーズ藩物語 別巻

白河藩

目次

シリーズ藩物語「別巻」について。

江戸時代、全国に多くの大名家があり版籍（領地・領民）を支配していた。後世の史家はそれを「藩」と呼んだ。時期によりその数は変化するが、江戸期を通して、おおよそ三百藩といわれている。

本シリーズはそれらの藩の成立から終焉までを扱うのだが、終わり（終末）の基準点を版籍奉還時に置いている。

白河藩は版籍奉還時（明治二年＝一八六九年）にはすでに廃藩となっていた（実際には、慶応二年＝一八六六年）のだが、歴史上極めて重要な藩なので、「シリーズ藩物語別巻『白河藩』」として、上梓致します。（現代書館「シリーズ藩物語」編集部）

第三章 城下町の暮らしと文化

現在まで続くダルマ市などの年中行事や文化が生まれた。

現在の福島県
鶴岡市
西川町
寒河江市
河北町
東根市
大和町
大郷町
松島町
東松島市
富谷町
利府町
塩竈市
七ヶ浜町
多賀城市
大江町
天童市
仙台市
村上市
中山町
山辺町
朝日町
山形市
川崎町
名取市
村田町
白鷹町
柴田町
岩沼市
長井市
南陽市
上山市
蔵王町
大河原町
亘理町
関川村
小国町
高畠町
七ヶ宿町
白石町
角田市
山元町
胎内市
川西町
丸森町
聖籠町
飯豊町
国見町
桑折町
新地町
新発田市
米沢市
福島市
伊達市
相馬市
新潟市
阿賀野市
喜多方市
北塩原村
猪苗代町
川俣町
飯舘村
南相馬市
田上町
五泉市
阿賀町
西会津町
大玉村
二本松市
加茂市
会津坂下町
湯川村
磐梯町
本宮市
葛尾村
浪江町
双葉町
三条市
柳津町
三島町
会津美里町
会津若松市
郡山市
三春町
田村市
大熊町
富岡町
長岡市
金山町
川内村
小野町
楢葉町
須賀川市
昭和村
天栄村
広野町
鏡石町
平田村
下郷町
玉川村
魚沼市
只見町
矢吹町
泉崎村
中島村
石川町
西郷村
古殿町
南会津町
白河市
いわき市
浅川町
鮫川村
南魚沼市
那須町
棚倉町
桧枝岐村
那須塩原市
塙町
みなかみ町
矢祭町
北茨城市
日光市
大田原市
片品村
塩谷町
矢板市
大子町
常陸太田市
高萩市
那珂川町

羽後
陸中
羽前
陸前
越後
岩代
磐城
上野
下野
常陸

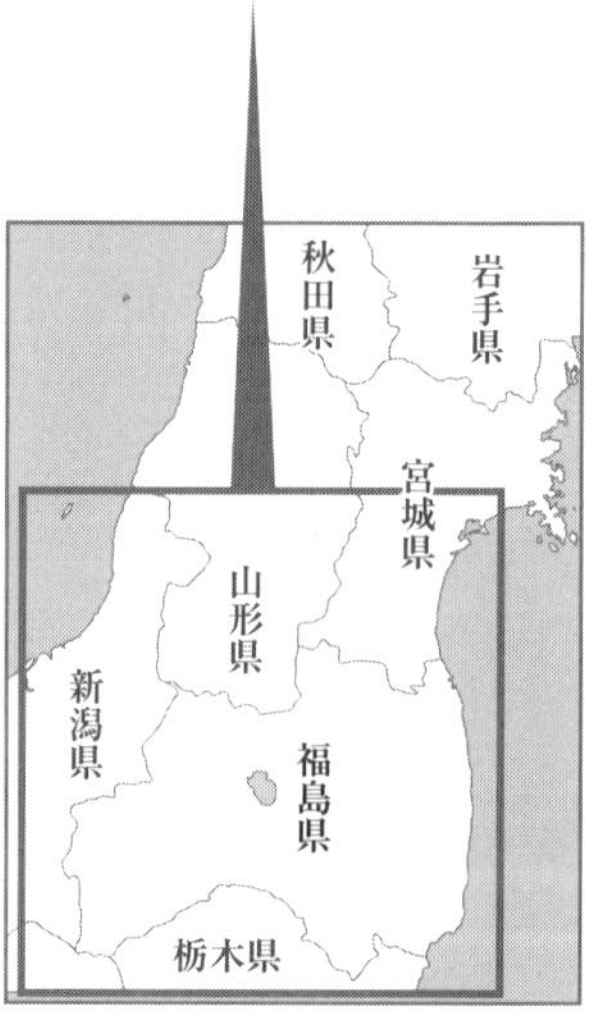

秋田県
岩手県
宮城県
山形県
新潟県
福島県
栃木県

第一章 白河藩の成立

白河藩が成立し、城や城下町、街道の整備がおこなわれた。

1

白河藩前史

豊臣秀吉の奥州仕置で白河結城氏が滅び、白河は会津の蒲生氏郷・上杉景勝、そして再び蒲生秀行・忠郷の支配となった。忠郷が跡継ぎのないまま死去し、蒲生家は改易となる。会津の支配から独立して白河藩が成立した。

豊臣秀吉の奥州仕置

天正十八年（一五九〇）三月一日、天下をほぼ手中に収めていた豊臣秀吉は、最後の障害となっていた小田原の北条氏を討伐するために京都を出発した。

一方、秀吉から小田原参陣の命を受けた後も、さまざまな野望を抱いていたために容易に態度を決しかねていた伊達政宗も、ようやく同年の三月二十五日に小田原参陣を決意した。ところが、小田原へ出発する直前の四月五日、政宗の生母芳春院《ほうしゅんいん》による政宗毒殺未遂事件が起こり、出発は延期を余儀なくされた。

この伊達家存亡にかかわる危機を政宗は、反政宗勢力の「みこし」的存在であった弟小次郎を手討ちにするという果断な処置をもって乗り切り、かえって家中の結束を固めたのである。五月九日、政宗が会津黒川を出発し、六月五日、小田

豊臣秀吉（『集古十種』より）

原に到着する。

参陣の遅れた政宗は秀吉の怒りを買うが、会津領の返上などを条件にようやく許される。七月五日、北条氏を降伏させた秀吉は会津に向かい、同月二十六日、宇都宮に着き、八月四日まで滞在した。その後六日に白河に至り鹿嶋神社に泊まった後、長沼を経て九日に会津に到着する。

秀吉は宇都宮に滞在中に、すでに奥州仕置の第一段階といえる所領問題に着手している。ここで、岩城貞隆《いわきさだたか》、相馬義胤《そうまよしたね》、南部信直《なんぶのぶなお》、佐竹義宣《さたけよしのぶ》らの所領安堵をしたといわれている。さらに会津到着後は、大々的に奥州の諸大名の領地の改編をおこなっている。

白河義親《よしちか》、石川昭光《あきみつ》の他に、大崎義隆《よしたか》、葛西晴信、田村宗顕《むねあき》らの領地が没収された。伊達政宗は、全会津領を削られ、長井郡、刈田《かった》郡、伊達郡、小手郷《おてごう》、信夫《しのぶ》郡、安達《あだち》郡、田村郡のみへと大きく縮小された。没収された葛西・大崎の旧領は木村吉清《よしきよ》に、石川郡・白河郡および会津領は新しい黒川城主の蒲生氏郷《うじさと》にそれぞれ与えられた。

秀吉は奥州仕置とともに、豊臣政権の基盤を築くべきもっとも重要な政策である刀狩りと太閤検地の命令を会津で発しているのである。秀吉は、相当かたい決意のもとに、このふたつの政策実行を家

豊臣秀吉の行程

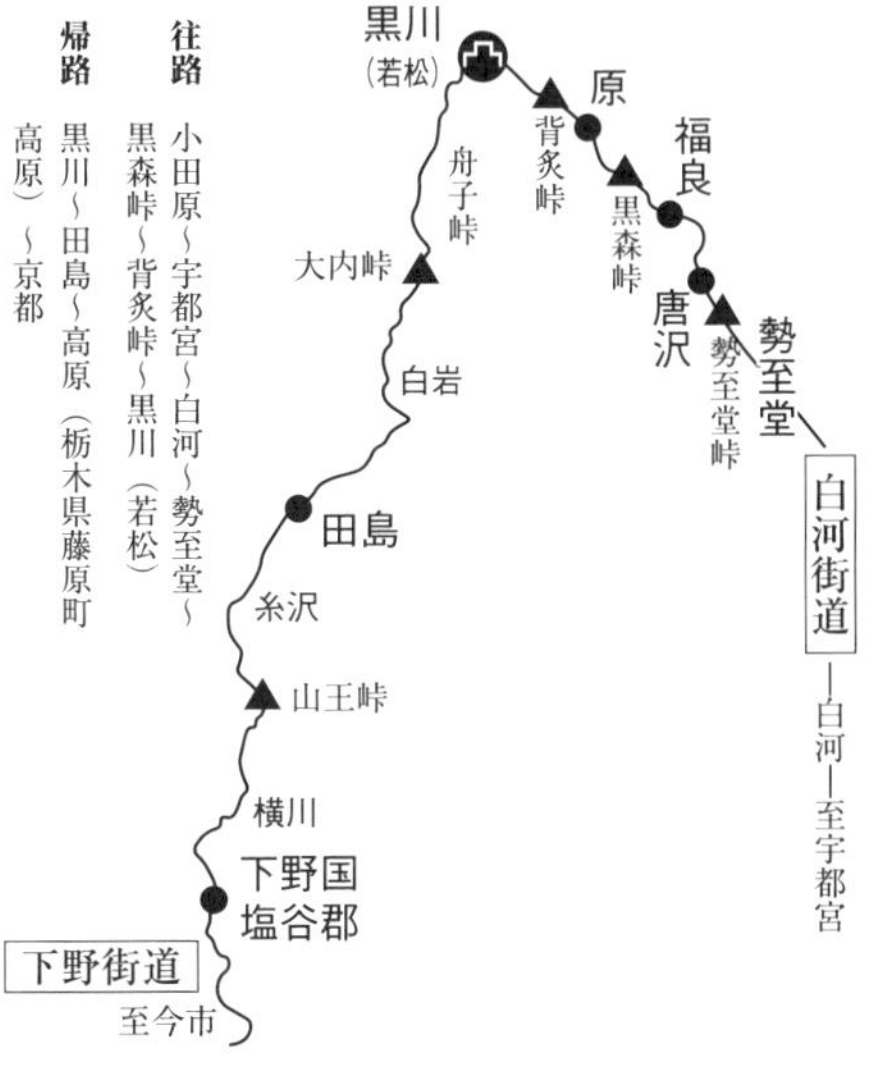

諸大名の奥州仕置

臣に命じている。命に従わない者は厳罰に処するという、強硬な姿勢でのぞんでいる。

白河結城氏の成立から興隆

白河が会津の蒲生氏の領地となる前の領主は長い間白河結城氏であった。源頼朝の奥州征伐（一一八九年）で戦功を挙げた下野の有力武将の小山氏★が白河地方に所領を与えられた。その小山氏から分かれたのが結城氏で、祐広《すけひろ》の代に白河荘に移住し白河結城氏が始まる。

南北朝時代（一三三六〜九二）に後醍醐天皇について南朝方の有力武将として活躍したのが、祐広の子の宗広《むねひろ》であった。宗広は後醍醐天皇の信任厚く、すでに高齢に達していたにもかかわらず、まさに粉骨砕身の働きで南朝のために戦う。この宗広の働きに感じた後醍醐天皇は、宗広を結城家の惣領に任じてその功績を称えた。

宗広は長男親朝《ちかとも》を分家させて小峰氏を創設させ、親朝の二男朝常《ともつね》が小峰氏を継いで小峰ケ丘に小峰城を築いた。一方、本家の家督は親朝の長男の顕朝《あきとも》が継ぎ、これより四百年にわたって結城氏が白河地方を支配することとなったのである。

親朝の代になると結城氏は、政治情勢の変化に応じて北朝側に転じる。そうし

結城氏の祖・朝光（称名寺蔵）

天保７年（1836）結城宗広500回忌に蒲生羅漢が描いた宗広の肖像（関川寺蔵）

▼小山氏
中世下野国の豪族で、藤原秀郷の子孫。大田行政の子政光が小山荘（現、栃木県小山市）を本拠とし、小山氏を称したのに始まる。政光の子朝政が頼朝に従い武功をたて、下野国の守護を安堵された。

白河結城氏略系図

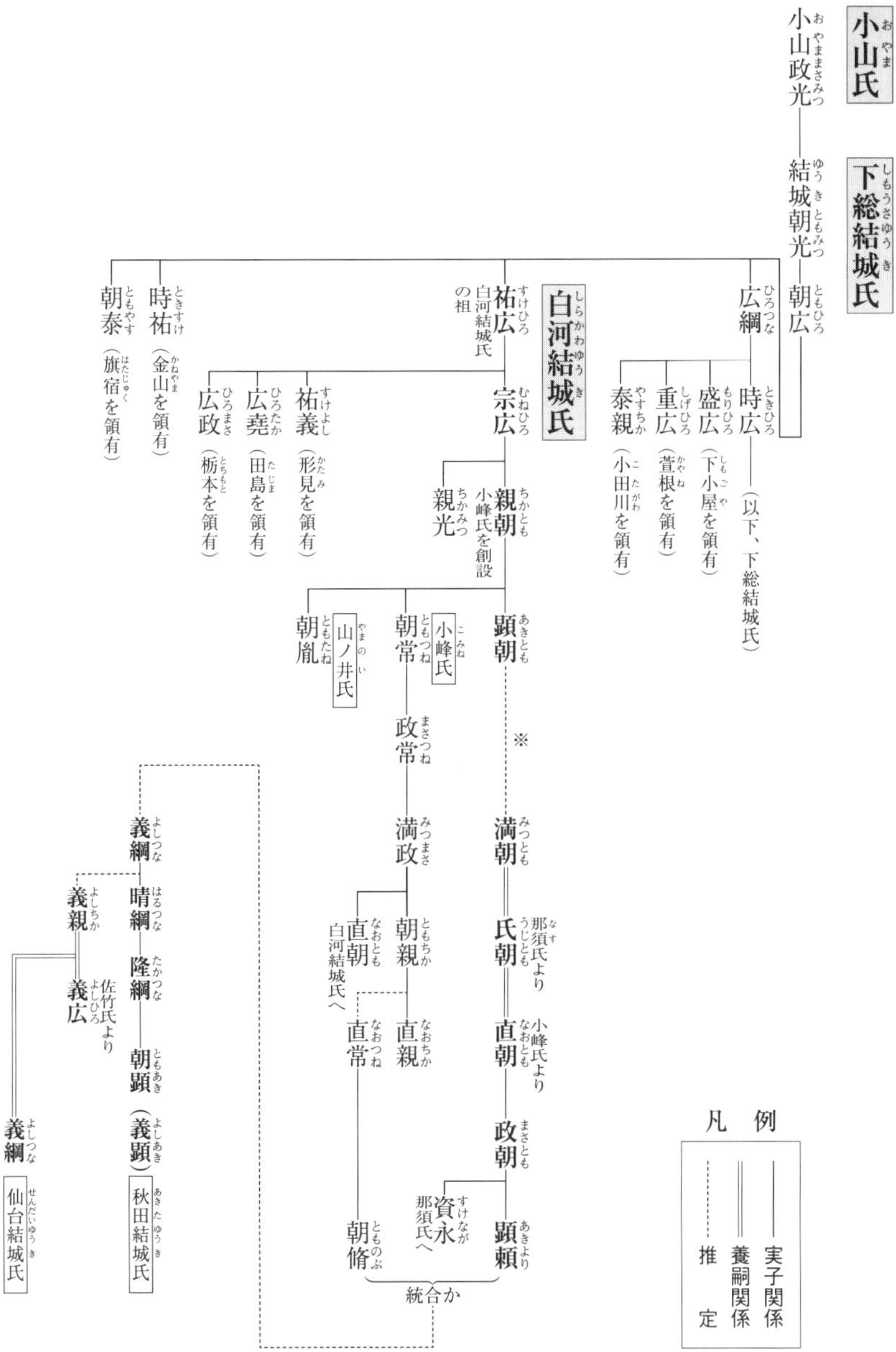

※顕朝と満朝との間に、もう一代の人物が存在したという説もあります。
参考：『白河市史』第一巻、2004年、市村高男「白河結城家文書の形成と分散過程」（村井章介編『中世東国武家文書の研究　白河結城家文書の成立と伝来』、2008年）など

て親朝は室町幕府より南東北から一部北関東にまたがる八つの郡《ぐん》・荘《しょう》・保《ほう》の検断職《けんだんしき》★に任じられて、軍事・警察権を有したのである。そうして、白河結城氏は南東北で勢威を誇り、文明期（一四六九〜八七）の氏朝《うじとも》・直朝《なおとも》の代に全盛期を迎える。

白河結城氏の衰退から滅亡

全盛期を迎えた白河結城氏はやがて一族の内紛を契機に衰退していく。一族の内紛の要因のひとつが結城氏本家と分家小峰氏との関係である。もともと両家の有する所領の差がそれほど大きくなく、勢力は拮抗していた。両家の関係が良好の時代は問題はなかったが、対立・抗争の状態となると、白河結城氏は一気に凋落へと向かってしまう。

最初の抗争は永正事変（一五一〇年）と呼ばれるもので、結城本家の政朝《まさとも》が、小峰氏の血を引く嫡子顕頼になかなか家督を譲らないことから、焦りを抱いた小峰氏が本家に反逆し政朝を追放した。政朝は那須に逃がれて消息不明となった。この変により顕頼の時代となり小峰氏は白河結城氏内で勢力を増したが、白河結

▼検断職
中世に保安・警察および刑事事件をつかさどった役職。

結城親朝の八郡荘保検断職

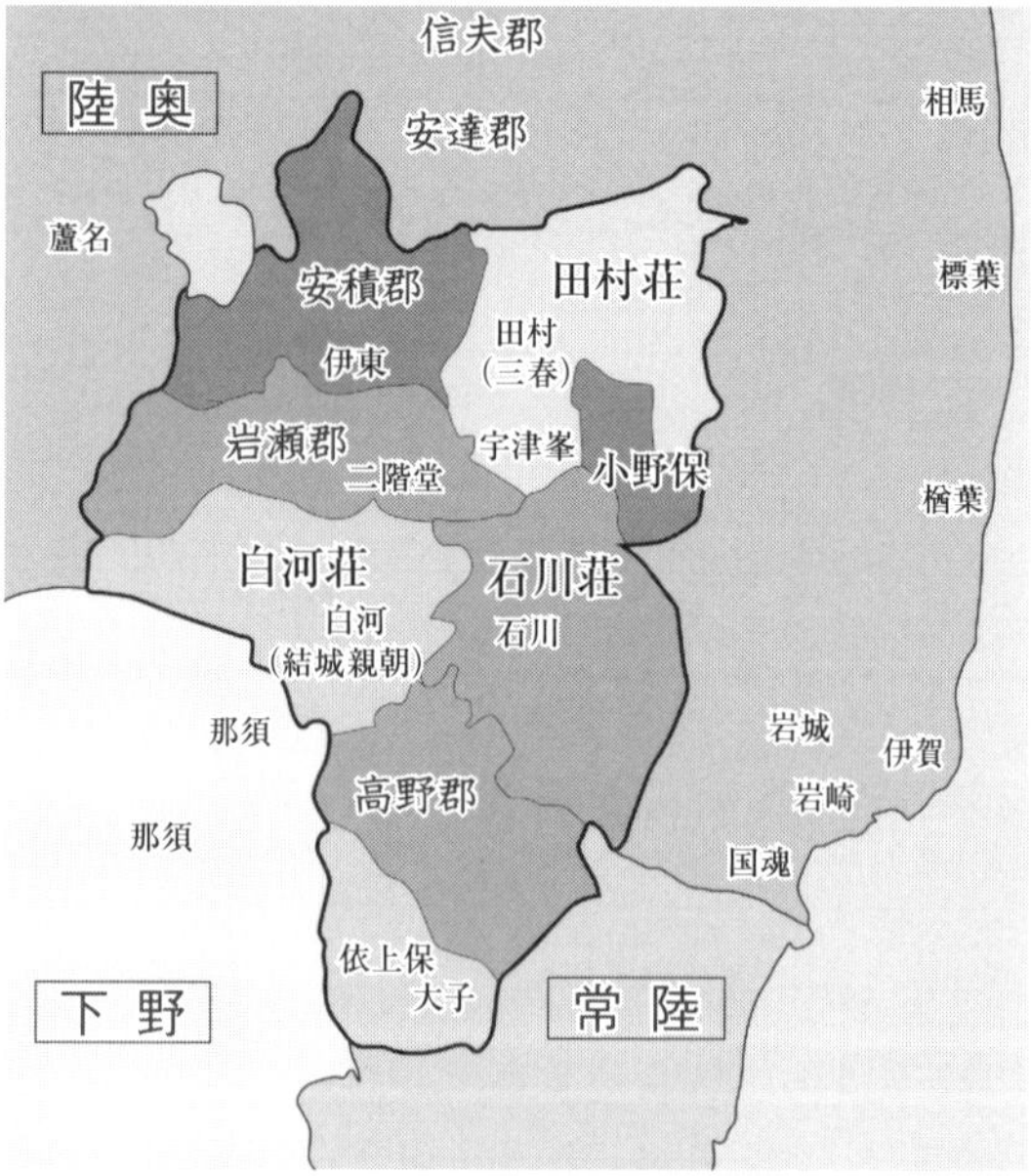

城氏全体としては声望を失い勢力を弱めることとなった。白河結城氏の本拠も白川城★（搦目城）から小峰城★に移った。

さらに決定的な内紛は、天正三年（一五七五）一月四日に起こる。この日、小峰義親《よしちか》は結城本家の幼主義顕《よしあき》を初狩りの行事に誘い出して、亡き者にしようとした。義顕は家臣の計らいで難を脱したが、居城を奪われ、白河から会津の柳津虚空蔵別当《やないづこくうぞうべっとう》（現円蔵寺、福満虚空蔵尊）のもとに逃れた（異説あり）。

本家を簒奪《さんだつ》した義親であったが、この結城氏の混乱に乗じた佐竹義重《よししげ》が白河に侵攻してきた。義親は重臣とともに捕らわれ、白河（小峰城）城主として義重の二男義広《よしひろ》が入り、白河結城氏は佐竹の傀儡政権とされた。いったん会津に逃れていた義顕は蘆名《あしな》盛隆《もりたか》の支援を受け、白河に戻ることができた。その後、蘆名の血筋が絶えたので、義広は白河を出て会津の蘆名家の当主となった。そうして義親が白河城に入り、義顕は白河北方の小田川の切岸城に落ち着いた。

天正十八年、豊臣秀吉が小田原の北条氏を征伐するのに際し、白河結城氏にも出陣の命令が出された。すぐに出陣しようとした義親は伊達政宗に抑えられてしまう。その頃義親は伊達に好《よしみ》を通じていたのでこれに従い、小田原参陣の代わりに宗広重代相伝の家宝の太刀と海松黒という名馬と鷹を政宗に託して、秀吉へよしなに取り次いでくれるように依頼したのであった。しかし、政宗は小田原参陣が遅れたことで秀吉の怒りを買っていたので、自身の立場を守ることが精一杯で、

▼白川城
中世白河結城氏が本拠とした城で、搦目の地にあったことから搦目城とも称された。

▼小峰城
結城宗広の子親朝が、興国～正平年間（一三四〇～一三六九）に築いた城。永正年間（一五〇四～一五二〇）には白河結城氏の本拠が白川城から小峰城に移されたと考えられる。丹羽長重が小峰城を大改修し、近世の白河城となった。史料や説により城の呼称や表記は変わるが、本書では、近世は「白河城」、近代以降は「小峰城」で統一する。

義親の進上物のなかで馬と鷹は義親より、しかし、名刀の太刀は政宗のものとして秀吉に進上したようである。

秀吉が小田原征伐を無事に終え、会津に向かう途次宇都宮までやってきた。義親は秀吉に伺候するために政宗と宇都宮に向かったが、政宗が大崎氏と戦うために自領に帰るというので、やむなく政宗にしたがって引き返さざるを得なかった。その後秀吉は、白河において義親の所領を召し上げている。

小田原に参陣できなかった義親が政宗に託した進上物を、政宗が恣意的か否かは別として、義親からのものであるということと、義親の不参の理由を十分に秀吉に伝えていなかったようである。また、宇都宮に滞在していた秀吉のもとに伺候しようとした義親を政宗が強いて押しとどめた可能性もある。これらのことが、秀吉の機嫌をそこね、白河結城氏の所領没収となったものと考えられる。この時、義親と同じく政宗の軍事的指揮下にあった

戦国時代の南奥州

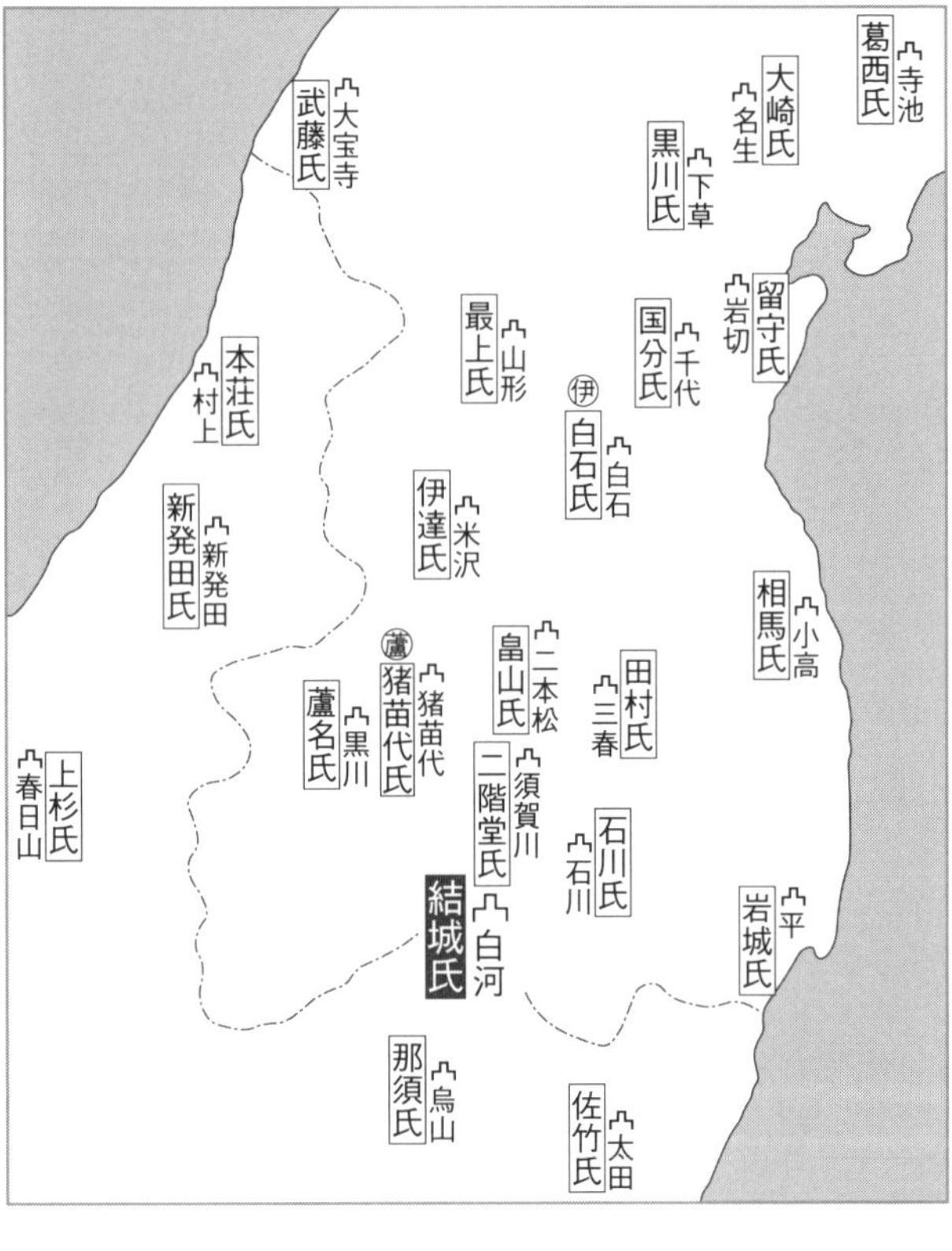

石川氏も小田原不参のために所領没収の処分を受けている。

ここに白河結城氏は崩壊するが、その後、義親系統と義顕系統のふたつに分かれた結城氏の血脈が、それぞれ仙台藩の伊達家家臣と秋田藩の佐竹家家臣となって続いていく。結城氏の家臣の多くが白河近郊に残され、土着する。結城氏の旧家臣たちは帰農したり商人となったりして身を立てていくが、村名主や町名主となった者も多く、白河地方の有力な階層となっていく。旧家臣はその後も深い絆をもち、旧主が参勤交代などで白河を通過した際には集まりをもって旧交を温めていたようである。

伊達政宗
（土佐光貞筆。東福寺・霊源院蔵）

蒲生氏郷と上杉景勝の白河支配

伊達氏の後、秀吉の側近で小田原の陣の際に伊豆韮山《にらやま》城攻めで武功をあげた蒲生氏郷が、会津四十二万石の黒川城主として入った。黒川城はのちに、氏郷の故郷の近江蒲生郡の若松の名にちなんで若松城とあらためられる。

氏郷は、会津六郡（大沼・稲川・耶麻《やま》・山の郡・猪苗代・南の山）、越後の蒲原《かんばら》郡小川庄、仙道五郡（白河・石川・岩瀬・安積《あさか》・二本松）などを所領としていたが、大崎・葛西一揆★の鎮圧、九戸《くのへ》政実《まさざね》★の乱の平定などの功績により、長井（山形県）、刈田（宮城県）、伊達・信夫・二本松・塩松・田村などの諸郡（福島県）を与えら

▼**大崎・葛西一揆**
天正十八年（一五九〇）に陸奥国でおこった、豊臣秀吉の奥州仕置に反対した一揆。

▼**九戸政実**
織豊期の武将で、南部信直に反乱したが豊臣秀吉の軍に鎮圧された。

れ七十三万四千二百七十石余の大大名となったのである。領内にはおもな城が十数カ所存在し、氏郷はそれぞれの城に大身の家臣を城持衆として配し、領国経営にあたらせた。白河郡三万九千九百二十石四斗八升の領地は、白河城代の関一《かず》政《まさ》★に与えられたのである。

文禄四年（一五九五）に氏郷が死去すると、嫡子鶴千代が継ぎ、秀行《ひでゆき》と名をあらためた。しかし、領内の治政のあり方や家臣の扱いの問題などで秀吉の不興を買った秀行は、領地を十八万石に大きく削られ、宇都宮に転封されてしまう。蒲生秀行が宇都宮に去った後、会津には上杉景勝が百二十万石で移封されてきた。景勝はことのほか秀吉の信頼が厚く、上杉家は豊臣政権の東国支配の要《かなめ》とされた。

上杉景勝が会津の領主となると、芋川政親《まさちか》と平林正恒《まさつね》のふたりが城代として派遣された。徳川家康との対決を意識した上杉氏は白河城の修築をおこなったが、

蒲生氏郷領内の家臣配置図

（『白河市史　二』より作成）

▼関一政
蒲生氏郷の家臣で、会津の支城であった白河城（四万八千石）の城代を任された。

短期間の臨時的な処置に終わったようである。

上杉vs.徳川「幻の白河決戦」

景勝は、家老（執政）の直江兼続《かねつぐ》とともに精力的に領国経営をおこなう。まず、領内に蒲生時代の倍にあたる二八の支城を設け防備を固めた。さらに、秀吉の死後、天下の情勢が不穏になると、街道の整備や支城・橋梁の修築を急がせた。慶長五年（一六〇〇）二月、景勝は兼続に命じて若松城の郊外に神指城《こうざしじょう》の築城を命じたのである。このような上杉家の動きを警戒した徳川家康は、京都相国寺の僧承兌《しょうたい》に命じて詰問状をつきつけてきた。それは、上杉家が異心のないことや、武器を集めたり、道路・橋梁の修復、神指城の築城などの軍事的な政策に関して、上洛の上申し開きをするようにとの要求であった。

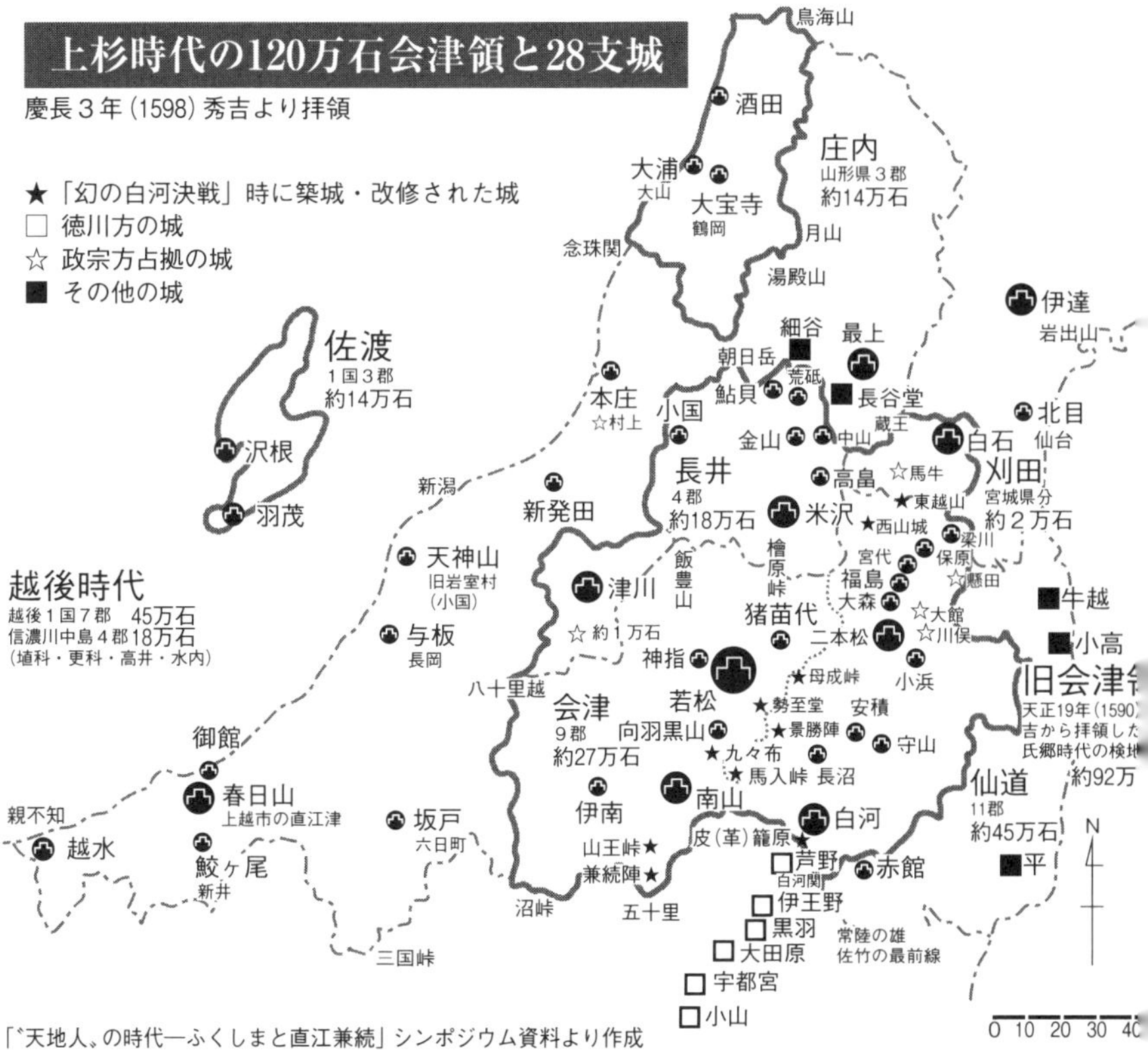

「“天地人”の時代―ふくしまと直江兼続」シンポジウム資料より作成

これに対して景勝は、兼続に家康へ次のような返事を書かせる。

「昨秋（慶長四年八月）帰国したばかりであるのに、またこの正月上洛したのでは、領内の政治をみるひまがない、当会津は雪国、十月から二月までは、何事もならぬことは、事情を知った者に尋ねられたい。上洛延引をもって、景勝逆心とは、つくりごとであろう。武具を集めたとの咎め、上方武士は茶わん・炭とり・ひょうたんなどを集めるが、田舎武士は槍・鉄炮・弓矢を支度するものである。その国々の風俗を御不審ないように願いたい」（『会津若松市史』より引用）

返書を受け取った家康は激怒し、会津討伐を決意する。同年七月二日、家康は大坂から江戸城に到着し、すぐに秀忠と諸将を率いて上杉討伐に向かうために兵を招集する。

これに対して景勝は神指城の築城を中止し、家康との対決の準備にかかる。まず、上方の石田三成と連絡を取り合い、家康を東西から挟み撃ちにする。さらに、常陸の佐竹氏と同盟を結んだ上で、家康を白河までおびき出し、包囲殲滅するという壮大な作戦をたてた。

上杉景勝は白河城下南方の皮籠原《かわごはら》の湿地帯を決戦場と定め、綿密な作戦を準備する。『東国太平記』や『白河風土記』によれば、次のような作戦がたてられたと伝えられる。

白河地方の長沼城を本陣とし、家康軍を皮籠原に引き入れるために、白川街道★

上杉景勝
（米沢市上杉博物館蔵）

直江兼続
（『集古十種』より）

徳川家康
（模写。東京大学史料編纂所蔵）

▼白川街道
近世の奥州街道。

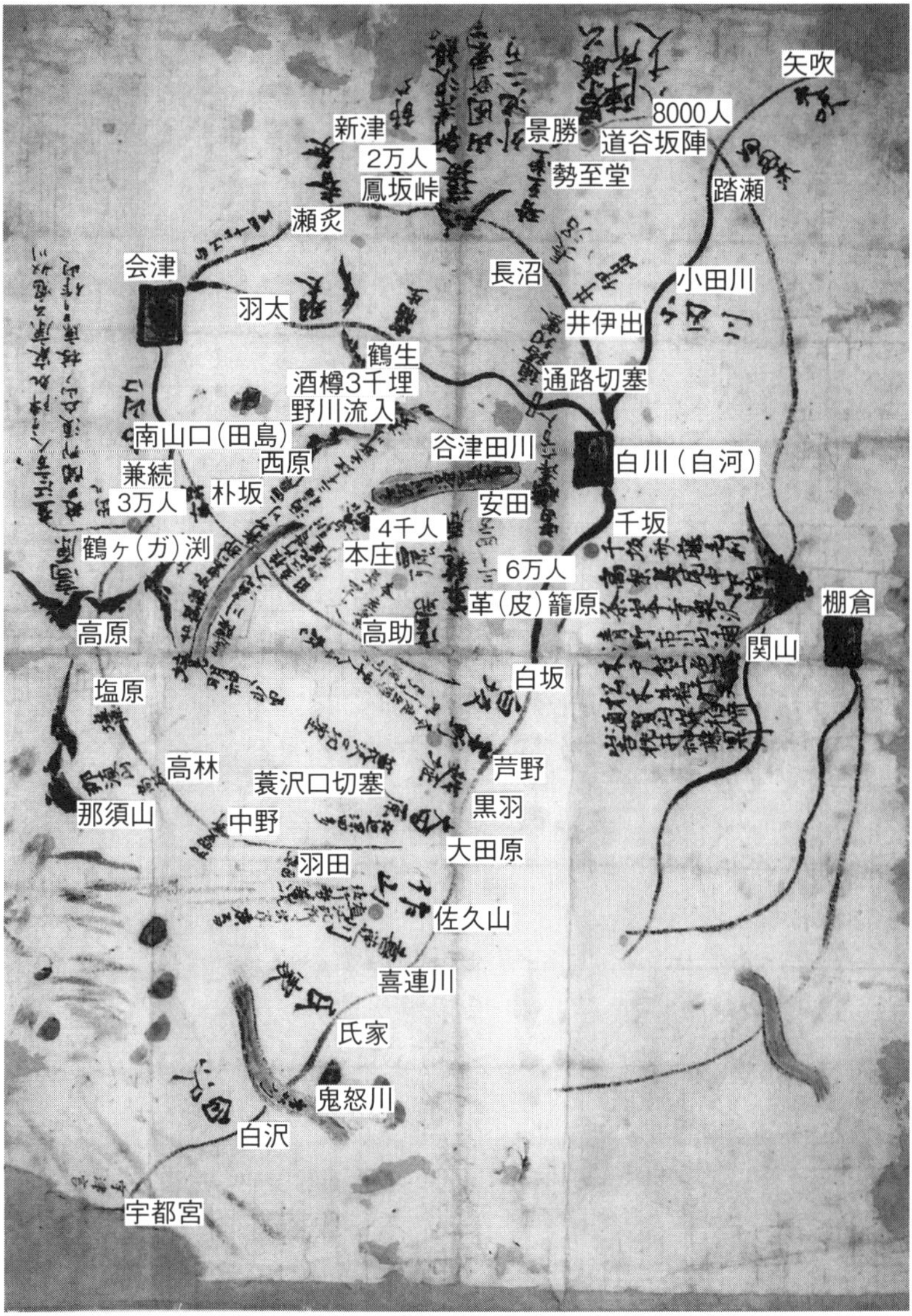

「白河口戦闘配備之図」
(市立米沢図書館蔵/『上杉景勝』〔米沢市上杉博物館、2006〕を参考に作成。2008年 石田明夫氏編集)

の簑澤《みのさわ》口を塞ぎ、これより西二里（約七・九キロ）ばかりの境の明神★への道をつくる。そして、付近の村々を焼き払い、樹木を伐り倒して地ならしをし、三里四方を畳の上のように平にした。直江兼続の命により、中畑の浪人蕪木という者に二〇〇〇個の桶を用意させ、皮籠原の西一里ほどのところにある西原という野に埋めさせた。そして、黒川あたりで阿武隈《あぶくま》川から水を引き入れて西原一帯に流す。

皮籠原の東の関山には北条越前守らを守備させた。白河の城を堅固にし、四万の兵を配置した。本庄繁長《しげなが》、充長《みつなが》父子の兵八〇〇〇にて、白坂の西方や芦野に打って出させる。これを追撃してくる兵を皮籠原に迎撃する。東方の関山方面からも家康軍を攻撃する。ここを突破されても谷津田《やんた》川の沼地に引き入れて戦えば、敵の人馬は身動きもできず、全滅させることもできる。万一、西原方面へ逃げられても、ここに埋めておいた酒桶に足を取られ、全滅するであろう。

その際、佐竹の先手渋井内膳が五〇〇〇の兵を率いて東方から加勢する。直江兼続は、一万の手勢を率いて西方の那須方面から大田原付近へ打って出る。佐竹勢の梅津憲忠ら一万の兵も大田原へ出動し、徳川軍を東西から取り囲んで討ち取る。

『北越軍記』にも同様の内容が記されているが、これらの資料は江戸時代になってから書かれたものであり、必ずしも史実どおりではないとする説もある。

慶長五年（一六〇〇）関ヶ原の戦い前夜、上杉景勝軍の動きに対し、『譜牒余録《ふちょうよろく》』

▼境の明神
関東と東北の境界にある神社で、関東側（那須町）に男神住吉、東北側（白河市）に女神玉津島を祀っている。

女神玉津島神社

男神住吉神社

によると、徳川方は六月二十二日、大田原城へ内藤忠清らを派遣して城の普請を開始する。その普請は長沼城の城主皆川広照《みながわひろてる》に命じ、加勢として服部半蔵正就ら伊賀同心二〇〇人を配置し、情報収集に努めさせている。情報収集に向かった那須衆が帰ってこないので、半蔵配下の伊賀同心三人を白河へ派遣したところ、那須衆三人は白河城大手門前に磔《はりつけ》にされているのを知って驚き、白河城内の様子などを半蔵に詳細に報告した。その情報は家康へも達していたであろう。

家康は上杉討伐のために六月十八日伏見城を出発し、江戸に着くと諸大名に書簡を送り徳川方への参加を誘う工作をおこなう。そうして準備を整えた後、七月二十一日江戸を出発し、二十四日に小山に到着。戦況をうかがっていたところ、西で石田三成が挙兵した知らせが入ったので急遽江戸に戻ったのである。

上杉と石田が呼応して家康を挟撃するという壮大な作戦は、石田の早すぎる挙兵によって失敗してしまったのである。

白河が天下分け目の決戦の地となることはなく、幻に終わったのだった。

蒲生家の会津再入部と領内支配

関ヶ原の戦いの際に、蒲生秀行は徳川方につき、宇都宮城で上杉の押さえとしての役割をになった。家康にその功を認められて、秀行は上杉が米沢に移った後、

皮籠原（幻の白河決戦場）

白河城（小峰城）の城代一覧

領主（領した時期）	城代	石高	備考
蒲生家（1590～1598）	関一政	48,000	
上杉家（1598～1601）	平林正恒 芋川正親	5,160 8,480	城代二人制 石高には二人の与力給分も含む
蒲生家（1601～1623）	町野氏（繁仍・幸和の二代）	28,300	

（『白河市史』2、『米沢市史』近世編1より作成）

ふたたび会津若松六十万石を与えられたのである。秀行は領内一二カ所の支城に城代を派遣して支配をおこなった。白河城二万八千三百石には町野繁仍《しげより》が配された。

慶長十三年（一六〇八）からは、白河城の修築と城下の整備がおこなわれたことが、『白河古事考』に記されている。

慶長十七年五月、秀行が三十歳の若さで死去する。その後は、当時十歳の亀千代が継いだ。亀千代は祖父にあたる家康から秀忠の一字を与えられ忠郷《たださと》と名乗った。家中の紛争が続いていた蒲生家に対して、将軍秀忠は、五カ条からなる黒印状★による法度を仕置奉行の町野幸和、稲田数馬貞右宛に出した。

元和元年（一六一五）、幕府は紛争の絶えない蒲生家に対して、藩政を監察するために御国目付★を派遣した。寛永四年（一六二七）一月、忠郷が疱瘡《ほうそう》におかされ、二十五歳の若さで死去する。領地は幕府に収公され、弟の蒲生忠知《ただとも》が伊予国松山城主として二十四万石が与えられた。

蒲生氏の支城図

▼黒印状
黒印の押してある印判状で、戦国大名や江戸時代の将軍・大名が用いた。

▼御国目付
江戸幕府が臨時に諸藩へ派遣した監察役人。

②丹羽家の白河入部と支配

丹羽長重が白河に入り、阿武隈川の付け替え、石垣の増強など、白河城の大改修がおこなわれた。石高が棚倉藩主時の五万石から十万石へと大幅に増えた丹羽家は、あらたに多数の家臣を召し抱えて家臣団の増強をおこなった。

丹羽氏の出自

徳川幕府の会津蒲生領の収公の後、会津には伊予国松山の加藤嘉明《よしあき》が四十万石で入った。白河にはとなりの棚倉藩五万石から丹羽長重《ながしげ》が十万石に加増されて移ってきた。丹羽氏は織田家の重臣で長秀《ながひで》を家祖とする。天正三年（一五七五）、木下藤吉郎（のちの豊臣秀吉）が従五位下に叙され、「筑前守」と称した際、柴田勝家の「柴」と丹羽長秀の「羽」をとり、「羽柴」と称するようになったことはよく知られている。

丹羽家所領の変遷

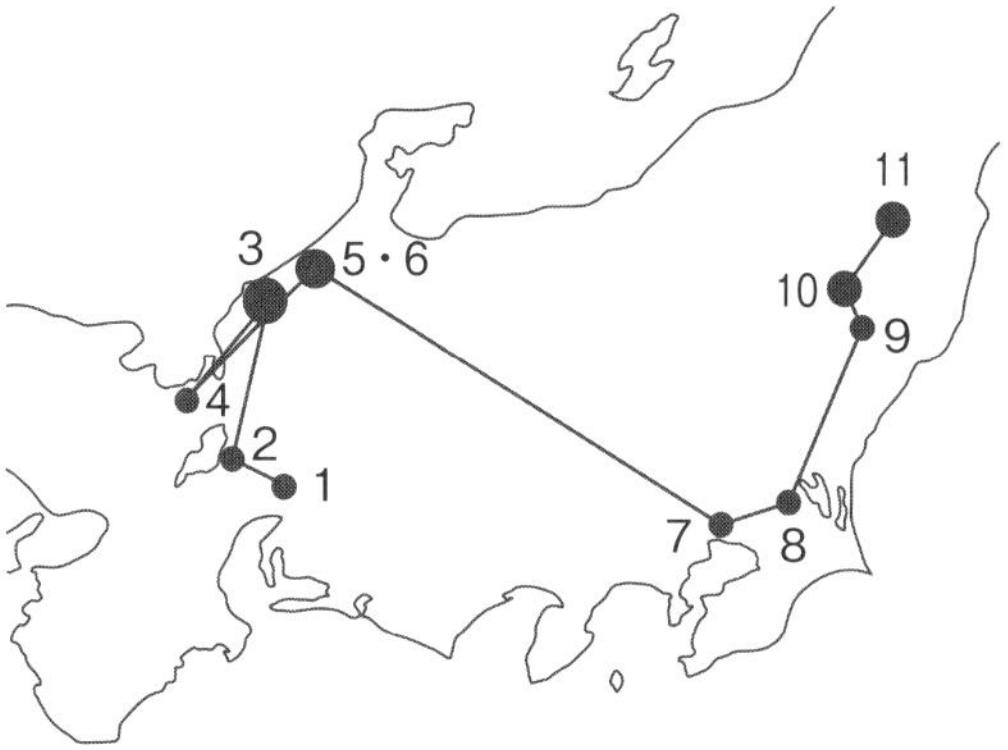

1：尾張国（愛知県）・美濃国（岐阜県）の一部＝13万石
2：近江国（滋賀県）佐和山城主５万石＝都合18万石
3：越前国（福井県）・加賀国（石川県）内の２郡加増＝北庄城主123万石
4：若狭国（福井県）・越前国の一部に所領減＝小浜城主12万3000石
5：加賀国の一部に所領減＝松任城主４万3000石
6：加賀国小松加増＝小松城主12万5000石
7：江戸高輪に蟄居＝所領没収
8：常陸国（茨城県）古渡＝１万石・のち江戸崎加増都合２万石
9：陸奥国（福島県）棚倉城主５万石
10：陸奥国白河城主10万700石
11：陸奥国二本松城主10万700石

（二本松市歴史資料館『丹羽家興亡の足跡』より作成）

丹羽家は築城を得意とし、天正四年に長秀は、織田信長から安土城の造営奉行を命じられた。信長の後の政権を継いだ豊臣秀吉にも信頼され、北庄城を居城とし、百二十三万石を与えられた。長秀が死去した後、長重が跡を継いで北陸の守護を命じられた。その後、長重は家中の不和や不行跡などで何度か減封される。織田政権下では同僚であった秀吉に冷遇され、豊臣政権下では、完全に一大名として命脈を保つのがやっとの状況であった。

関ヶ原の戦いの時、丹羽家は徳川方についていた前田家と戦ったために、家康から改易されてしまう。改易された長重は、しばらく不遇をかこつ。ようやく、慶長八年（一六〇三）、常陸国古渡《ふっと》で一万石を与えられて大名に復帰する。その後、大坂の陣で武功をたて、同国江戸崎で二万石に加増。さらに三万石を加増されて、棚倉に転封された。寛永四年（一六二七）に棚倉城築城途中で、五万石の加増をうけて、十万石の大名として白河に移ったのである。

ここにはじめて白河は会津領の支配が終わり、白河藩が成立し、七家二十一代の支配がはじまるのである。

丹羽家の歴代藩主と家臣団

長重は元和二年（一六一六）、将軍秀忠の「御放《おはなし》（噺）衆《しゅう》」となり重用された。

丹羽長秀
（大隣寺蔵）

丹羽長重
（大隣寺蔵）

そうして、奥州の備えとして棚倉から白河に移され、白河城の築城を命じられた。白河は奥州の玄関口として軍事的に重要な位置にあり、米沢上杉家、仙台伊達家、秋田佐竹家ら外様大名の監視役とされた。そのために参勤交代に際しては、これらの大名が江戸に参勤したことを見届けた後に、丹羽家が参勤するよう命じられていたという。

寛永六年（一六二九）から長重は白河城の築城に着手し、およそ三年の歳月をかけて同九年に完成する。寛永十一年に長重は上洛し、その際に、嫡男宮松丸が

丹羽氏略系図

- 丹羽長政
  - 長忠　早世
  - 長秀　天文四生、天正十三没（51）
    - 長重　元亀二生、寛永十四没（67）　陸奥国白河藩主　十万七百石　寛永四年二月（一六二七）
      - 光重　元和七生、元禄十四没（81）　二本松へ転封　寛永二十年七月（一六四三）
    - 長正　天正十五年越前国藤枝城主　五万石　慶長五年封地公取
    - 高吉　天正七生、寛文十没（92）　はじめ羽柴秀長、後藤堂高虎養子となる
    - 直政　蜂屋頼隆養子、早世
    - 長俊　天正十一生、慶長十七没（30）
    - 長次　天正十一生、元和五没（37）
  - 秀重

『寛政重修諸家譜　第十一』「丹羽家譜伝　系図」（『二本松市史５』所収）などより作成

丹羽長重廟（円明寺）

丹羽長重廟入口

家光より一字を賜って「光重《みつしげ》」とした。その後、江戸城の御手伝普請をやり遂げ、寛永十四年閏三月四日、六十七歳で江戸屋敷において死去した。

二代藩主光重は、寛永十六年にはじめて白河に入部する。この頃会津藩では、藩主の加藤明成《あきなり》と家老の堀主水《もんど》が対立し、堀は会津を出奔するという事件が起きた。結局この事件は、堀が幕府から加藤に引き渡されて処刑されるという結末に終わる。同二十年、明成は領地返上を願い、会津四十万石は幕府に召し上げられる。光重はこの時、改易された若松城の受け取りを命じられている。その後、突然光重は、二本松藩への転封を命じられる。光重は二本松において城下の整備をおこなっている。

丹羽家の家臣団は、改易以前と大名復帰後に分けられる。古くから仕える家臣は少なく、古渡、棚倉、白河、二本松と転封・加増のたびに新規の家臣を召し抱えていき、丹羽家の家臣団を形成していったのである。家臣の旧主はさまざまであるが、会津の蒲生家の旧家臣を多数召し抱えているのが特徴である。

白河城大改修

白河市のシンボルといえば、現在、国指定史跡の「小峰城址」（白河城とも。近代は小峰城と呼ばれる）に凜とした姿でそびえる三重櫓であろう。白河城は、結城

小峰城址

宗広の長子親朝が、南北朝期の興国・正平（一三四〇〜六九）の頃に築いたといわれる。八〇〇メートルほどの東西に広がる独立丘陵の小峰ケ丘は、北側に阿武隈川が流れる天然の要害であった。地形が蛇に似ていることから、小峰ヶ丘の西の端が「蛇頭」、東の端が「蛇の尾」と称された。

関ヶ原の戦い後、上杉氏が米沢に移り、会津に蒲生秀行が入ると、白河城代は町野繁仍とその子町野幸和が命じられる。町野親子はそれまでの中世から戦国時代末期の白河城下を「白川町割り直し」として、大幅に整備したのである。

しかし、会津の蒲生家は秀行の後の忠郷が跡継ぎのないまま死去したので、幕府より改易されて領地没収となった。広大な会津領はいくつかに分割され、白河は棚倉藩主だった丹羽長重に与えられた。

長重は、幕府より奥羽要衝の地である白河に、奥羽の外様大名の押さえとしての城づくりを命じられた。長重の父長秀はすぐれた築城家であったが、長重自身も父の築城技術や知識を受け継いだ城づくりの名人であった。

丹羽家の改修は、会津領時代に再蒲生の支城であった縄張を基本とし、これに石垣、堀、櫓、屋敷などを加えて変更したものであった。白河城の縄張りは、本丸を隅に置き、その周りに二の丸、三の丸を階段状に配置していく典型的な梯郭《ていかく》式《しき》と呼ばれる縄張りである。

本丸はほとんど会津支城時代と変わらないが、一部分しかなかった石垣を本丸

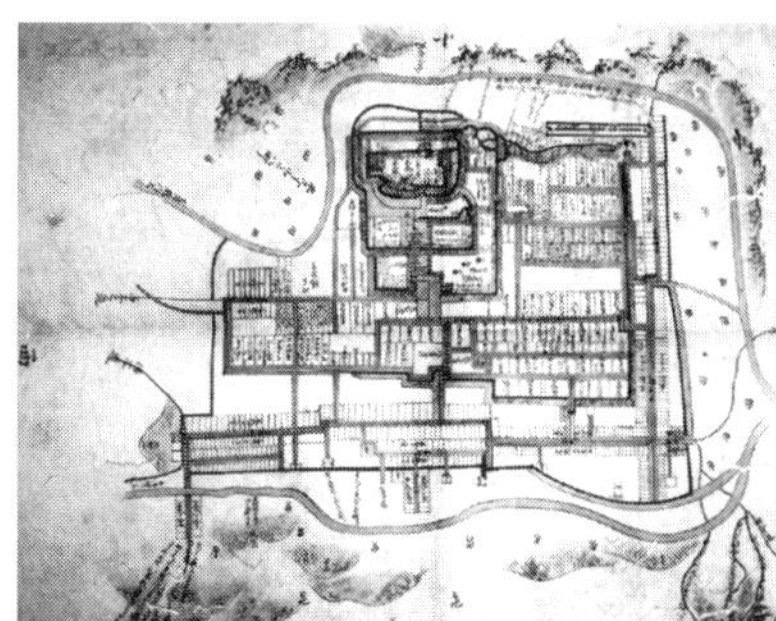

「白河城之図（慶長古図）」（宮城県図書館蔵）

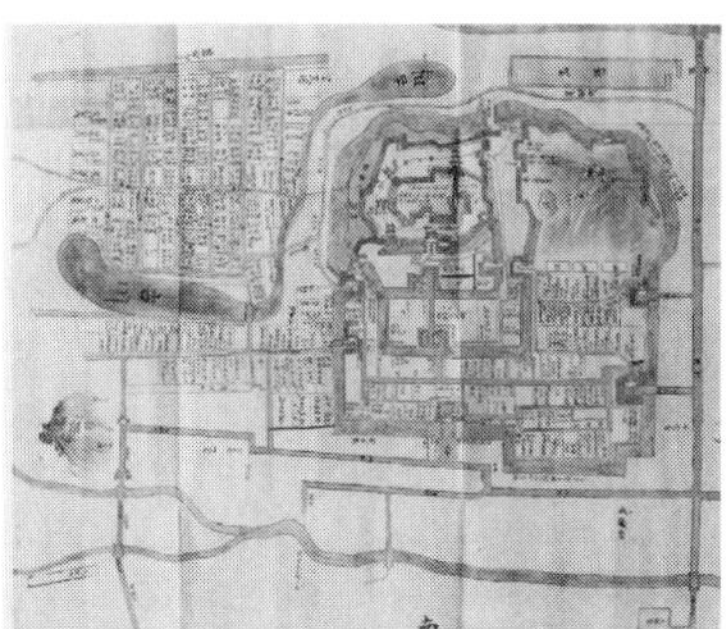

「丹羽家在城図（横長本）」（石岡弘氏蔵）

のすべてに施し、さらに、周囲の櫓を増設し、それぞれを築地塀で連結させて防備を堅固にしている。二の丸は、それまで土居であったものを総石垣とし、その上に築地塀をめぐらせている。また、二の丸の周囲にいくつかの櫓を付設し、曲輪内には公的な建物を設けている。

三の丸は、本丸と二の丸を南方と東方からL字形に防御するという基本型は大きく変わっていないが、「白河城之図（慶長古図）」から「丹羽家在城図」へといくつかの変化がみられる。三の丸門が改修され、大手門も土居から石積の枡形に整えられてあらたな門も設置され、全体的により堅固な城郭とつくりかえられた。

阿武隈川の付け替えと侍町の形成

蒲生家の再支配の時期には、阿武隈川（青熊川）は白河城の西から北に流れていた。寛永四年（一六二七）、丹羽氏はその流れを北側へと付け替える大工事をおこなった。この工事はおよそ一年間で完了した。これによって阿武隈川を外濠とし、北側の防御を強化している。

また、城の西側に侍屋敷を拡張し、それまでの倍ほどの面積を確保することができた。

わりあい短い期間で加増を受け続けた丹羽氏は、家臣を新規に召し抱える必要

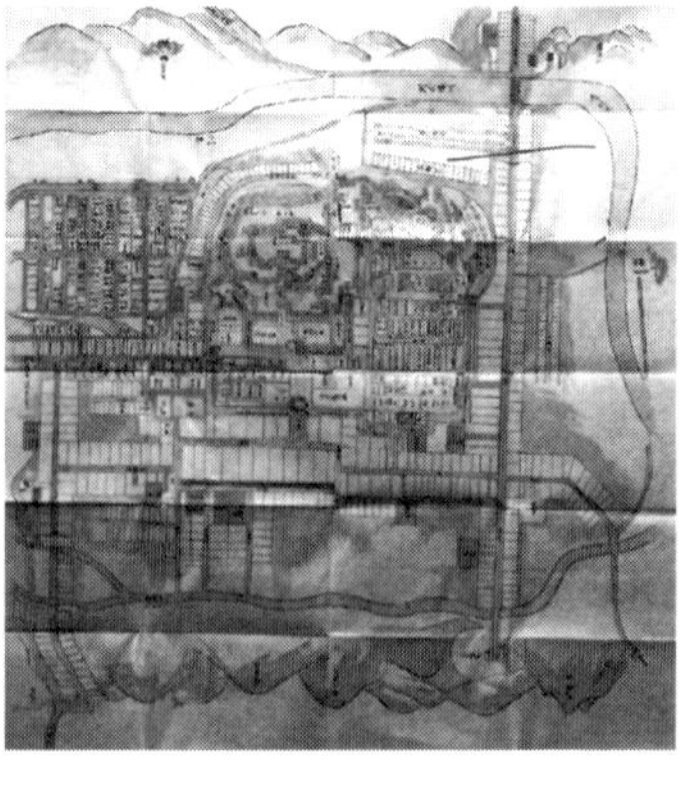

「丹羽家在城図（縦長本）」（石岡弘氏蔵）

があった。丹羽氏は、寛永五年から十三年の間に一八四名、十四年から十九年の間に五四名の家臣を新規に召し抱えている（『二本松市史四』）。

阿武隈川の付け替えであらたに造成された侍屋敷は約一〇〇軒程度であったが、このうち旧会津藩士と思われるのは三二名（三七名との説もある）で、これをもって会津町と名付けられたといわれるが、これについては検討の余地は残るであろう。会津町に面する城門は「会津口門」と呼ばれ、会津への防御の意志もみてとれる。

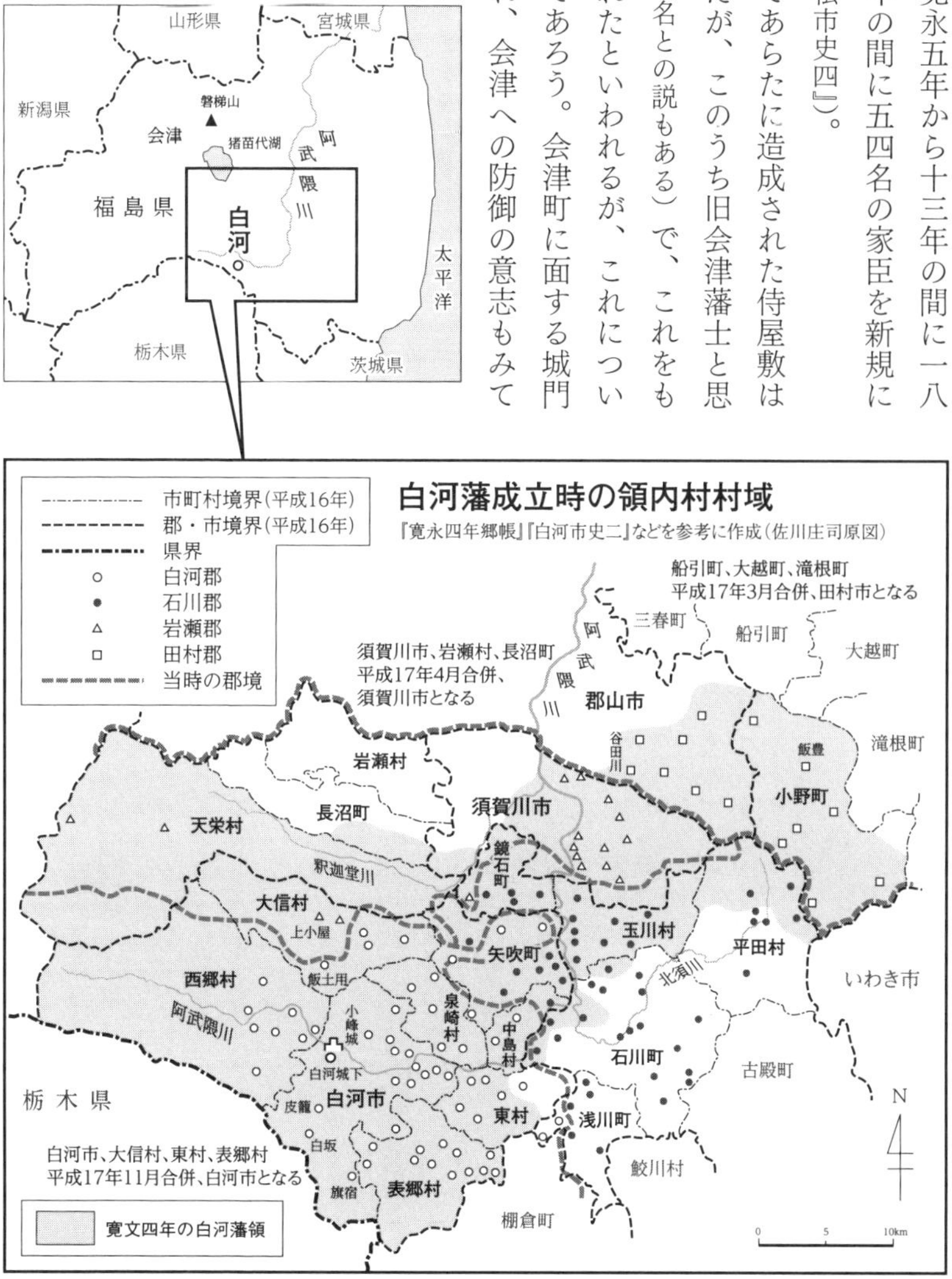

（作図：曽根田栄夫）

これも白河

白河城の三重櫓と石垣

白河城には天守閣がなく、もっとも高く大きな建物は、本丸北東の隅にそびえる三層三階の「三重櫓」となっている。

白河城を築城した丹羽家の記録には、「三階天守」と記されているが、江戸城の天守閣が明暦の大火で消失後再建されなかったことから、幕府にはばかって白河藩では、公的には「三重櫓」と称するようになったといわれている。

高さが約一三メートルで、一階は約一二メートル四方、二階は約八メートル四方、三階部分は約四メートル四方の広さである。奥羽の外様大名を監視し、その備えとするために、奥州街道を望むこの位置に建てられたものと考えられる。北側には石落としがあり、各階には格子窓と鉄砲の撃てる穴の鉄砲狭間や矢狭間がつくられている。

戊辰戦争時の慶応四年（一八六八）閏四月二十日、白河城を守備していた二本松藩兵が会津藩に攻撃されると、形だけの戦闘をして敗走する際、新政府軍の参謀附属野村十郎（長州藩）に命じられた和田右文が火を放ち城が焼け落ちたと伝えられている。戊辰戦争では、奇しくも丹羽家によって築かれた棚倉城、白河城、二本松城の三城が焼失している。これも歴史の不運なめぐりあわせであろうか。

白河城全体に共通する石積みの手法は打込接《はぎ》で、落《おとし》積《づ》みを基本とした渦紋（円弧）状の石積みの美しい石垣が南面の清水門入りの正面などに残っている。一般に石積みについては、使用する石材の加工の度合いから、野面《のづら》積み・打込接・切込接の三種に分けられる。石積みの技法としては、乱積み・布積み・落積み・備前積み・算木積みなどで白河城の石垣は積まれている。

石垣のなかには、刻印のある石がいくつか見られるが、刻印の意味は不明である。石垣に使用された石は、城下東方の羅漢山と南方の文殊山から切り出された白河石（石英安山岩質溶結凝灰岩）である。羅漢山の麓には築城稲荷（藤兵衛稲荷）と呼ばれる神社がある。これは築城の時に石工頭を命じられた大山佐左衛門が工事の安全を祈願して建てたものといわれている。築城後大山家は代々歴代の藩主より石垣の修復を命じられて幕末を迎え、現在も石工の家として続いている。

築城稲荷神社

羅漢山築城稲荷神社碑文

白川城（小峰城）ハ、寛永年間丹羽長重公之築カレシ者ニテ其石材ハ羅漢山ヨリ採出セリ。当時ノ石工棟梁、大山家初代ノ祖大山佐左エ門ハ工事ノタメ人畜ノ傷害アランコトヲ恐レ公ニ乞ヒ稲荷大神ヲ奉祀シ、築城稲荷ト称シ奉リ御神徳ニ依リ無事竣工ヲ告ゲタリ。其後チ、藤兵エ（藤兵衛）ナル人、信仰厚カリシ為メ、遂ニ其名ヲ呼ビ藤兵エ稲荷大神ト称シ奉レリ。爾来御霊験著シキニ依リ、参拝者益々多ク、昭和五年信者有志相謀リ拝殿ヲ建築シタリ。因テ丹羽長徳公（丹羽家当主、子爵）ニ揮毫ヲ乞ヒ、此ノ碑ヲ建ツ。

昭和六年四月

産土子　千葉一徳復拝書

（「れきしら上級編」より）

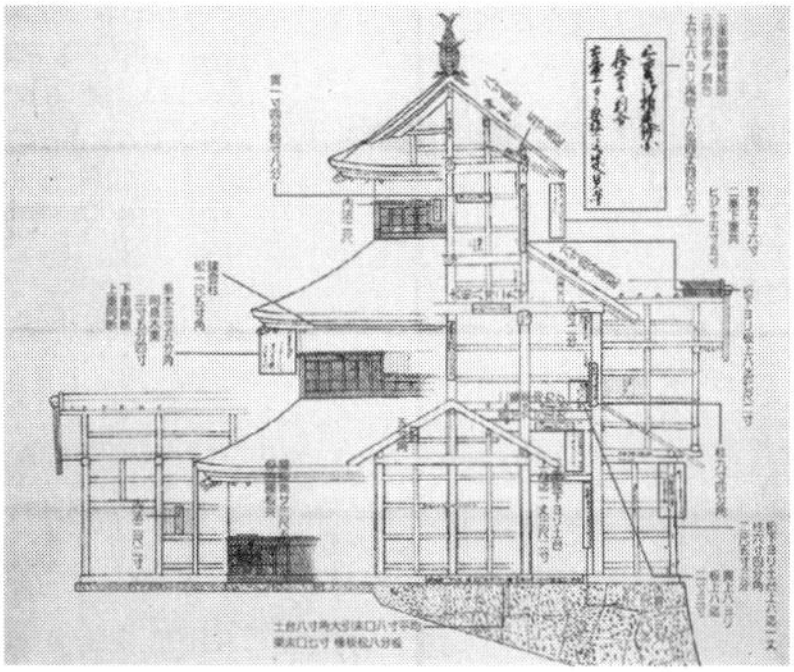
「白河城御櫓絵図」のうち三重櫓

白河小峰城

白河小峰城の石垣

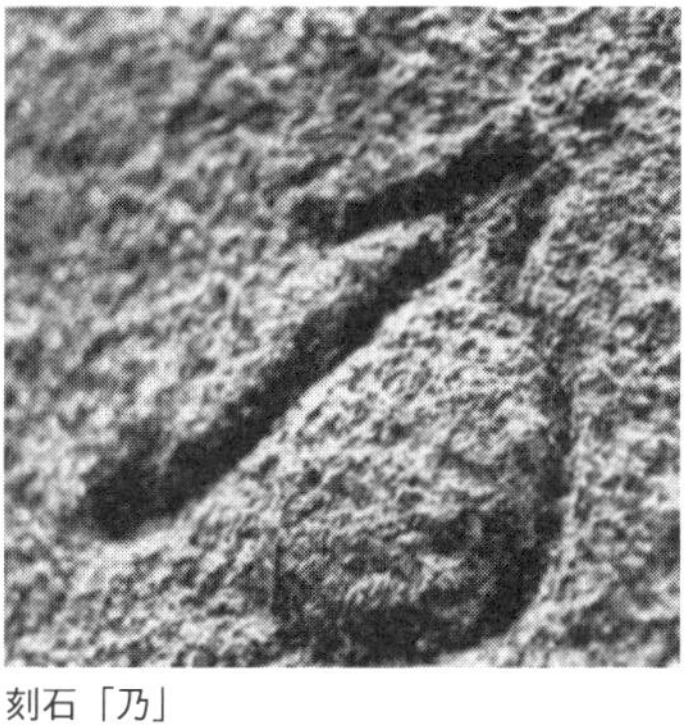
刻石「乃」

③

城下と街道の整備

ほぼ固まっていた白河城下のおもな骨格に、丹羽氏は防御を強化した。

江戸時代に入ると、軍事的視点から町人町の維持管理的視点へと移り変わってゆく。

通り五町をはじめとする町人町と奥州街道、宿場が整備され、城下町の原形ができあがった。

町人町の整備

城下町白河が成立する以前の町は、城下町というよりは城郭の麓の平地に白河結城氏の家臣たちが交代で居住するための居館があるというような形態であったと考えられる。その後、戦国期の城下になると、職人や商人が常時集住するようになってくる。

戦国時代の城下町としての町並整備に着手したのは、会津の蒲生家より派遣された町野繁仍《しげより》と息子の町野幸和である。この時期には、白河が会津の支城として佐竹氏などの南東方面の敵に備える必要性があった。阿武隈川を北の防御として、西は江戸口（奥州街道入口）から天神町、東は田町・横町から奥州街道へ、南は谷津田川までが白河城下とされていた。この当時の絵図「丹羽家在城図」から次のような特徴がうかがえる。
棚倉城、白河城、二本松城の三つの城を築城した丹羽氏は、築城法と城下町の形成に似かよった手法をみることができる。大手門前でカギの手状に屈曲する道路を敷設するのは丹羽氏の特徴的な手法であり、三城下とも同様の道路がつくられている。つまり白河城大手門前の中町通りを中心としたカギ型の道路へと再編成することにより、直線的に大手門前を通過させることを避けた構成を採用したと考えられる。(『白河市史 二 近世』)

城下内のおもな通りは、江戸口側の鉄砲町から天神町・中町・横町への通りであるが、西の湯本道から道浄《どうじょう》町(のちの道場町)を通って大手口前を抜ける通りも重要であったと思われる。

丹羽氏の時代以前におもな街道筋はほぼ形成されていたが、のちの本町はこの当時はなかったようである。横町の北はずれに土居と水堀が設けられ、北の街道からの防御線を形成し、蛇の尾北側の馬場がすでに敷設されている。町筋は阿武隈川以南までとし、横町の北はずれの堀から田宿町★とその北に中間町があった。阿武隈川に橋はかけられておらず、徒歩で渡るようになっている。蛇の尾の東はずれには神社と思われる建物があった。かつて二の郭であった蛇の尾は、家臣団の屋敷として利用されていた。

江戸口―鉄砲町―天神町―中町―(本町)―横町―田町―中間町―奥海道の街

宝暦年間の「白河城下絵図」(木目沢伝重郎家文書、福島県歴史資料館収蔵)

▼田宿町
最初田宿町と称されていたが、のちに田町となる。

道筋はすでに形成されていて、町人町はほぼ街道沿いに整備されていた。

白河城下の表通りの裏に、「裏町」がある。城下南側には、金屋町・愛宕町・大工町・新蔵《しんくら》町・南町・馬町・八百屋町・鍛冶町がつくられている。これらの町は、町名が示すとおり、当初は職人などが集住した職人町と思われる。それが時代とともに混在化して変化したようである。

その後、町野時代の城下整備を基本として、丹羽氏がさらなる城下整備をおこなっている。白河城下のおもな骨格は、丹羽氏以前にほぼ固まっていたが、丹羽氏の時代になって、より防御を強く意識した城下となっている。

近世城下町の整備

白河城下は数度の町割がおこなわれながら完成していく。完成した白河城下の全体の様子がわかる資料で、もっとも正確といわれるのが、「奥州白河城絵図」（正保年間〈一六四四～四八〉作成）であり、正保の頃には、白河城下もいちおう、近世城下町としての体裁を整えたといえる。

「奥州白河城絵図」は榊原忠次時代（一六四三～四九）のものである。町人町についての記載はあまりくわしくないが、城下の基本的な部分は完成されている。

その後、白河城主は、本多忠義、松平忠弘らと続いていくが、大きな変化はみ

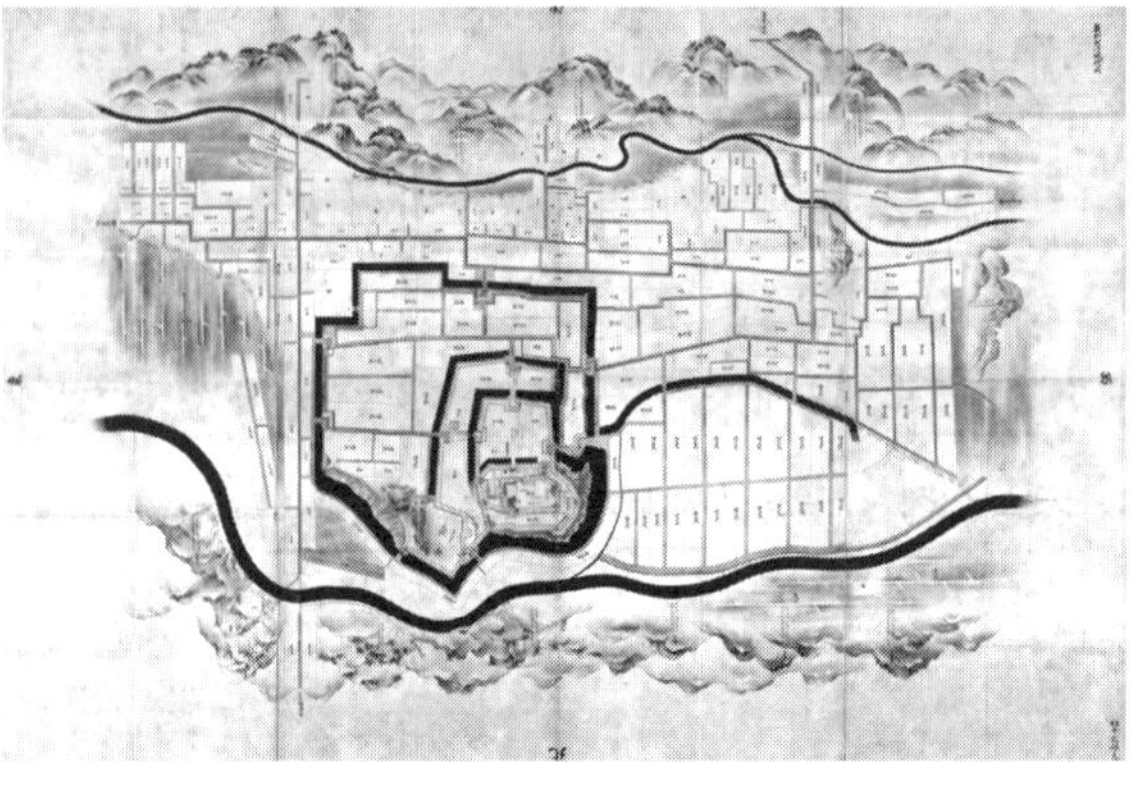
正保年間の「奥州白河城絵図」（国立公文書館蔵）

られない。延宝九年（一六八一）頃の「白河城絵図」で特徴的なものは、郭内の空間に対する意識が東西に広がっていることと奥州街道への出口にあたる柵と「阿武隈川歩渡」（橋をかけないで、徒歩で渡らせている）である。江戸口には柵が描かれていないが、奥州街道への出口は省かれることなく描かれ、北への防御意識が強くなっている。

城下を区切る木戸は、絵図を描く目的によって異なっているが、城下町の構成要素に対する考え方とも関連してくる。寛永十七年（一六四〇）頃の絵図に描かれる木戸は城下の出入り口につくられた境界とするか、または、町人町と侍屋敷との間に設けられた境界とするか、という性格の違いがみられる。それが、延宝九年頃の絵図では、城下を通る街道から各町人町への入口につくられている。城下町の構成要素が未だ武士階級にあるものの、藩の意識が軍事的視点から町人町の維持管理へと変わってきているものと思われる。

文化五年（一八〇八）の絵図では、城下町の構成要素の中心は武士階級から町人階級へとかわり、木戸は各町人町を管理統制するものと変質している。（『白河市史二　近世』）

武士にとっても町人にとっても重要なのが、生活用水の確保である。白河城下の水路は二系統あり、ひとつは城下西部を流れる堀川から取水するものと、大谷地田川の天神南から取水するものとである。水路は侍屋敷と町人町はきびしく分

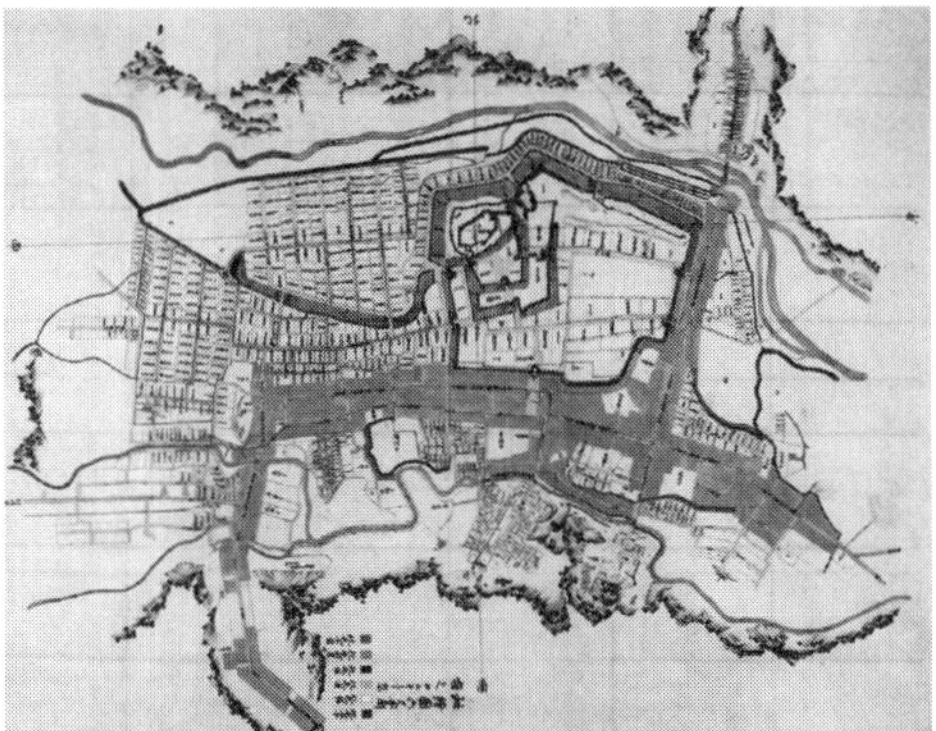

文化五年作成の「奥州白河城下全図」（白河市歴史民俗資料館蔵）

けられ、堀川から取水した水路は郭内の侍屋敷の前を流れ、阿武隈川に注ぎ込む。一方、大谷地田川から取水した水路は道路の中央を流れ、天神町・中町・本町・横町・田町から阿武隈川へという経路が主となっている。

通り五町と裏町

白河藩が成立する以前の慶長期（一五九六～一六一五）に、白河城下の町屋のほぼ五割程度はあったといわれているが、その後、寛永期（一六二四～四四）以降に町屋と町数がふえていく。最初は通り五町と称される「天神町」「中町」「本町」「横町」「田町」が核となって、次々と新しい町ができていく。

文化五年（一八〇八）の「奥州白河城下全図」が描かれた頃にほぼ白河城下は完成していると思われるので、この絵図をもとに各町を概観したい。

奥州街道を南から進んでくると最初に稲荷山にぶつかる。慶長期には、ここに枡形の土居はなかったが、丹羽家の頃（一六二七～四三）には土居がつくられている。城下への玄関口である木戸にあたる。この木戸を通ると新町と総称される最初の城下町に入る。

この町は城下の入口にあたることから軍事的防御の意味もあり、最初の頃は足軽町とされた。「慶長古図」には鉄砲丁（町）とあった。いつから新町と称され

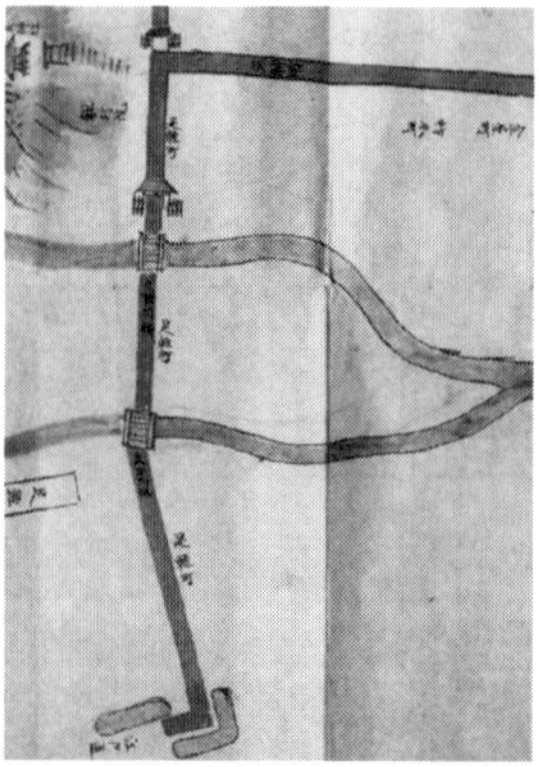

「丹羽家在城図（横長本）」より新町部分（石岡弘氏蔵）

るようになったかはわからないが、新町はひとつの町の名称ではなく、九番町、七番町、五番町、三番町、二番町、一番町の総称である。

新町は「鉄炮（砲）町」と記され、最初の頃は家数が二九軒であったのが、寛文七年（一六六七）には一三八軒に増えている。一番町には大木戸が設置され、足軽鉄砲隊を配置した、江戸口の防御の町としての役割があったものと思われる。江戸中期以降はその色合いも薄れ、町人も多く住むようになる。

一番町には一里塚があったが、やがてその場所は野郎が茶屋（男娼茶屋）という茶店になり、一里塚はなくなってしまったようである。

奥州街道を新町から東にカギ型に折れると天神町となる。「中町の西に続き、東西の町の長さ二二五間三尺（約四〇六メートル）、幅五間二尺（約九・六メートル）、家数一三二軒」と『白河風土記』にある。

天神山にある天神社が町名の由来である。もともと天神神社は北真舟にあったが、近世初期に現在地に移された。天神社には菅原道真が祀られ、御神体の木像は運慶作と伝えられている。「慶長古図」には七八軒（寛文七年〈一六六七〉には一二一軒）とある。天神町の北側には、道場町が、南側には金屋町、材木町、蔵町があったが、その後、材木町や蔵町はなくなっている。職人の割合が多くその次が商人であった。城下でもっとも店舗数が多かった。

天神町から東に続くのが中町である。

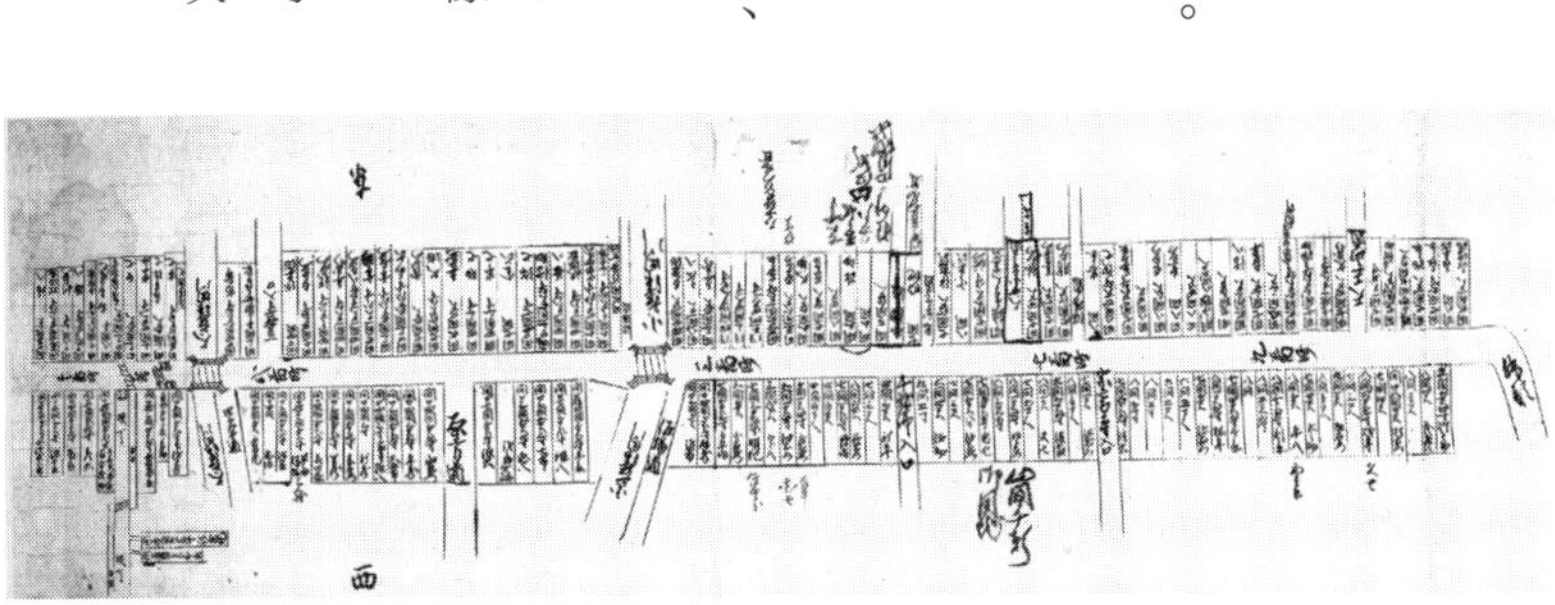

安永年間頃かと考えられる「新町絵図」
（藤田新次郎家文書より。個人蔵。白河市歴史民俗資料館寄託）

「笹原の荘熊戸の郷なり。府城の西南にあたり、西は天神町に続き、長さ一七八間（約三二〇メートル）、幅六間（約一一メートル）、家数一一八軒。中に渠《みぞ》有り。此の町中に横丁四筋有り、南側に三筋、二筋は大工町へ出て、一筋は愛宕町へ出づ。北側に一筋道場小路の條に載たる玄仙小路に出づ」と『白河風土記』にある。

大手門とその向かいに高札場と広小路のある、いわば城下の中心的町であった。（中期以降、火災延焼防止の目的で、大手口向きに広小路がつくられ、高札場が設置された）高札場の東側に馳走屋敷があり、他国の使者の応接に使われた。

天神町同様、職人と商人の割合が多いが、そのなかでも研屋《とぎ》・鞘屋《さや》・柄巻《つかまき》・大小拵《こしらえ》屋などといった武士や城との関係の深い職人が住んでいたのが特徴である。

中町の南側の裏町には、「愛宕町」、「大工町」がつくられた。大工町は、もとは久保町（窪町）といわれ、丹羽家の時代に白河城の工事のために集まった大工職人が集住していたと思われる。

中町から大きな食い違いの十軒棚といわれる通りを挟んで本町となる。江戸時代をとおして、本陣や脇本陣などの旅籠が並び、城下の宿場としての役割をはたした。宿泊客のための洗濯屋などもあった。

白河結城氏の遺臣であった芳賀源左衛門が丹羽長重に招かれて検断（大庄屋的役人で訴訟・裁判・伝馬などを担当）となり代々世襲した。また、住山民之助は会津支配時代に白河城代となった関一政の分家であったが、その子孫は藩主が本多

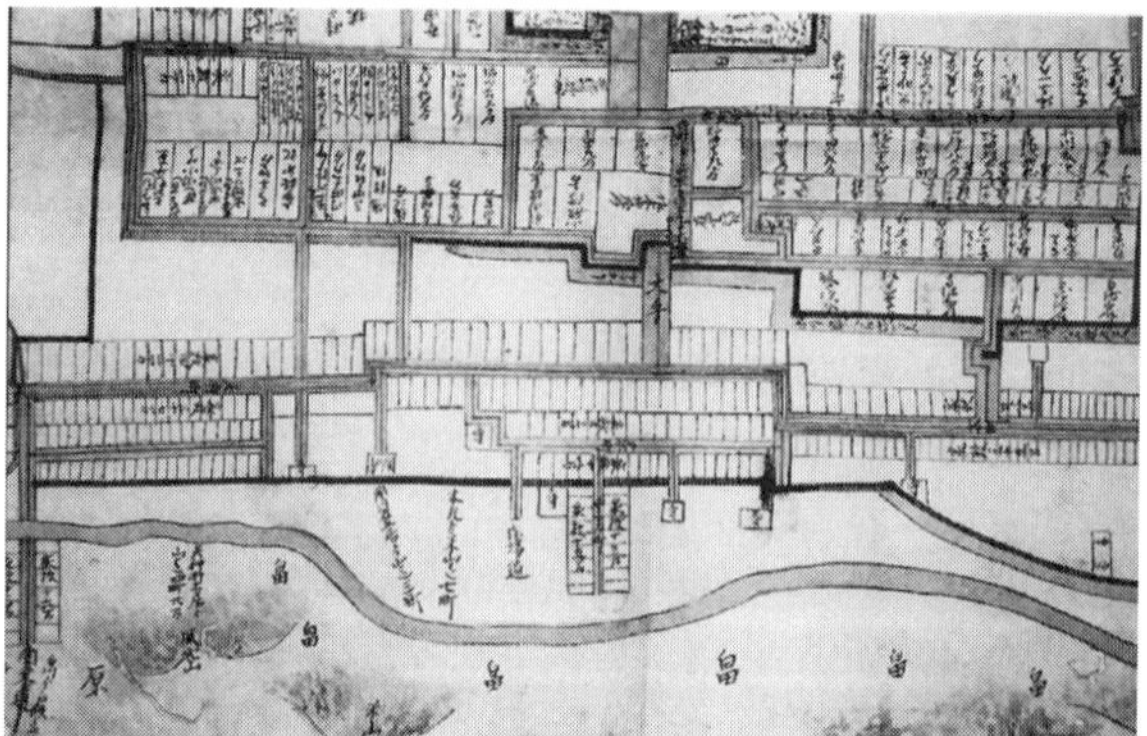

「白河城之図（慶長古図）」より
天神町・中町・本町部分
（宮城県図書館蔵）

忠平の時に町年寄に任じられ、これも代々住山家が世襲した。
通りの南側には、永蔵寺・浄泉寺（常宣寺）などの寺院があった。常宣寺はのちに、谷津田川南の向新蔵に移されている。奥州街道が本町の東のはずれから真北に折れる。ここからが横町となる。町のなかほどに、城内三の丸に通じる「東門」（横町門、新町門）が置かれている。天神町からはじまる街道の中央を流れる掘割は、横町のはずれで阿武隈川に流れ落ちる。職人の多い町であった。

慶長期には横町のはずれがカギ形に屈折しており、その部分の先が田宿町（田町）であった。田宿町のはずれには、北より城下に入る大木戸が設置されていた。さらにその先は阿武隈川となる。当初は川に橋はかかっていなかったが、松平（奥平）時代の元禄二年（一六八九）には大橋がかけられている。川を越えた向こうは「足軽町」といわれた向寺町となる。北に向かう丘陵の手前には、枡形土居が築かれ、防備が固められていた。奥州街道、会津街道から入る北の敵に備えていた。この道が切通しとなるのは明治以降である。

「通り五町」と称された表通りの一本裏の通りにできたのが、裏町と称された街並みである。

本町の東端の四辻を東に進むと年貢町となる。年貢町は当初米町と称されていた。その先の桜町は、慶長期にはなく、榊原期に出てくる。四辻を南に折れると、「馬町」で、大統寺・山王寺（廃寺）があった。さらに南に進んで谷津田川を渡

大手門跡

高札場跡

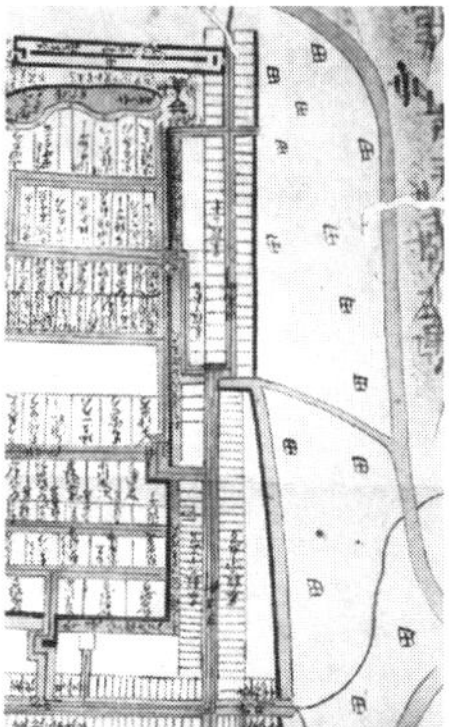
「白河城之図（慶長古図）」より
横町・田宿町部分
（宮城県図書館蔵）

ると、丹羽家の菩提寺である大隣寺（二本松へ移転）があった。年貢町の南側に平行してあるのが八百屋町で、その東側に続くのが鍛冶町である。

白河町組としては、町屋敷と侍屋敷があった。侍屋敷としては、会津町、尾廻、道場小路、袋町、鷹匠町、勘定町、仁井《にい》町、真船真町、北新町、細工町、日向町、日陰新町、片登町、手代《てだい》町、八幡小路、才領《さいりょう》町、向新蔵《むかいしんくら》、上ノ台、束前《そくぜん》町、長柄町、番士小路、下（士多）町等があった。

町とは別に、江戸時代以前からある古い道路「白河七小路」があった。『白河風土記』（一八〇五年成立）には、鹿島小路・久保小路・道場小路・番士小路・寺小路・八幡小路・北小路の七つと別に玄仙小路もあったと記されている。これらも白河の城下町を形成する大事な要素であった。

家数と人口の推計

近世の人口は、正確な統計がなく推計せざるを得ない部分が多い。武士の人口は各大名家ごとの分限帳（藩士名簿）などである程度わかるが、それぞれの武士の家族の人口が明確ではなく、また、白河藩では大名の転封が多くなかなか把握が難しい。城下町では、町人や浪人などの身分ごとに宗門人別帳を作成していたが、町人以外の記録が残されておらず正確なところはわからない。このようなこ

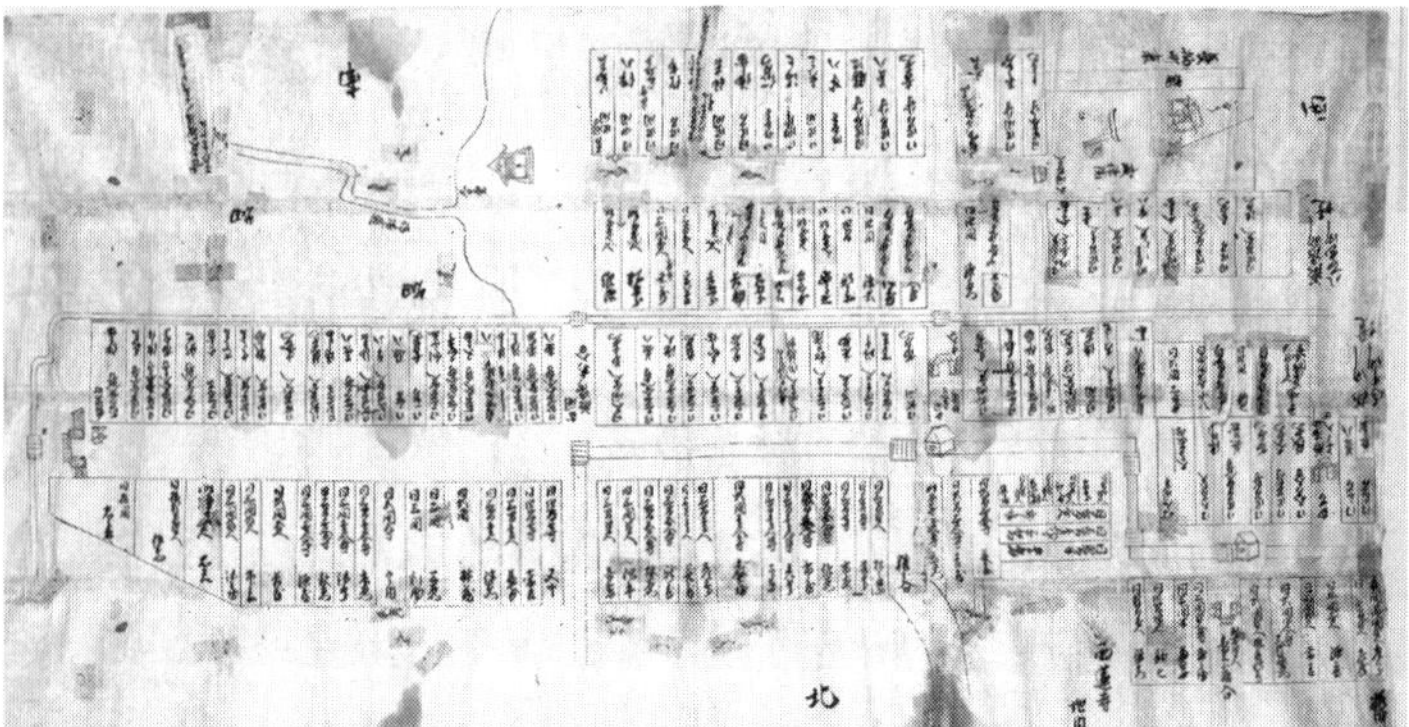

安永年間頃の作成かと考えられる「桜町・鍛冶町絵図」（大高氏蔵）

とを前提にして白河藩領の人口をみてみたい。

村方の戸口は、承応三年（一六五四）の宗門改《しゅうもんあらため》★では、家数一万五一三五軒、人口七万七一二七人、万治二年（一六五九）では、家数一万五四四四軒、人口八万四六九一人となり、それぞれ家数三〇九軒、人口で七五六四人が増加している。領内の総家数と総人口の場合には、白河城下の各町の人数と藩士の人数を入れねばならないが、同時期の数字は不明である。そのため正確な統計はないが、寛文五年（一六六五）頃の白河十二万五千石の領民（農工商と足軽・中間・家中奉公人）は約九万二〇〇〇人、それに五〇〇〜六〇〇人の藩士とその家族を加えた総人口は、約九万五〇〇〇人前後であると推計される。

白河領内の人口構成の特徴をみると、万治二年から安永九年（一七八〇）まで男子の人口がつねに女子の人口を上回っている。また、総人口そのものは年ごとに減少している。その原因として、江戸やその周辺の関東地方への人口流出による過疎化の影響が考えられる。この後、文政五年（一八二二）頃までに、天明の飢饉や間引きなどで人口が大きく減少している（『白河市史二近世』）。

宿駅と街道の整備

中世の奥州街道は、白坂から芳野・南湖東側の土武塚《どぶづか》・宗祇《そうぎ》戻し★（桜町）から

▼宗門改
キリスト教禁止を目的とした宗教調査。家族ごとに宗旨と檀那寺を記載した宗門改帳を作成した。

▼宗祇戻し
連歌師の飯尾宗祇が、文明十三年（一四八一）に鹿嶋神社で催された連歌会に参加するために白河を訪れた。その際に、通りかかった女性とのやり取りのなかで、女性がすぐれた和歌の心得があるのに驚き、ここから宗祇は都に引き返してしまったという伝説の地。

城下に入るルートだった。それが、上杉景勝領の時代に、上杉討伐に出陣してきた徳川家康を迎え撃つために、変更をおこなったものと考えられている。

その後、再蒲生会津支配の時代の慶長九年（一六〇四）に、芳野の古一里塚がつくられた。そうして、寛永年間（一六二四～四四）の丹羽氏の時代に、白坂から皮籠、一里段（新一里塚）がつくられ、小丸山・城下枡形土塁というルートが完成したのである。

天正十八年（一五九〇）、豊臣秀吉は小田原の北条氏を攻め滅ぼし奥州に下向してくる。この時に、小田原から会津までの道路の整備がおこなわれた。とくに白河から勢至堂《せいしどう》峠を経て会津に至る道路の普請が伊達政宗に命じられた。この時に、芦野から白河までの距離が長いということで、白河のひとつ手前の宿場として白坂宿が設置されたといわれる。

慶長九年、江戸幕府は江戸日本橋を起点として諸街道を整備して、街道には松を植えさせ一里塚を築かせた。奥州道中（奥州街道）は、厳密には日光道中の宇都宮宿から分かれて、白沢・氏家・喜連川・佐久山・大田原・鍋掛・堀越・芦野・白坂・白河までの間を指した。奥州道中は道中奉行が支配し、白河以北の街道も奥州道中と称され、勘定奉行の管轄であった。

さらに、寛永十二年（一六三五）には「武家諸法度」において参勤交代が明文制度化されると、宿駅（本陣・脇本陣・問屋）、伝馬人足などの整備がおこなわれた。

一里塚

旧奥州街道

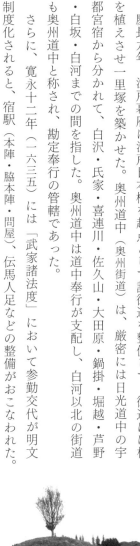

関東から奥州に入る境界で、現在も栃木県と福島県の境となっている場所には境の明神と呼ばれるふたつの神社が建てられていた。下野国側（栃木県側）が住吉神社、陸奥国側（福島県側）が玉津島神社である。

文禄四年（一五九五）に白河を支配していた蒲生氏が社殿を造営して五頭入れの厩をつくったと伝えられている。街道を関東側の南方から来ると、この両社の間が峠の頂上となり、急な坂であった。明治九年（一八七六）の明治天皇の東北巡幸の際に、この坂道を六尺（一・八メートル）切り下げる工事がおこなわれ、道路の両側に石垣が築かれた。

この辺は白坂宿の南端にあたり、戸数八軒の茶店があった。南部屋という店は南部藩主からひいきにされたという。また、伊達藩はここを通る際には必ず社殿に餅を供え、家臣にも一包

白河城下付近の街道と一里塚

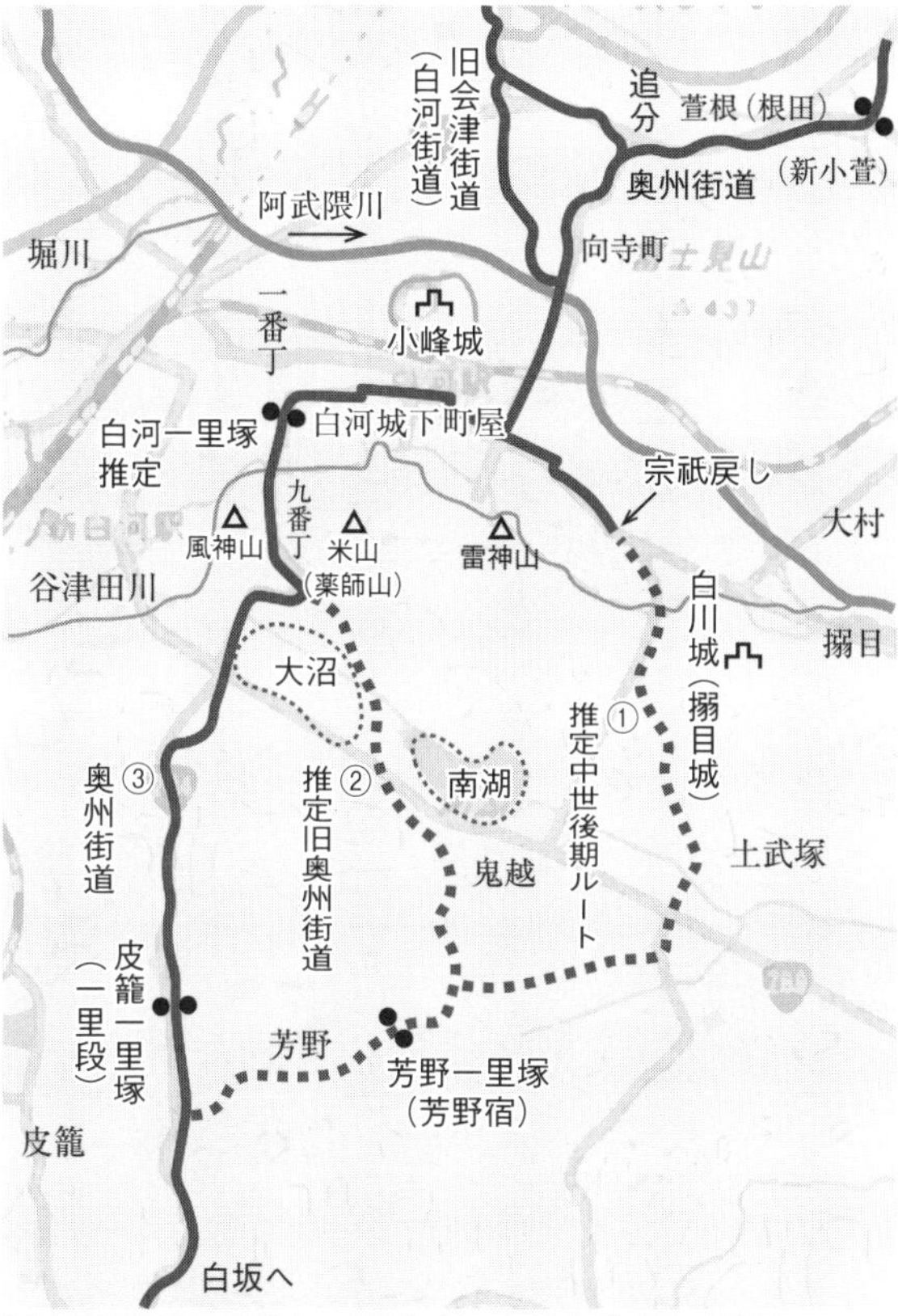

「白河城下付近の街道と一里塚」（安田初男氏〈「所謂六郡絵図とその歴史的意義」『福島大学教育学部論集43号』〉により佐川庄司氏作図）を参考に『白河市史二』より作成

みずつ与えた上に、村人にも撒き餅をしたといわれる。

白坂宿は延宝三年（一六七六）、白河藩主本多忠平より宿場の開設を命じられ、二年の歳月をかけて完成された。総屋敷数は八三軒で、町は三つに分けられ、古町二九軒、新町は五四軒で中町と上町に二分されていた。宿場の南と北の入口には柵門が据え付けられ、それぞれの町の境にも小柵と呼ばれる区切りの門があった。庄屋とその下に町役人が置かれ、さらに目明しもひとりいて治安がまもられていた。

中町の西側に本陣が置かれ、諸大名の宿泊所とされ、脇本陣として岩井屋、準脇本陣として亀屋と若松屋が置かれ、その他旅籠があった。それぞれの旅籠には飯盛女《めしもり》も数人ずついて、料理屋もいくつかあり、芸者が三味線の音をかきならし、かなりの繁盛ぶりをみせていた。

伝馬所には馬五〇匹と人足五〇人が用意されて、大名や一般旅行者の利便に備えられていた。白坂宿は奥州街道のなかでも屈指の宿場であった。

宿場は、幕末から明治初期の混乱期に悲惨な事件の舞台となっている。戊辰戦争がはじまり新政府軍が白坂に侵攻してくると、本陣の白坂市之助が会津藩士と間違われて斬殺された。

また、白河城下に進軍しようとした新政府軍を道案内したとして、白坂宿の若野屋の大平八郎が、復讐のために斗南《となみ》からわざわざやってきた会津藩士田辺軍次

下野と陸奥国境の二所玉津島大明神
（『諸国道中商人鑑』より）

によって斬殺されている。白河口の戦いで会津藩が敗れたのは、大平のせいであると田辺などの会津藩士から恨みをかっていたのだった。不憫に思った大平の家族は菩提寺である観音寺に八郎とともに田辺も埋葬している。

寛永十九年、幕府は白河藩領内に人馬賃銭、宿銭、往還の者に対する注意を定めた制札を出した。これに違反した場合には、過料（罰金）が課せられた。

江戸時代の奥州街道のルートは、白坂境明神から入って白坂宿・小丸山を通り、白河城下に九番町升形から入り、城の南側から東へ行き、最後は阿武隈川を渡って城下を抜け、仙台方面の奥州街道へと進むようになっていた。

天明八年（一七八八）五月、古川古松軒《こしょうけん》は幕府巡検使に随行して奥州を視察し『東遊雑記《とうゆうざっき》』に次のように記している。

「十一日白川城下止宿なり、御城主松平越中守君十一万石、市中千軒ばかり、御城ぐるぐると取り廻はせし町なり。城は平城にして、大手・搦手の門前を往来路として通行す。しかれども御門ばかり見えて御城は見えず。町の中へ流れを取りて町割りをせし所なり。上方・中国筋の城下と違ひて町家見苦し。

すべて此の辺は諸品不自由す、海魚至て稀なり。人物・言語も劣り、民家の家作りあしく、先達て聞しは七、八年以前、寅卯の凶年には、奥羽の人民飢渇して数多死亡せしやうに沙汰あり。しかれども白川領にては死せしもの一人もなかしとや、当城主賢君にして諸民をすくい給ひしよし。夫れゆゑにや、乏家にても屈

白坂宿碑

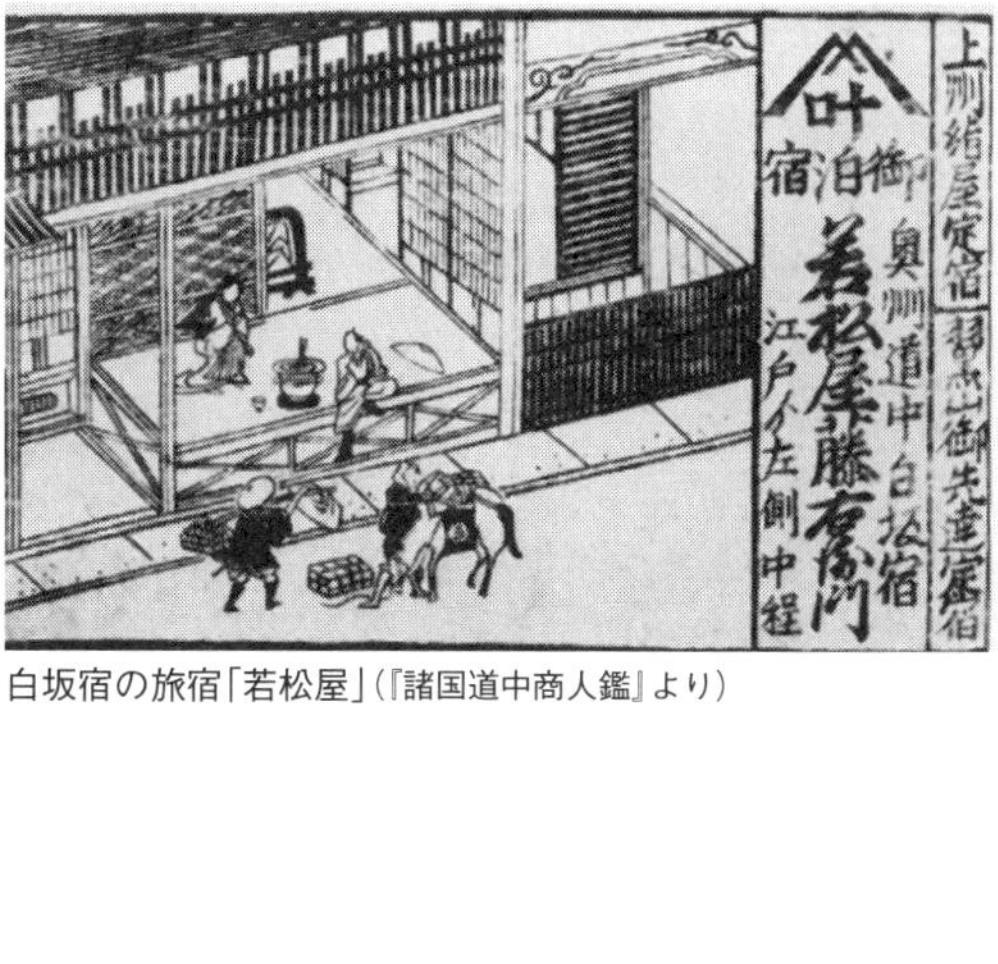

白坂宿の旅宿「若松屋」（『諸国道中商人鑑』より）

情の躰なく、礼法ある風俗に見えしなり。（後略）」

白河と会津若松を結ぶ街道は、会津側は白河街道と称し、白河側は会津街道と呼ばれた。正確には寛永二十年より、会津若松から勢至堂宿（会津藩預かり地）までが会津領、その南の江花村（長沼）からは白河領となった。白河と会津若松との距離は、一七里三町二間二尺（約六七・一キロメートル）。各宿駅には問屋がおかれ、人馬を用意して公用の伝馬役をつとめ、一般の旅行者・商人の荷物の運送にあたった。この街道は会津藩の参勤交代にも使用され、農民に対する重い負担はしばしば助郷紛争★を起こした。白河街道は会津若松までだけでなく、越後と佐渡島をつなぐものでもあった。

白河城下の北数里のところに会津街道の宿場の上小屋宿があった。上小屋宿（旧大信村・現白河市）は会津街道の主要な宿場のひとつで、宿場内には、曹洞宗長尺寺、真言宗八龍寺、修験大光院などの寺院もあった。

江戸時代には「岩瀬《いわせ》郡《ぐん》隈戸《くまど》郷《ごう》上小屋《かみごや》」といわれ、寛政年間（一七八九〜一八〇一）には上小屋村全体では一一一軒あったが、宿場の本村は三四軒であった。街道の両側に旅籠がならび、村のなかほどに石橋があり、この橋より西側が六角町といわれた（『白河風土記』）。

会津の蘆名氏の重臣のひとりであった三浦氏が内山と改名し、岩瀬郡の小中館主内山元経《もとつね》となった。その内山家から、大村と上小屋に分家したうちのひとつが

中町の目薬商「高田四郎兵衛」

本町の脇本陣「柳屋」

本陣の内山家であった。

測量家で有名な伊能忠敬《いのうただたか》は、享和二年（一八〇二）の東北地方日本海岸測量の時に、会津に向かう途次、六月二十三日に泊まっている。幕末には、長州藩の思想的指導者として知られる吉田松陰《しょういん》が東北紀行の際に訪れていることが、『東北遊日記』に記されている。

嘉永四年（一八五一）十二月、江戸遊学中であった二十一歳の松陰は、宮部鼎《てい》蔵《ぞう》（熊本藩士）と江幡五郎（盛岡藩士）とともに東北遊歴の旅に出た。途中、白河

▼助郷紛争
街道の宿駅で継ぎたてるべき人馬が賄えない場合、これを補うため周辺の村々にその負担がかけられ、しばしば争いとなった。

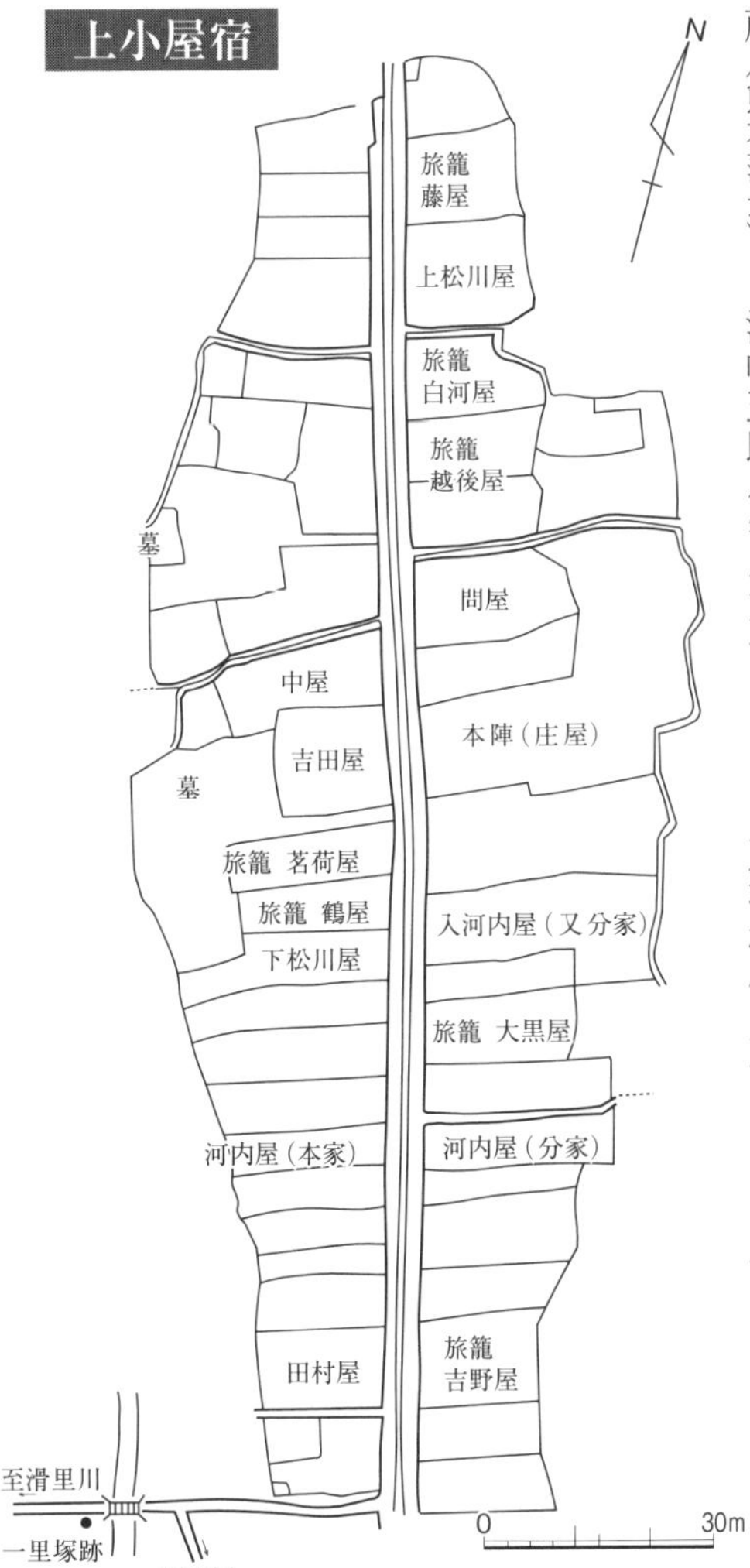

（『歴史の道　白河街道』より作成）

吉田松陰（『近世名士写真』より。国立国会図書館蔵）

伊能忠敬銅像

城下で江幡と別れ、江幡は奥州街道を仙台に向かい、松陰と宮部は会津若松に向かったのである。嘉永五年一月二十五日に白河に着き三日滞在した後、会津に出発した。白河を出て、飯土用《いいどよ》で昼食をとり、上小屋を経て勢至堂に泊まっている。

さらに戊辰戦争がはじまると、新選組の土方歳三が江戸を逃れて会津若松にやってくる。白河が新政府軍に占拠されると、慶応四年（明治元年）六月二十四日土方は新選組隊士を率いて白河奪還のために上小屋まできているという記録が残されている。

現在の上小屋

会津街道碑

旧会津街道

土方歳三
（国立国会図書館蔵）

④ 白河藩領と藩政

藩政初期においては、白河藩十万石の領地はほとんどが城付きで、現在の白河市・西白河郡・石川郡・岩瀬郡・田村郡が中心であった。
やがて、分領（飛び地）ができ、松平（久松）家時代には城付き六万石余の他に分領十万石余を支配した。

白河藩とその支配

丹羽氏が支配することとなった所領は、現在の白河市、西白河郡を中心として、中通りの南部全域にわたり、総数一四五カ村になる。

白河市域の郷村は一七カ村であったが、中世白河結城氏領の郷村がそのまま会津領としての支配期を経て、白河藩へもほぼ引き継がれている。石高の規模では、白河町（二千七百九十一石余）、大村（千八百八石余）、小田川村（千二百七十六石余）、本沼村（千二十八石余）、田島村（九百四十八石余）となっている。

丹羽氏時代の郷村支配のしくみについては、年貢の収納・金銭の取り扱い・物資調達・普請・作事などの人足割り当てなどは、戦国時代の職制を利用していた。

近世の支配単位は村と町である。丹羽氏時代の郷村支配体制については、支配系統の資料がなく不明であるが、二本松藩（丹羽家の転封先）の資料では、役方は、家老―郡代―郡奉行（町奉行）―代官（一〇組）というしくみで民政がおこなわれていたことがみえる。

白河結城氏家臣の旧家で帰農した在地豪族を代官として取り立てた各村の庄屋（名主）・組頭などの村役人をとおして支配をおこなっていたようである。

丹羽家は積極的に新田開発や村開きを奨励し、新田にかかわる諸役、白河城普請の人足なども免除にし、新田頭★の者には帳面に記された石高の他に二十石を与えることなどの特権を付与している。課税は比較的ゆるやかであった。

▼新田頭
新田開発の責任者。

白河藩の廻米ルートは、奥州街道を使って鬼怒川まで運び、阿久津河岸から鬼怒川を下り、山川・久保田河岸でふたたび陸揚げし、日光街道脇往還である東街道を通り、利根川の境河岸で再度川船に積み替え、利根川・江戸川を下って江戸に入るというものであった。十七世紀なかば以降にこのルートが確立されたようである。

白河藩の分領

寛永四年（一六二七）に丹羽家が白河に入部し白河藩が成立したが、その後榊原家、本多家までは城付きの領地で分領（飛び地）はなかった。天和元年（一六八二）に松平忠弘が宇都宮から白河に十五万石で入部してきた際に、出羽国村山郡内の三万千五百八十八石を領有した時から分領がはじまる。松平（結城）家の転封後、次の松平（結城）家に引き継がれるが、松平（奥平）家が姫路に転封すると、いったん村山郡内の分領はなくなる。

その後、越後から松平（久松）家が十一万石で白河に入部すると、城付きの領地六万千五百十三石の他に、伊達郡内に一万七千六百七十九石、信夫郡内に二千八百四十一石、越後蒲原郡・三嶋郡・刈羽郡・魚沼郡・岩船郡内にあわせて八万二千百九十一石を領有することになった。拝領高は十一万石であったが、実際には城付き六万石余の他に分領十万石余を支配することとなったのである。

松平（久松）家が桑名に転封となり、忍《おし》から阿部家が十万石で入部する時には、城付きの領地の他に、伊達郡、信夫郡・村山郡の領地は引き継ぐが、越後の分領はなくなる。忍時代から藩財政が窮迫していた阿部家は、白河に転封してきたことにより、著しく歳入が減少した。阿部家は何度も幕府に村替え（領地替え）を嘆願し、本家の福山藩阿部家の支援もあり、弘化三年（一八四六）にようやく村替えが認められた。阿部家は山野辺分領の一万八百四十石を幕府に返上し、あらたに遠江国豊田郡、山名郡、麁玉郡、引佐郡、さらに信濃国伊那郡、播磨国加東郡に領地を得た。これにより、寒冷な土地から温暖で生産力の高い領地一万二千六十四石を増領し、わずかではあったが、財政難を緩和することができた。

旧山野辺陣屋の玄関

変遷

寛文4年(1664)

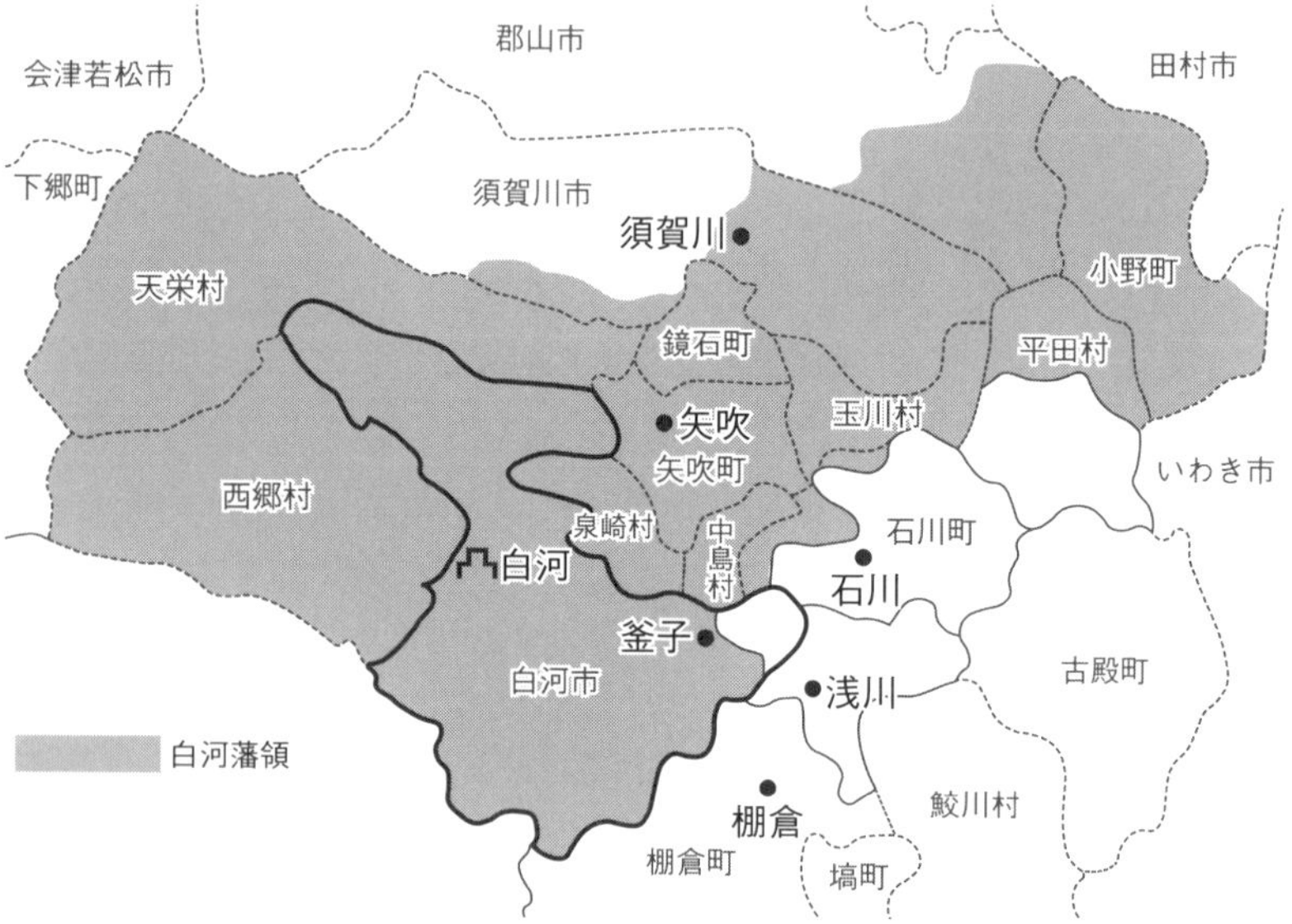
郡山市
会津若松市
田村市
下郷町
須賀川市
須賀川
天栄村
小野町
鏡石町
平田村
矢吹
玉川村
矢吹町
いわき市
西郷村
泉崎村
中島村
石川町
白河
石川
釜子
古殿町
白河市
浅川
白河藩領
棚倉
鮫川村
棚倉町
塙町

寛保元年(1741)

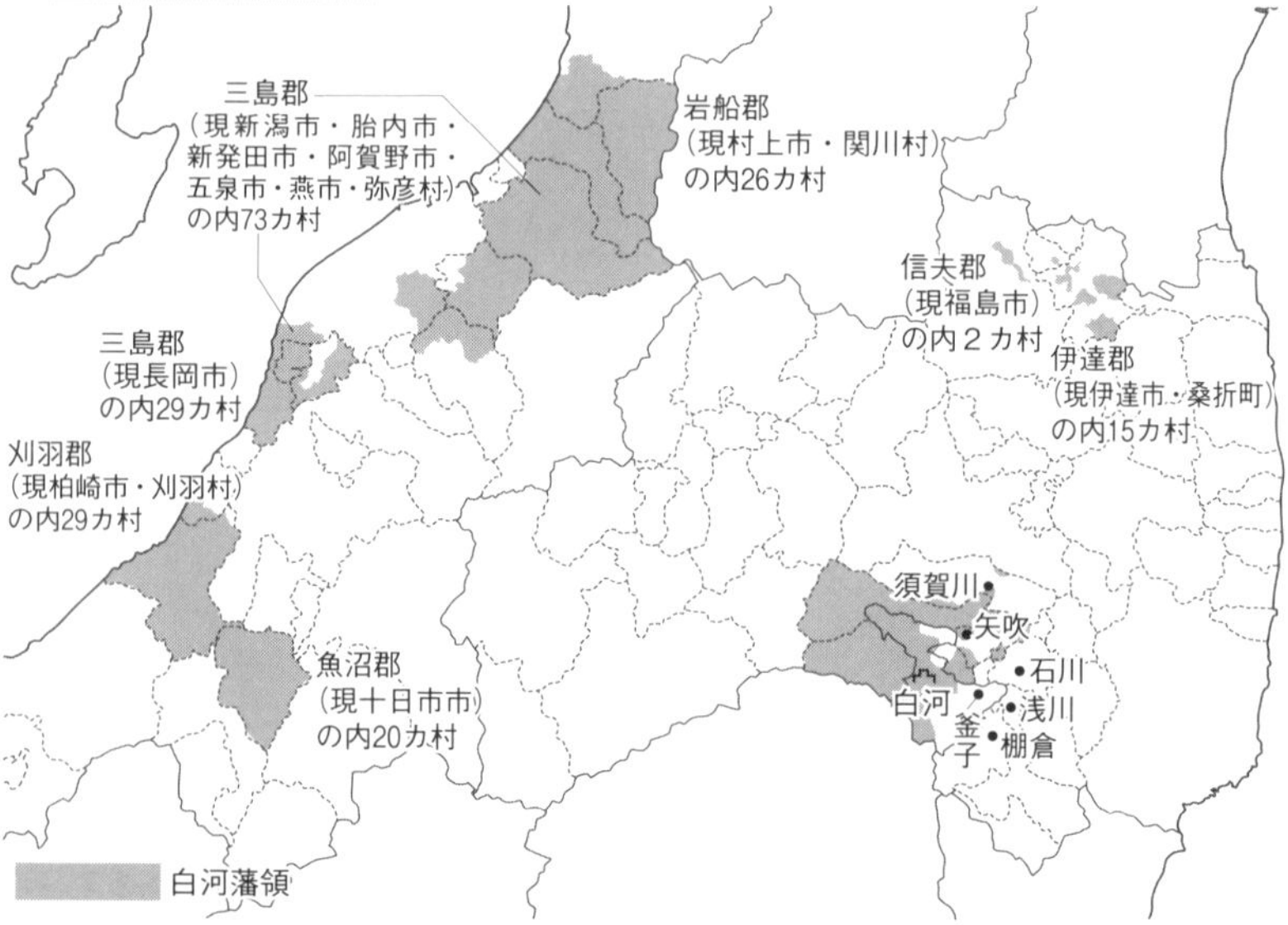
三島郡
(現新潟市・胎内市・
新発田市・阿賀野市・
五泉市・燕市・弥彦村)
の内73カ村
岩船郡
(現村上市・関川村)
の内26カ村
信夫郡
(現福島市)
の内２カ村
伊達郡
(現伊達市・桑折町)
の内15カ村
三島郡
(現長岡市)
の内29カ村
刈羽郡
(現柏崎市・刈羽村)
の内29カ村
須賀川
矢吹
石川
白河
浅川
釜子
棚倉
魚沼郡
(現十日市市)
の内20カ村
白河藩領

文政6年(1823)

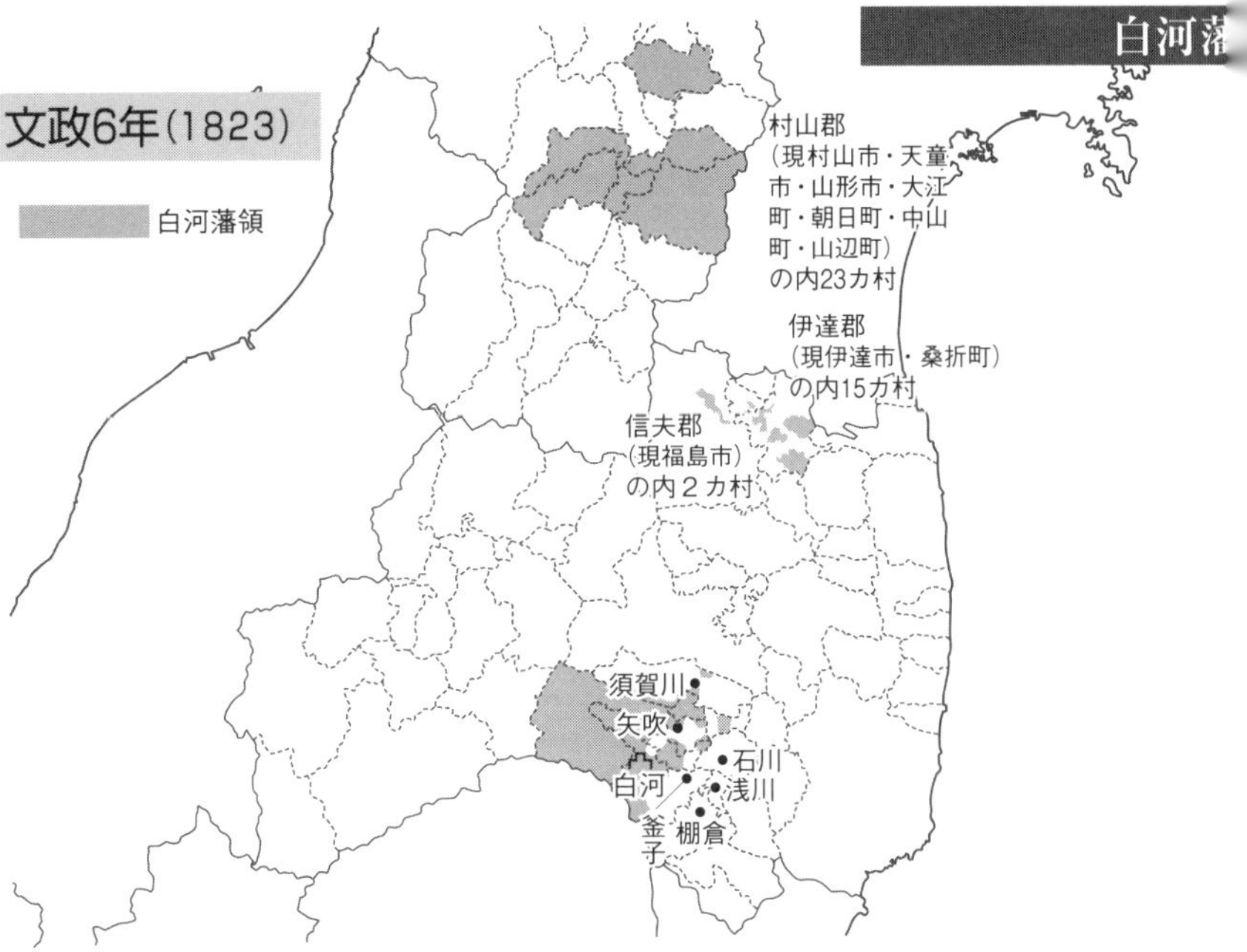
白河藩領
村山郡
(現村山市・天童市・山形市・大江町・朝日町・中山町・山辺町)
の内23カ村
伊達郡
(現伊達市・桑折町)
の内15カ村
信夫郡
(現福島市)
の内２カ村
須賀川
矢吹
石川
白河
浅川
釜子
棚倉

弘化元年(1844)

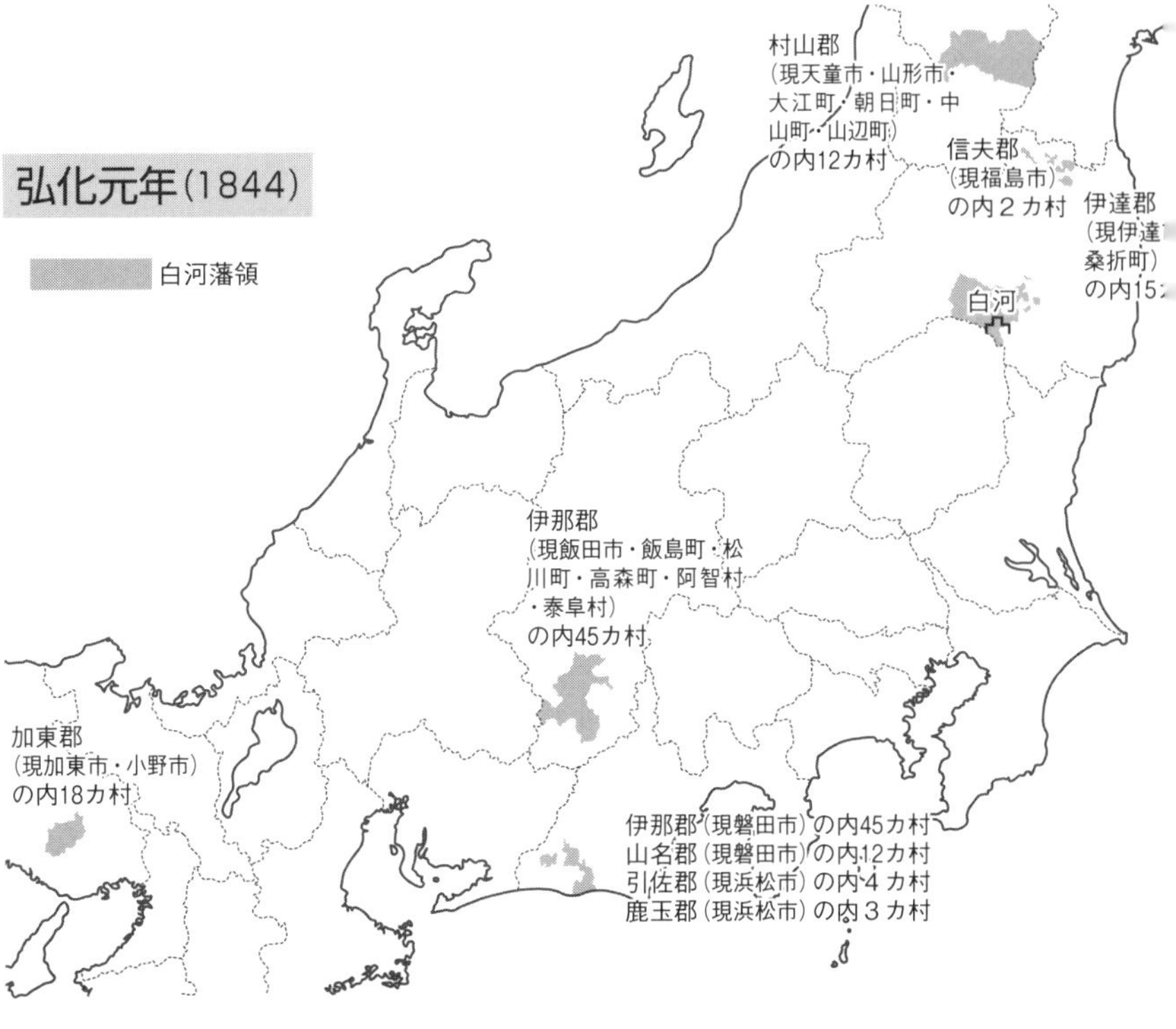
白河藩領
村山郡
(現天童市・山形市・大江町・朝日町・中山町・山辺町)
の内12カ村
信夫郡
(現福島市)
の内２カ村
伊達郡
(現伊達
桑折町)
の内15
白河
伊那郡
(現飯田市・飯島町・松川町・高森町・阿智村・泰阜村)
の内45カ村
加東郡
(現加東市・小野市)
の内18カ村
伊那郡（現磐田市）の内45カ村
山名郡（現磐田市）の内12カ村
引佐郡（現浜松市）の内４カ村
鹿玉郡（現浜松市）の内３カ村

白河藩 7 家21代藩主

大名家	領地	藩主	藩主就任年	転入・転封
丹羽家 10万700石	白河郡 石川郡 岩瀬郡 田村郡	①丹羽長重 ②丹羽光重	寛永4年(1627) 寛永14年(1637)	棚倉より入封 二本松へ転封
榊原家 14万石	白河郡 石川郡 岩瀬郡 田村郡	③榊原忠次	寛永20年(1643)	館林より入封 姫路へ転封
本多家 12万石 ↓ 10万石	白河郡 石川郡 岩瀬郡 田村郡	④本多忠義 ⑤本多忠平	慶安2年(1649) 寛文2年(1662)	村上より入封 宇都宮へ転封
松平家(奥平) 15万石	白河郡 石川郡 岩瀬郡 田村郡 出羽国村山郡	⑥松平忠弘	天和元年(1681)	宇都宮より入封 山形へ転封
松平家(結城) 15万石	白河郡 石川郡 岩瀬郡 田村郡 出羽国村山郡	⑦松平直矩 ⑧　基知 ⑨　義知(明矩)	元禄5年(1692) 元禄8年(1695) 享保14年(1729)	山形より入封 姫路へ転封
松平家(久松) 11万石	白河郡 石川郡 岩瀬郡 伊達郡 信夫郡 越後国岩船郡・蒲原郡・三島郡・刈羽郡	⑩松平定賢 ⑪松平定邦 ⑫松平定信 ⑬松平定永	寛保元年(1741) 明和7年(1770) 天明3年(1783) 文化9年(1812)	高田より入封 桑名へ転封
阿部家 10万石	白河郡 石川郡 岩瀬郡 伊達郡 信夫郡 出羽国村山郡 その他	⑭阿部正権 ⑮阿部正篤 ⑯阿部正瞭 ⑰阿部正備 ⑱阿部正定 ⑲阿部正耆 ⑳阿部正外 ㉑阿部正静	文政6年(1823) 文政6年(1823) 天保2年(1831) 天保9年(1838) 嘉永元年(1848) 嘉永元年(1848) 元治元年(1864) 慶応2年(1866)	忍より入封 棚倉へ転封

これも白河

娘道成寺
安珍のふるさと白河

『道成寺絵巻』（国立国会図書館蔵）

延長六年（九二八）、白河から熊野詣に行く途中の安珍《あんちん》という若い山伏が、紀伊国の真砂《まなご》の庄司の家に泊まった。その家には清姫という美しい娘がいて、安珍に恋をした。数年後、また安珍が訪れると清姫は結婚の約束を求めるが、安珍は山伏の身分ということで清姫の申し出をことわり、夜陰にまぎれて、清姫の家から逃れて道成寺《どうじょうじ》の鐘の中にかくれる。

安珍をあきらめきれない清姫は、安珍を追いかけていくが、途中の日高川が増水して渡れない。どうしても川を渡って安珍のもとに行きたい清姫は、ついに蛇に変身して川を渡り道成寺までたどり着く。清姫は安珍が鐘の中にかくれているのを知ると、全身で鐘に巻き付き怨念の炎となって鐘ごと安珍を焼き尽くしてしまう。

安珍堂に安置されている安珍木像
（白河観光物産協会提供）

道成寺物語のあらすじは大体このようなものであるが、この話は、近世になって歌舞伎、浄瑠璃その他で演じられて有名になる。

白河安珍歌念仏踊（白河市提供）

昭和六十年（一九八五）、道成寺の好意により、近世につくられたという安珍の木像が白河市に贈られた。千余年を経ての里帰りであった。現在、白河市の根田地区において安珍堂が建てられその中に安珍は静かに安置され、毎年三月には安珍を供養する念仏踊りがおこなわれている。

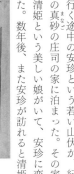

これも白河

悲しい人柱伝説

白河城の築城の際に、何度も石垣の同じ箇所が崩れてこまっていた。そこで工事関係者が集まって密議を開き、人柱を立てることにしたのである。定められた日、工事中の城の外濠から郭内に最初に入ってきた女を人柱にすることとした。

そうしたところ、普請奉行（工事責任者）和知平左衛門の娘おとめが、父に用事があったようで郭内に入ろうとした。それを石垣の上から見ていた平左衛門が、娘に向かって必死に「帰れ！」と手を振って合図しようとした。ところがおとめの方は、逆に父親が「早くこい」と手招きしていると思い、走って郭内に入ってしまう。憐れおとめは捕らえられて、人柱として生き埋めにされてしまった。

その後、石垣は崩れることなく工事は無事に終わり、石垣が完成した。平左衛門は武士の身分を捨て、城下の横町で繭商人になったと伝えられている。

工事関係者は、娘の死を悼み、供養のために桜の樹を植えたという。現在でも桜の樹が三重櫓の側にあり、桜の樹は「乙女桜」と呼ばれ多くの人たちから香華を手向けられている。

乙女桜

春の白河小峰城

乙女桜の碑

第二章 藩体制の確立と領内支配

白河は奥州の入口にあたるため、丹羽家以後は歴代譜代大名が治めた。

①榊原家の支配

徳川四天王の一に数えられる歴戦の将・榊原康政の子康勝の跡を継いだ忠次。忠次は十四万石で白河に入り、精力的に領内の経営に取り組み、藩の財政にも余裕がみられた。支配の強化と農民統制につとめるも、治政わずか六年で姫路藩十五万石へ転封となる。

徳川四天王家の白河入封

徳川家康とその家臣たちは、他の戦国大名には類をみないほどに結束が強いことで有名である。家康の天下取りを軍事面で支えた武将たちのなかで、とくに重要視されたのが「徳川十六将」といわれるもので、幾種類もの「十六将図」に描かれている。

その十六将とは、酒井忠次《ただつぐ》・松平康忠《やすただ》・井伊直政《なおまさ》・榊原康政《やすまさ》・本多忠勝《ただかつ》・大久保忠世《ただよ》・平岩親吉《しんきち》・鳥居元忠《もとただ》・鳥居直忠《なおただ》・大久保忠佐《ただすけ》・内藤正成《まさなり》・高木清秀《きよひで》・渡辺守綱《もりつな》・服部正成・米津《よねつ》常春《つねはる》・蜂屋貞次《さだつぐ》であるが、武将名については資料によって異同があり、必ずしもこの十六人と決まっているわけではない。

十六将図に描かれる配置も図によって異なる。つまり、家康に仕えて数々の戦

井伊直政
（模写。東京大学史料編纂所蔵）

を勝ち抜き、徳川幕府の樹立に大きく貢献したおもな三河武将たちが「十六将」として象徴的に描かれているのである。

家康が亡くなり、しだいに武功派の武将の活躍の場がなくなり、かわって吏僚派の重臣が台頭してくると、武功派の武将たちは過去の栄光や功績を懐かしむと同時に、確かな遺産として残したくなり、多くの「十六将図」を描かせたのであろう。

この十六将のなかでもとりわけ活躍した重臣が「徳川四天王」と称される武将である。

もともと四天王とは、仏教の世界の須弥山《しゅみせん》★の中腹である欲界の第六天の四方を守護する天を指す。つまり、仏法を守護する持国《じこく》天・増長《ぞうちょう》天・広目《こうもく》天・多聞《たもん》天のことをいい、そこから、やがて大将を守る強い武将四人をとくに「四天王」と称するようになったものである。

最初から徳川四天王という呼称はなかったが、次第に徳川幕府の功労者として誰もが認める、酒井忠次・本多忠勝・榊原康政・井伊直政の四人を称するものに定着したと思われる。徳川四天王本人ではないが、この四家の子孫のうち、二家が白河に入ってくるのである。それだけ幕府は奥羽の押さえであり、玄関口である白河藩を重要視していたと考えられる。

▼須弥山
仏教の宇宙観で宇宙の中心をなす巨大な山。

榊原氏の出自と白河入封

会津藩の加藤明成が寛永二十年（一六四三）に改易されると、会津若松には山形より保科正之が二十三万石で入った。これより会津藩は幕末まで徳川一門の保科系の松平家が支配していくことになる。これにともない同年七月には、外様大名の丹羽家が二本松に移封した後に譜代の名門榊原忠次が館林から白河に入り、南奥州の要衝の地は、親藩と譜代が防備するかたちとなった。

忠次は、徳川四天王といわれた康政の子康勝が亡くなった後、横須賀城主大須賀家より榊原家に養子に入り館林藩十万石（のちに十一万石）を継いだ。白河には三万石加増されて十四万石で移封してきた。

榊原氏は、先祖が伊勢国一志郡榊原村に居住したことから榊原と称するようになったといわれる。康政の祖父清長の代に三河に移り清長は家康の父松平広忠に、父長政は家康に仕えた。

康政は永禄三年（一五六〇）の桶狭間の戦い★の際に、はじめて家康に謁見する。これ以後、家康の側近として数々の武功をあげ、家康の一字をもらい康政を名乗る。

康政は家康が出陣したほとんどの戦《いくさ》に従軍しているが、なかでも姉川の戦い（一

榊原忠次
（榊神社蔵。（財）旧高田藩和親会管理）

▼桶狭間の戦い
織田信長が今川義元を討った戦い。

五七〇）での活躍は有名である。浅井長政・朝倉義景連合軍との戦いで、織田信長は浅井軍と戦い、援軍であった朝倉景健率いる朝倉軍に家康が当たるかたちとなった。

織田軍が浅井軍に攻め込まれて後退しはじめた時、朝倉軍と戦っていた徳川軍のなかの一隊が朝倉軍の側面を攻撃した。すると、それまで押し気味だった朝倉軍がこれに動揺し、浅井軍も撤退しはじめたのだった。その後、浅井・朝倉連合軍は敗走して、織田・徳川連合軍の勝利となるのだが、この時に朝倉軍の側面を衝いたのが康政が率いる一隊だったのである。

その後康政は、三方原の戦い、長篠の戦いなどで活躍する。本能寺の変の際に、泉州堺から家康主従が脱する伊賀越えにも随行している。

康政の武功として特筆されるものに、徳川家康・織田信雄連合軍と豊臣秀吉軍が戦った小牧・長久手の戦いがある。

天正十二年（一五八四）、豊臣軍十万と徳川・織田軍三万が対峙した。圧倒的に

榊原氏略系図

清長《きよなが》—**長政**《ながまさ》—**康政**《やすまさ》—**康勝**《やすかつ》

康勝—**忠次**《ただつぐ》—**政房**《まさふさ》

康勝—**勝政**《かつまさ》

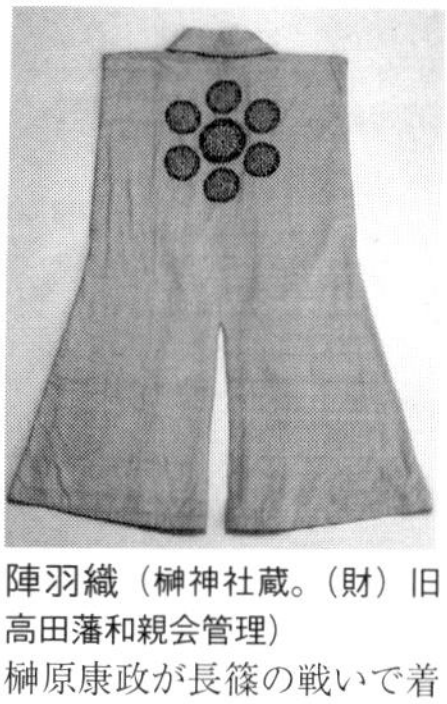

陣羽織（榊神社蔵。（財）旧高田藩和親会管理）
榊原康政が長篠の戦いで着用したと伝わる。

豊臣軍が優勢であったが、この時康政は秀吉に対して、主君であった信長の恩を忘れて信長の二男の信雄を討とうとする悪逆非道を非難する檄文を書いて豊臣軍の諸将に送り付けたのである。これに激怒した秀吉が冷静さを失い、この戦を不利にしてしまったのである。この戦の講和後、秀吉は康政の家康に対する忠義の行為を褒め、康政は秀吉から一目置かれる存在となったといわれている。

　康政は、慶長五年（一六〇〇）に上野国館林藩十万石を与えられる。その後、徳川政権下で戦が終わり、平和な時代になると、本多正信・正純父子などの吏僚派と対立し、時代の変化をさとり隠居する。

　康政の後は康勝が継ぐ。康勝は、大坂の陣に出陣し手柄を立てるが、以前から煩っていた腫れ物がひどくなり、京都において二十六歳の若さで没する。その後を忠次が継ぐ。忠次は康政の子・大須賀（松平）忠政の長男として生まれ、横須賀城主となっていたが、康勝の死去にともない、榊原家に養子に入り、館林藩十万石を継いだのである。

榊原忠次時代の藩政

　榊原忠次は、白河藩に十四万石で移封してきたが、実際には改出《あらためだし》★や新田の領地があり、十五万三千四百二十四石余であった。

▼改出
堀・川・沼・池などに、新たに田畑をつくり課税対象となった土地。

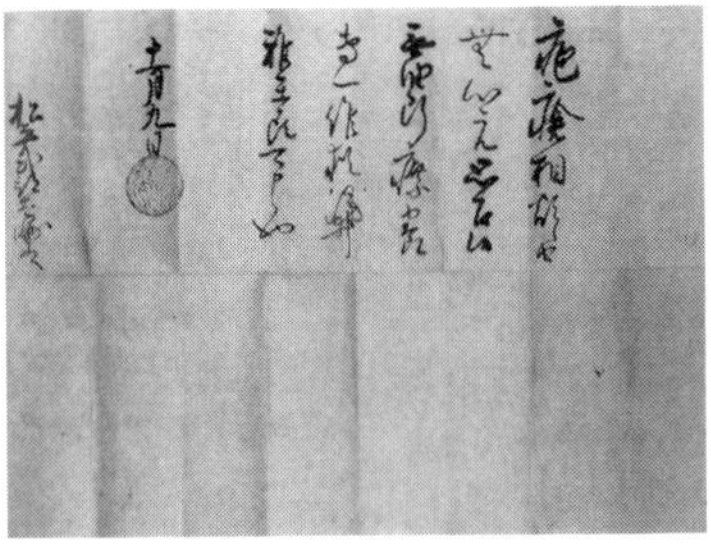

忠次が疱瘡にかかった際に送られた徳川家光御内書
（榊原家蔵。〈財〉旧高田藩和親会管理「榊原家史料」）

忠次は、正保元年（一六四四）には稲作の年貢率の決定と年貢・諸役の完納、百姓の他領への移動禁止、検断・名主の交代の禁止などを命じ、支配の強化と農民統制をおこなった。そのおもな内容は次のとおりである。

税制については、「毎年稲作を検分して税率を決める」という検見《けみ》制をとり、「年頭や節句の贈り物などは、諸奉行・郡代官・給人へ一切出さないこと」とし、役人などへの付け届けを禁止している。

「五人組を定め、その郷の検断・名主を小百姓の思いのままに交代しないこと、何事も郷中へ申しつける場合は奉行所の判形を遣わす。郷中に盗人がいる場合は訴え出ること、乞食等は郷中や山野に置かないこと。医者・商人・細工人はその郷の用所にて召し置く時は、確かな請人を立て、不審の者は留め置かないこと」などの村方支配について細かく定めている。

その他、「伴天連★・いるまん・きりしたんは、男女によらず穿鑿《せんさく》すること」と禁教についても触れを出している。

寛永二十年（一六四三）九月には、あらたに榊原領となった岩瀬郡の村々へも「覚」が出されている。しかし、慶安二年（一六四九）、榊原忠次はわずか六年にして姫路藩十五万石に転封となった。いわゆる栄転である。替わって越後国村上より本多忠義が移封してきた。

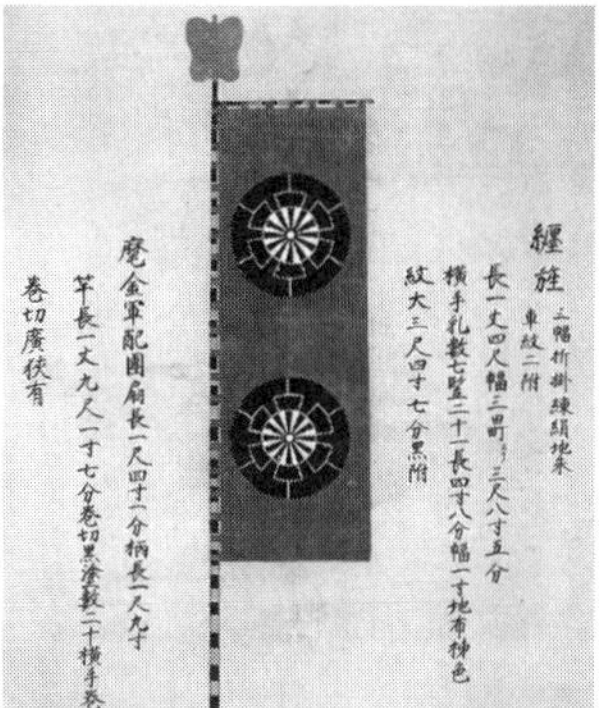

纏旗図（榊原家蔵。〈財〉旧高田藩和親会管理「榊原家史料」）

▼伴天連
キリシタン司祭・神父のことで、ポルトガル語のパードレが日本語化したもの。

②本多家の出自と入部

榊原家に続いて徳川四天王の本多家が十二万石で白河に入ってくる。
本多家は白河において「慶安検地」なるものを実施して、領民にきわめて過酷な重税を賦課した。
その後長く領民を苦しめ、農村を疲弊させた。

本多忠義の白河入封

慶安二年（一六四九）、幕府は白河・姫路・村上各藩の「三方領地替」をおこなった。これにともない、白河には、またしても徳川四天王のひとつの家柄である本多忠義が十二万石で入部してくる。

本多氏の出自は、太政大臣藤原兼光《かねみつ》の子の左大臣顕光《あきみつ》から十一代の右馬允《うまのじょう》助秀《すけひで》が豊後国本多に住んだことから本多を称したと伝えられている。十三代助政《すけまさ》の後、本多家は定通《さだみち》系と定正《さだまさ》系とに分かれるが、古くから徳川宗家に仕えた譜代の家臣であった。

二十一代の本多忠勝は、榊原康政らとともに徳川四天王と称されたが、他の三人と比較してもその勇猛さは飛び抜けていて、まさに武辺一辺倒の武将であった。

本多忠勝（模写。東京大学史料編纂所蔵）

「生涯に五十度の合戦に出て、一度も怪我をしたことがない」と豪語したといわれているが、それもほぼ真実と思われる。

忠勝は元服前後の十三歳の頃に松平元康（のちの徳川家康）に仕えはじめ、毎年のように合戦に出陣して、姉川の合戦、三方原の戦い、長篠の戦いなど数々の合戦で武功をあげている。武田信玄の家臣であった小杉左近という武士が、忠勝の戦ぶりに感心し「家康に過ぎたるものが二つあり、唐の頭★に本多平八（忠勝の通称）」と褒めそやしたほどであったといわれる。

本能寺の変の際にも家康と同行し、無事伊賀越えを果たしている。その後、天

▼唐の頭
犛（ヤク）という動物の尾の毛を付けた兜。「南蛮渡来」の珍品で、徳川家康が好んだといわれる。

本多氏略系図

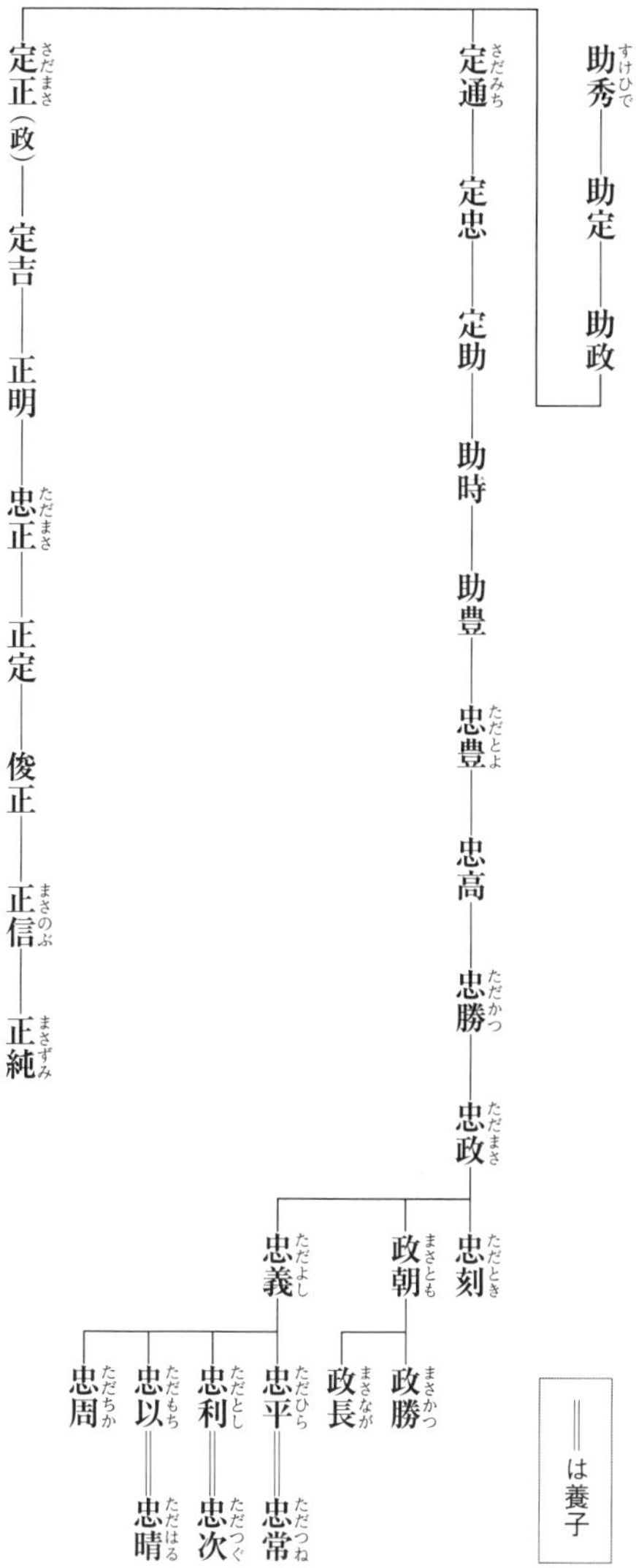

正十二年（一五八四）の小牧・長久手の合戦で戦った時には、大軍を擁する秀吉軍が長久手方面に移動するのを察知して、討死覚悟で出撃し家康の危機を救っている。忠勝の勇猛ぶりに秀吉も感心したという記録が残されている。

江戸に幕府が開かれると、忠勝は家康から、上総国大多喜十万石を与えられ、その後慶長六年（一六〇一）、伊勢国桑名の城主となった。

忠勝の後の忠政は小田原の陣で戦功を上げた。元和三年（一六一七）に五万石の加増となり、十五万石として播磨国姫路へ移された。

この忠政の後が忠義である。忠義は慶長七年、忠政の三男として伊勢国桑名に生まれた。寛永三年（一六二六）に播磨国において四万石を賜り姫路城内に住んだ。同十六年に、遠江国掛川藩へ転封となり七万石を賜った。正保元年（一六四四）に越後国村上藩へ十万石で転封となった後、白河へ入ってくるのである。

忠義の白河での治政は、評判がよくない。家臣や領民に対して乱暴な扱いをしたり、過酷な竿入れ（検地）をおこない、領民に重税を課している。忠義の後は、忠平が継いだが、貞享二年（一六八五）大和国郡山藩へ転封となる。

本多家の治政で特筆すべきことは、「本多家騒動」というものである。この事件は、『徳川実紀』などの幕府の公式記録には記載されていないが、『白河古事考』★や『本多騒動秘録』に載っているものである。

忠義はある時猪狩りを催し、家臣で武術の誉れ高い松崎六之丞に猪狩りの惣奉

伝本多忠義筆「山水図」（白河市歴史民俗資料館蔵）

▼『白河古事考』
松平定信の家臣、広瀬典が著した白河藩領の地誌・歴史書。文化元年（一八一八）に成立。

行を命じたのである。

狩りの前夜、六之丞は、身に余る光栄な役に任じられたことから知人を集めて祝いの宴を催した。しかし、六之丞は翌日、酒宴の疲れのために寝過ごしてしまう。八ツ（午前二時）の太鼓の音で目を覚ました六之丞は、急いで狩場に向かうが、狩場の入口の関所で、監視の役人に止められてしまう。六之丞は急いでいたために、寝間着姿だったからである。狩装束は後から届けてもらうのでとにかく通して欲しいと主張するが、役人に通してもらえず、やむなく家に引き返し、狩装束に着替えてから狩場に到着した。しかし、その時には、惣奉行の役は他の者に替えられてしまっていた。その上、忠義の二男忠利より、大勢の家臣の前で、「侍畜生」と罵られるという恥辱を受けた。

不満の六之丞は、それでは知行を返上すると言い出した。これに対して忠義と忠利は止めたが、六之丞は承服せず、牢に入れられてしまう。その後監視の藩士と争いとなり、六之丞は斬られて死んでしまった。それを聞き、現場にかけつけた六之丞の父太郎左衛門は、居合わせた藩士数名を斬り殺す。その後自宅に戻った太郎左衛門は追手と激しく戦うが、ついに斬られて死ぬ。太郎左衛門のふたりの娘婿も追手に対して激しく抵抗して戦うが、ついに自宅に火を付け自害して果てる。

ささいなことから本多家の有能な家臣が多く失われた事件であった。

本多忠義奉納の鹿嶋神社神輿
（鹿嶋神社蔵）

慶安検地

幕府は慶安二年（一六四九）に「慶安の御触書」を出し（異説あり）、農政全般に関する基本方針を示した。そのなかで、太閤検地以来の検地について詳細な法令を定めている。本多氏は幕府の方針にしたがい、領内において総検地を実施したのである。これは文禄三年（一五九四）の蒲生検地以来のことであった。しかし、この検地があまりにも過酷なもので、大幅な打ち出し増となり、農民に多大な重税がかけられることとなった。

前代にくらべて本年貢（年貢米）の増加率は、資料によってはおよそ四〇パーセントから五〇パーセントという記録もあり、かなりの増税であったことがわかる。さらに本年貢の増徴だけでなく、その他の付加税についても大幅な増税となっている。小物成《こものなり》★、高掛《たかがかり》物★、夫役《ぶやく》★などの各種雑税についても大幅な増税が強行されたのである。

驚いた農民は、幕府に訴え出たり、藩当局に対して激しく抵抗した。白河藩においてはじめての一揆騒動が起こる。しかし、藩はその後も領内全域に過酷な検地を強行し、旧高十三万五千石から三万七千石が打ち出された（課税対象の田畑が三万七千石分増加された）。このことが、長く白河藩領の農民の窮乏の大きな要因

「検地之図」（『徳川幕府県治要略』より。国立国会図書館蔵）

▼小物成
米納が原則である本年貢の「本途物成」に対する語で、米以外の生産物などに課される雑税。

▼高掛物
本途物成以外に、村高（村毎の米の生産高）に応じて課された付加税。

となっていくのである。これ以後、数多くの一揆や訴えのたびにこの時の検地が引き合いに出されることとなり、一揆農民は本多検地以前に戻すよう要求している。

本多家は忠平が藩主の時代に、天和元年（一六八一）、一万石を加増されて宇都宮藩に移封されるが、本多家の苛政は移封直前まで続く。それまでに未納であった年貢や夫食《ふじき》★・種貸《たねかし》★などの米金と利息を転封に際して、厳しく取り立てた。納められない場合には、名主には縄をかけ、組頭は投獄、一般の百姓に対しては半死半生になるまで乱暴を加えるなどして強引に米・籾・金子を取り立てた。その上、引っ越しにあたっては、荷物運搬のための人足や馬の拠出を命じ、応じられない場合には代銭を取り立てた。

本多家は、幕末まで白河領民に重税と貧困を強いるという、きわめて大きな禍根を残したばかりか、最後の最後まで白河の領民に対して悪政をほどこしていったのである。

▼夫役
物納の税ではない労役のこと。道路・河川の土木工事などがあった。

▼夫食
米・麦・雑穀・大豆など、江戸時代の農民の食糧。

▼種貸
凶作などにより種籾・種麦が欠乏した際に領主が貸与した制度。

舟田村検地帳
（『白河市史 二』より）

③

松平（奥平）忠弘時代

松平（奥平）家十五万石が白河に入り、本多家時代の重税を引き継ぎ、過酷な治政をおこなった。領民は藩に訴えを起こすもきき入れられず、幕府へ訴え出ている。御家騒動も起こり、藩内は大きく動揺した。

松平忠弘の白河入封

延宝九年（一六八一）七月、本多忠平が白河から宇都宮に移封され、替わって松平（奥平）忠弘が宇都宮から白河に入部してきた。

松平（奥平）家は、忠弘の三代前の貞能が松平元康（のちの家康）に仕えたが、家康の娘の亀姫を信昌がもらった時から大きく発展する。この信昌の四男忠明《ただあきら》の子が、白河藩主として入ってきた忠弘である。忠弘は、姫路藩十八万石に出世していた忠明の跡を継ぎ、山形藩（十五万石）、宇都宮藩（十五万石）を経た後、白河に入ってきたのである。

忠弘という人物はあまり評判がよくない。『土芥寇讎記《どかいこうしゅうき》』★（作者不明）によると、生まれつき暗愚で文武ともに学ばず、取るところのない藩主である。強いて長所

▼『土芥寇讎記』
江戸時代前期の諸大名を網羅した人名録。

松平氏（奥平）略系図

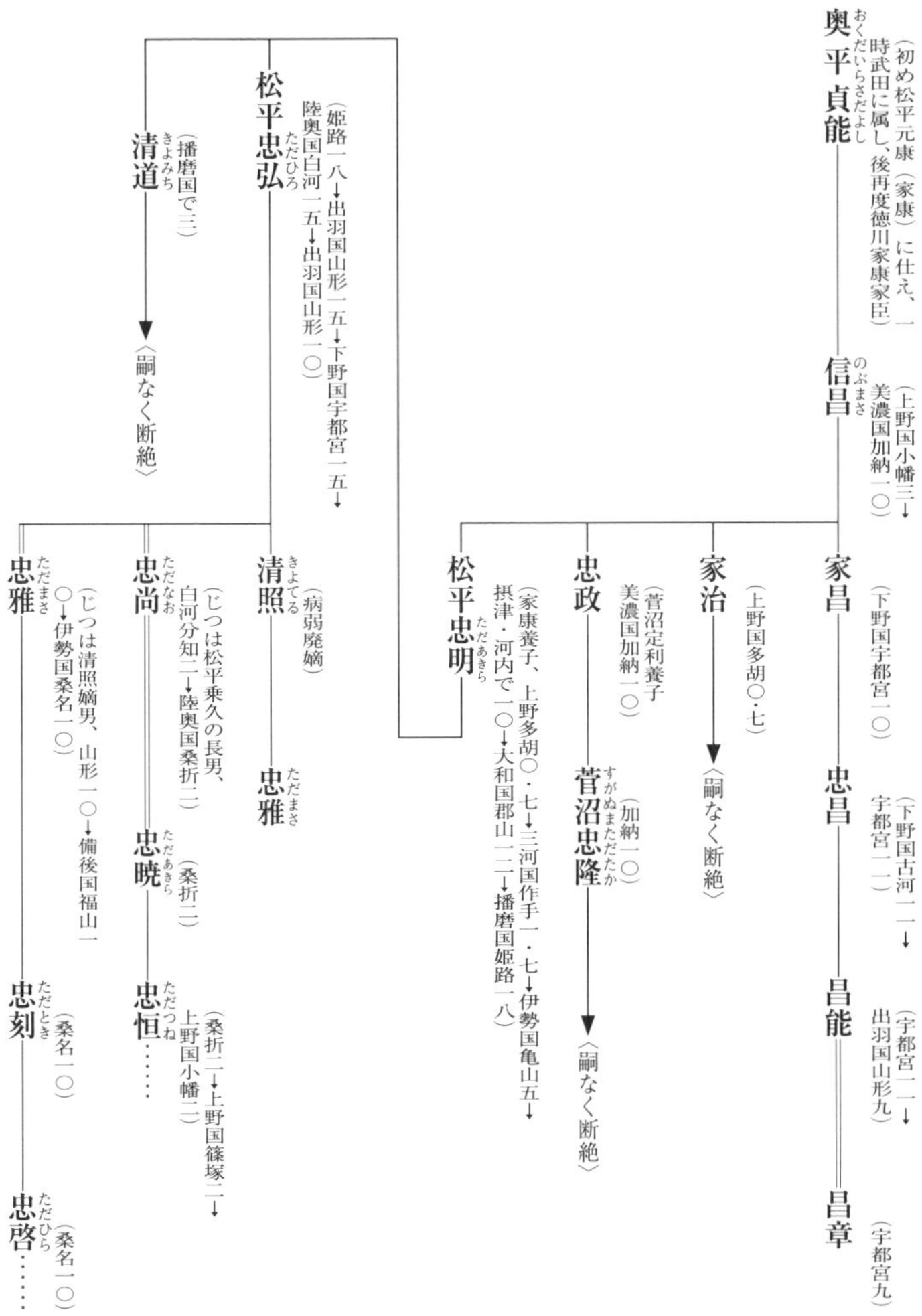

（注）

①＝は養子、②数字は万石を示す。例えば作手一・七は一万七千石、白河一五は十五万石を領すの意。

（『寛政重修諸家譜』第一・第九により作成）

をあげれば、素直な性格で心が曲がっておらず、穏和である。けして賢君ではないが、家臣や領民は安心感を抱いており、好意的に受け止められてもいる。

しかし、新領主松平忠弘も本多時代の過酷な年貢率を受け継ぐと知ると、領民の不満は一挙に爆発した。忠弘が入部してきた年の十二月、領内惣百姓の訴願・越訴が起こった。これには、領内一八〇カ村・二〇七名におよぶ名主・大庄屋が署名している。

農民たちは、次のような訴願書を藩に出して訴えている。

○前藩主の本多家が無理矢理今年の年貢を取り立てていってしまったので、今年の年貢は納められない。

○榊原家の時代はゆるやかだった年貢が本多家の時代に急に厳しくなったので、それを松平家が踏襲するのは不当である。

○奉公人の雇い費用である「余内金」を本多家は不当に取り立てていたが、それを松平家も引き継ぐのは迷惑である。

○本多家の時代におこなった検地で、「一作切」（その年限り）の畑までも課税の対象とされた上、荒れ地になっても年貢を取られていた。困窮した百姓が藩から借りた夫食《ふじき》・種米の利息が百姓の重い負担となっている。

以上、本多時代のさまざまな苛政について訴えている。しかし、新領主が農民の訴えを聞き入れて藩収入を以前より減じることはとうていできるものではなか

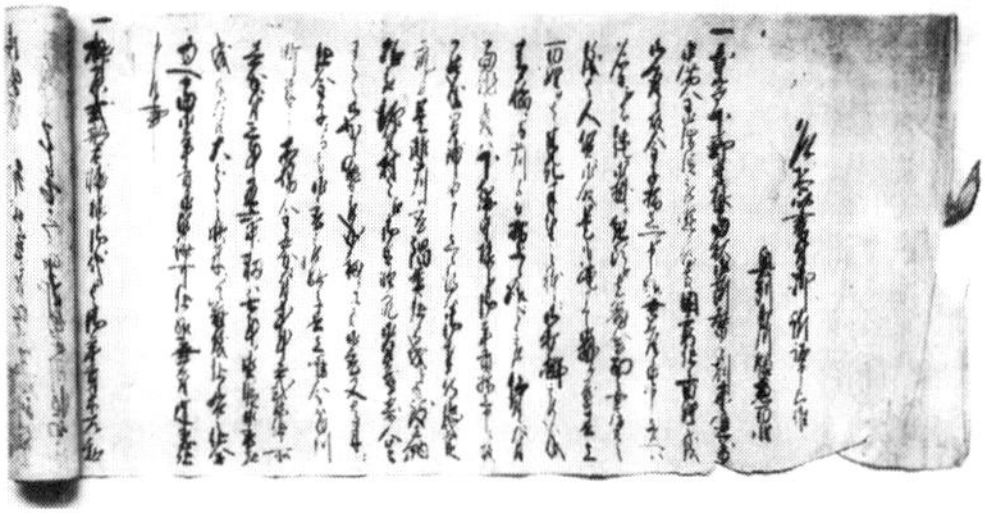

天和元年白河領惣百姓訴願状
（小針重郎家文書）

った。

結局、松平家に要求を聞き入れてもらえなかった農民たちは、幕府へ訴え出たのである。その結果については記録が残っていないので不明であるが、少なくとも本多家時代の民政が、農民にとっていかに過酷なものであったかを如実に物語っている。

このように忠弘は白河入部早々、大きな問題に対処しなければならなかったのである。

奥平騒動（延宝の家中騒動）

この幕府への越訴騒動以外にも白河藩内では混乱が続く。

忠弘の嫡男清照《きよてる》が生来病弱だったために、忠弘は清照を後継からはずし、将軍のお声掛かりで忠弘の娘婿となった肥前国唐津藩主松平乗久《のりひさ》の長子忠尚を養子として入れた。忠弘から藩政をまかされた忠尚は、側近の黒屋忠左衛門（のちの数馬）を家老職に取り立てた。これに同調する一派と昔からの家老奥平金弥一派が対立を深めた。忠尚は、普請奉行の木村保右衛門を藩政改革の「元締め」として、役人をすべて木村派の者に入れ替えてしまった。

さらに天和三年（一六八三）、黒屋一派は、奥平金弥を藩政から遠ざけようとし

松平清照墓（円明寺）

たので大騒動になった。いったんは収まるが、その後も黒屋らは反対派への攻撃をやめなかった。ようやくここに至って、紛争を収めなければならなくなった藩主の忠弘が動いた。忠弘は一度は嗣子と定めた忠尚に身を引かせ、すでに亡くなっていた清照の遺子忠雅を嗣子としたのである。しかし、それでも黒屋らの抵抗はやまず、藩政の混乱が続いた。

元禄四年（一六九一）、ついに黒屋数馬が脱藩する。一方の奥平金弥も新しく嗣子となった忠雅を中心とする体制を受け入れられず、混乱の責任をとり、御暇願いを提出し、自分に対して徹底した詮議をしてほしいと訴えた。しかし、詮議はおこなわれず、金弥の一族七人が藩を退去し、さらにこれに同調した家臣九三人もが退去するという大騒動となってしまった。

これを重くみた幕府は、白河藩に処分をくだす。白河藩の所領十五万石は没収され、忠弘と忠尚は閉門となった。奥平金弥は子息とともに三宅島に、黒屋数馬は母とともに伊豆大島へそれぞれ遠島となった。

その後忠弘は閉門の処分を許され、五万石を減封されて出羽国山形藩へ十万石で転封となったのである。

じつは、松平家の家中騒動は忠弘の宇都宮時代にもあったのだった。松平家の重臣のひとりである奥平次太夫が、藩主であった忠弘を行状悪しきとして、幕府に訴状を提出するという事件が起こった。幕府から宇都宮藩に使者が派遣されて

松平忠雅画像
（個人蔵。行田市郷土博物館保管）

吟味がおこなわれた。その結果、次太夫とその同調者は牧野成貞にお預け、藩主の忠弘は老中大久保忠朝より叱責を受けたのである。

忠弘は藩主としての統治能力や人望がなく、また、松平家中にもお家騒動が起こるような家風があったようである。

白河藩には、本多家と松平家と問題のある藩主家が続いたのである。白河領民にとっては不幸なことであった。

松尾芭蕉の来白

この騒動の頃に、松尾芭蕉が『奥の細道』の旅路の途次、白河を訪れている。元禄二年（一六八九）三月に江戸を出発した芭蕉は、四月三日から十六日までの十四日間黒羽に滞在した後、境の明神から入って四月二十日（陽暦六月七日）旗宿（白河関跡の近くの集落）に泊まった。

芭蕉にとって東北（陸奥）への思い入れはひときわ強かったが、そのなかでも白河関への思いは特別なものであった。

「春立る霞の空に、白川の関こえんと、そぞろ神の物につきて心をくるはせ」

芭蕉の行程

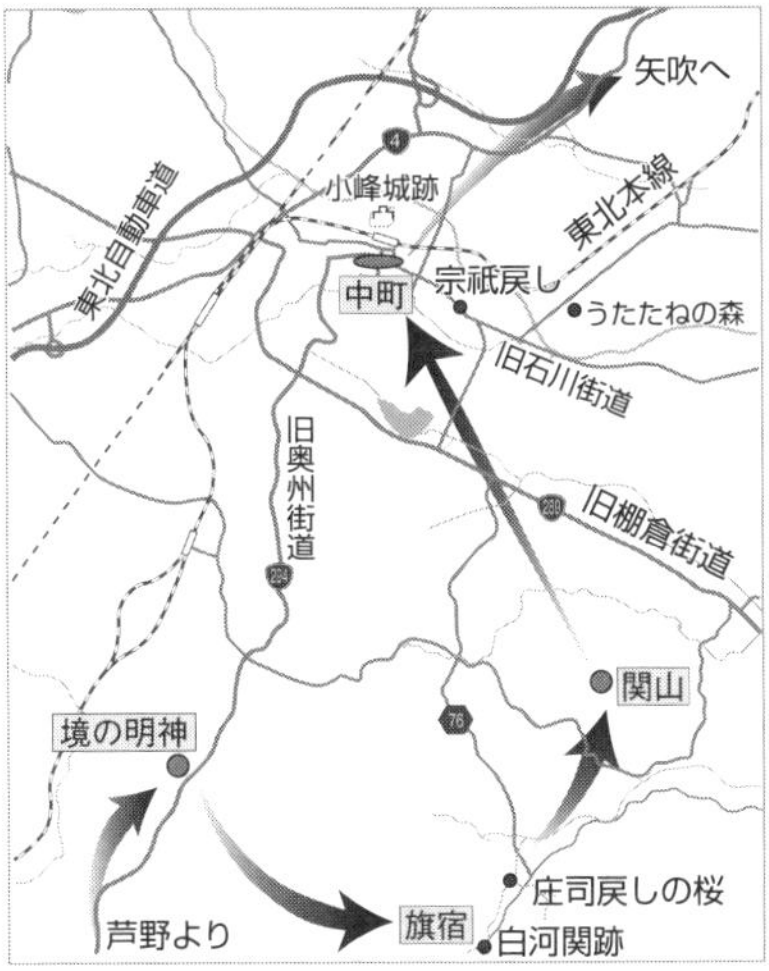

松尾芭蕉像

と歌枕白河関への強い憧れの気持ちを『奥の細道』に記している。

旗宿に泊まった翌日、芭蕉は旧関の二所の関であった住吉神社（現在の白河神社）と玉津島神社（明治二年に白河神社に合祀）を参拝した。

芭蕉の筆は詩情豊かに振るわれている。

「心許《もと》なき日数重るままに、白川の関にかかりて旅心定まりぬ。いかで都へと便《たより》求めしも断《ことわり》なり。中にも此関は三関の一にして、風騒の人、心をとどむ。秋風を耳に残し、紅葉を俤《おもかげ》にして、青葉の梢猶あはれ也。卯の花の白妙に、茨の花の咲そひて、雪にもこゆる心地ぞする。古人冠を正し衣装を改めしことなど、清輔の筆にもとどめ置かれしとぞ」

とし、本人は句を詠まなかったが、随行した弟子の曾良が

「卯の花をかざしに関の晴着かな」と詠んでいる。

芭蕉は白河城下に入ると、まず、中町の左五左衛門を訪ねた。そして、左五左衛門の案内で白河藩士大野伴治を訪ね、その日は矢吹宿に泊まっている。大野は四百五十石の者頭で、元禄五年に奥平騒動により藩を退去している。

その後、須賀川に入り相良等躬《とうきゅう》の世話で四月二十九日までの八日間滞在している。芭蕉が白河で句を詠まなかった理由はわからないが、憧憬の地である白河をわずか一日で通過してしまったのは、奥平家のお家騒動が絡んで、当時城下が不穏であったからかもしれない。

白河関跡

芭蕉の句碑

④ 松平（結城）家時代

中世の白河の武将であった結城氏とゆかりのある松平家が十五万石で山形より白河に入ってくる。引っ越し大名と称されるほど転封の多かった松平家は、やっとおちついて藩政をおこなうことができた。四十九年の白河藩政ののち念願がかない、旧領の姫路藩に転封となる。

松平（結城）氏の出自と白河入封

松平（奥平）家が移封した後、白河には山形から松平（結城）直矩《なおのり》が入ってくる。結城家の先祖は前述のとおり、その昔藤原秀郷《ひでさと》流の小山氏を称した。初代朝光の孫広綱（下総結城氏）の弟祐広《すけひろ》を祖とするのが白河結城氏である。

結城氏の宗家結城晴朝は、秀吉に十万千石を安堵された。その結城家に徳川家康の二男で、当時豊臣秀吉の養子（実質的に人質）となっていた秀康《ひでやす》が養子に迎えられて家督が譲られた。その後、関ヶ原の戦い後、結城秀康は越前国北の庄（福井）六十八万石に転じた。秀康の五男が晴朝の養子となって結城氏を継ぎ、元服して直基《なおもと》とあらためる。越前国勝山三万石を与えられるが、すぐに松平氏を称し、結城氏は廃絶する。

松平直矩（孝顕寺蔵）

松平基知（孝顕寺蔵）

直基は寛永十二年（一六三五）八月、二万石を加増されて越前国大野城五万石の城主となる。その後、さらに十万石加増されて出羽国山形十五万石の城主となるが、わずか四年あまりで播磨国姫路へと移される。そこで直基は生涯を終えるが、その後も松平家は短い期間で転封が続き、越後国村上、播磨国姫路、豊後国日田、そしてふたたび山形へ転封となる。

その直基の跡を継いでいた直矩が十五万石で白河に転封してきたのである。白河では、直矩の後は基知《もとちか》、義知《よしちか》（明矩《あきのり》）と続く。

藩財政の窮乏と藩政改革

松平（結城）家は「引っ越し大名」といわれ、白河城主となるまでの六十八年間で八度の転封があった。一領地に平均約八年間の在任である。転封には多大な経費がかかる。これが十年たたずに繰り返されて、松平家の財政にかなりの負担を強いた。また、越後国高田藩のお家騒動★の責任を問われて、石高を半減されての転封もあった。このような事情から白河に着任した松平家の財政状況は最初から逼迫していたのである。

この財政危機に際して、藩政建て直しのために抜擢されたのが、土岐半之丞と早川茂左衛門のふたりである。家禄七百石の土岐は、おもに経済政策を担当し

松平（結城）氏のめまぐるしい転封

藩主	元号	年	月	日	新　領　知	在城年	推定距離	予想行程
直基	寛永	元	6	6	越前国勝山城新知　3万石	11	12キロメートル	
	〃	12	8	朔	〃　大野城　5万石	9	554	13泊14日
	正保	元	3	8	出羽国山形城　15万石	4	788	19泊20日
	慶安	元	6	14	播磨国姫路城　15万石	1		
直矩	〃	2	6	9	越後国村上城　15万石	18		
	寛文	7	6	19	播磨国姫路城　15万石（再）	15		
	天和	2	2	10	豊後国日田城　7万石	4		
	貞享	3	7	13	出羽国山形城　10万石（再）	6		
	元禄	5	7	27	陸奥国白河城　15万石	49		
基知	～		～		～			
義知	寛保	元	11		播磨国姫路城　15万石（再々）			

（『白河市史２　近世』293頁表より作成）

た。藩独自の銀札（藩札）の発行や「潰れ」（破産宣告）の認定制度などの施策をおこなった。早川茂左衛門は家禄千石で「年寄」（幕府の若年寄★に相当）職であった。早川は、領内支配の全権を与えられ、「早川茂左衛門の新法」といわれる藩政の改革をおこなう。

早川は、冗費を節約するために人心一新をはかり、公事訴訟、諸事注進を代官所扱いとするなどの施策の他、村役人心得を出した。これに対して、領内の大庄屋から諸税の免税の請願が出された。早川は、高役（小物成や高掛物）や夫金（人夫賃金）の免除を新法として発令した。しかし、せっかく藩政の立て直しをはかろうとしている時に、過酷な負担が課せられるのである。ひとつは幕府からで、松平家は江戸城吹上の代官町の建設を命じられた。さらに、六代将軍家宣（在位一七〇九～一二）の時、諸国巡見使が派遣されることとなり、それにどう対応するかという問題が浮上してきたのである。

代官町の工事費を工面するために松平家は、京都の吉田家と分領村山郡の尾花沢の鈴木家に依存してこの危機をなんとかしのぎ、巡見使への対応も乗り切った。藩は莫大な藩債を抱えたが、早川の新法が動き出す。まず、人件費の節約のために借知★を実施した。借知は一率いくらというものではなく、禄高に応じての累進制を採用した。しかし、これは上級藩士の反発を買い、早川派は処罰されてしまう。そのかわりに台頭したのが土岐派であった。土岐派は、新法以前の古法に

▼越後国高田藩のお家騒動
延宝七年（一六七九）越後高田藩の松平家でおこった御家騒動。藩主光長の妹婿小栗美作と家老荻田主馬らが藩政をめぐって対立。幕府の評定となり五代将軍徳川綱吉の親裁をうけた。

▼若年寄
老中を補佐する役職で、旗本・御家人の監察をおもな任務とした。

松平義知（孝顕寺蔵）

▼借知
借上とも称し、財政に窮乏した藩が、家臣の俸禄の一部を削減すること。

もどした。つまり百姓の負担増加となったのである。

土岐派の古法実施は、今度は領民の強い反発を起こした。享保五年（一七二〇）二月、およそ二万ともいわれる百姓が白河城の大手門におしかけるという出来事が発生した。百姓たちは、郡代兼帯勘定奉行杉崎与右衛門、土岐半之丞、山中左七郎らの罷免を強く要求したのである。

結果は、不納年貢代、質物、馬買金、秋免《あきめん》（秋に検見をおこなう）を免除する。駒下り金の年賦残金をくだす。新法を許可する。以上の内容が百姓たちに示された。それに対して一揆の処分については、おもだった者の村内追放という寛大なものであった。

一方で、藩内の当事者に対する処分は厳しいものであった。土岐半之丞は、白河において蟄居、子の右衛門の扶持は召し上げられ、姓を変えさせられて追放となった。

松平直矩は元禄八年（一六九五）に江戸溜池邸において五十四歳で没した。遺骸は茶毘にふされて白河に運ばれ円明寺に葬られた。その跡を継いだ基知は享保十四年八月に直矩と同じく江戸溜池邸において五十一歳で没している。夏ということもあり、遺骸は塩漬けにされて備前焼の大甕に入れられて白河に運ばれ、直矩の墓の一段下の場所に埋葬された。

昭和四十二年（一九六七）十二月、当時の松平家の当主松平直正氏の依頼によ

松平直矩の墓

松平家墓所

り、直矩と基知の遺骸を東京の豊島泰宗寺に改葬することになった。その作業が十二月十七日よりはじめられた。大名家の墓地の改葬という貴重な出来事のなかで、きわめて貴重な現象がみられた。

基知の墓は直矩のものとまったく同形で、三段の台石上に二・七メートルの五輪塔が置かれている。台石の下に墓誌（縦九〇センチメートル×横七五センチメートル）、その下に土、石灰・白砂層などのさらに下にある石棺のなかに備前焼きの大甕が納められていた。

墓を掘り出し石棺から大甕を引き上げると、中から基知の遺骸が半ばミイラ状で出てきたのである。塩漬けにされた上に大甕に密封されていたので遺骸が保存されていたのであろう。遺骸は晒しの白衣に裃を着け、白足袋を履き正座の姿勢で安置されていた。副葬品としては、短刀、印籠、鋏、櫛、煙管、剃刀、箸、扇、数珠、念持仏などが納められていた。

白河藩と赤穂浪士

白河藩と赤穂事件は意外なつながりがある。

元禄十四年三月十四日（一七〇一）、江戸城中で刃傷事件を起こした赤穂城主浅野長矩《ながのり》が切腹させられた。翌年十二月十四日の夜、旧赤穂藩士大石良雄以下四七

松平基知の墓

関川寺（曹洞宗）

人が江戸本所の吉良義央《きらよしなか》の屋敷に討ち入り義央の首級を挙げ、主君の仇討ちを果たした。この四七士のなかに白河藩と関係のあるふたりの武士がいた。

ひとりは中村勘助である。中村は松平家の家臣三田村小太夫の二男として生まれたが、浅野家の家臣中村庄助の養子となり、庄助の娘と結婚し二男三女をもうけた。勘助は討ち入り前に妻子を自分の実家の三田村家に預け、遺書を実弟の三田村繁右衛門に渡してくれるようにと妻に託したのだった。

討ち入り後、大石らは幕府の命により各藩の屋敷にお預けとなった。中村は松山藩上屋敷に預けられたが、翌十六年二月四日切腹処分となった。事件の処罰は家族にもおよび、勘助の長男忠三郎は十五歳で元服していたために伊豆大島へ流罪となった。これを不憫に思った白河藩主基知は家臣に命じて、忠三郎に金子二〇両と米二〇俵、衣服を与えたのだった。

二男の勘次は五歳であったために処分を免れ、江戸の曹源寺に入り、成長した後、白河城下の孝顕寺（現在は前橋市）の住職となった。娘は松平家の家臣小倉左之丞に嫁いだ。勘助の妻は義士の妻として尊敬され、享保七年（一七二二）に六十四歳で亡くなり孝顕寺に葬られた。のちに孝顕寺が前橋に移ったので、現在は白河市内の関川寺に改葬され、同寺に墓がある。関川寺では、現在も討ち入りのあった十二月十四日に毎年義士の追悼の行事「義士祭」がおこなわれている。

もうひとりの義士は矢頭《やこうべ》右衛門七《よもしち》である。右衛門七の切腹後、同じく松平家

中村勘助の妻の墓（白河市・関川寺）

中村勘助の墓（東京都港区高輪・泉岳寺）

の家臣であった又従弟の矢頭庄左衛門が、右衛門七の母とふたりの妹を引き取っている。ふたりの妹は、白河藩士の多加谷只右衛門と柳沢家の家臣の山村氏にそれぞれ嫁いでいる。母は松平家の転封にしたがい、白河から姫路、姫路から前橋に移り、宝暦二年（一七五二）に八十五歳で天寿を全うし、大蓮寺に葬されている。

松平家は苦しい財政のなかでも義士の遺族に対して、五人扶持を与えて手厚く加護したのであった。

泉岳寺山門

泉岳寺に眠る赤穂義士の墓

中村勘助人形（泉岳寺史料館蔵）

矢頭右衛門七の母の墓（群馬県前橋市・大蓮寺）

これも白河

白河提灯祭り
——日本三大提灯祭り

白河提灯祭りは、白河の総鎮守である鹿嶋神社の例大祭であり、「鹿嶋神社祭礼渡御祭」と称され、「鹿嶋様」「提灯祭り」として市民には親しまれている。元々同社でおこなわれていた祭礼が、天正年間（一五七三〜九二）にいったん衰微した。それが、明暦三年（一六五七）白河藩主本多忠義から神輿を寄進され、新たな形式の祭礼としてはじまったのがこの祭りの起源である。

鹿嶋神社の古くからの祭礼は、旧暦の七月六日から八日までの三日間におこなわれていたが、その後寛政六年（一七九四）からは八月三日から五日の三日間、明治四十年（一九〇七）より九月中旬の三日間となり、隔年で開催されている。

この祭りは「儀式祭り」とも称されるように、各町内の役職の決まり、服装、作法等が厳格に定められている。

祭礼の一日目は、鹿嶋神社に氏子総代と各町内の世話人が集合し、神楽や浦安の舞が奉納される。その後、御神体の「遷座祭」がおこなわれ、全町内の神輿が神社の随身門をくぐり、阿武隈川を渡河し、桜町の御旅所に神社神輿が安置される。

二日目は、桜町の御旅所から神社神輿が出発し各町内を回り、夕方まで大町（九番町）に安置される。その後、ここから先達の拍子木を合図に神社神輿は二三町内の提灯行列を従え、また御旅所まで巡行する。

三日目は、二日目と同様に早朝より総町渡御がおこなわれ、休息所となる向寺まで行く。ここから夕方神社神輿と提灯行列が出発し、鹿嶋神社に帰還する。神社では御神体を神社本殿に戻す還御祭がおこなわれ、全町総代のお手打ちの儀式で三日間の祭りの幕が閉じられる。

※最初に祭りに参加したのは、桜町（宮本）、愛宕町（先達）、大工町、新蔵町、本町、南町、横町、田町、年貢町、馬町、大町、中町、金屋町、天神町の十四町だった。昭和二十二年（一九四七）からは、昭和町、向寺、鍛治町、道場町、丸の内、登町が加わり、同四十七年には会津町、五十七年には旭町、六十三年には中田が加わり、現在は二三町でとりおこなわれている。

太鼓橋を渡る神輿行列

宮本（桜町）の神輿提灯行列最後尾、元方提灯の到着

第三章 城下町の暮らしと文化

現在まで続くダルマ市などの年中行事や文化が生まれた。

① 産業と経済

もともと東北では良馬を生産していたが、江戸時代をとおして白河では馬産がさかんになった。近代になると日本一の馬市が開かれるまでになっていく。その他、松平定信の時代になると、あまり産業のなかった白河にたくさんの産業が移入される。

生産物

白河藩領の主産業は農業であり、おもな農作物は次のとおりである。

畑作では、大豆・小豆・荏胡麻《えごま》・稗《ひえ》・粟・大根などの栽培記録が残っている。栃本村と舟田村の指出帳による雑税では、葭《あし》・萱《かや》・油荏《あぶらえ》・苅豆《かりまめ》・柿渋《かきしぶ》・薯蕷《やまのいも》・わらび・畳こも・萩柴・黒漆・すいかつらなどが納められていた。

時代は下るが、明治初期の記録によれば、米・糯米《もちごめ》・大麦・小麦・裸麦《はだか》・粟・麦・稗・大豆・蕎麦・玉蜀黍《とうもろこし》・甘藷《かんしょ》・馬鈴薯などの生産物があった。その他には、生糸・茶・煙草・麻・薪・炭なども生産されていた。この他、同じく明治期（一八六八～一九一二）の記録となるが、「小田川村農工物産調」によると、こらふ（にんじん）、牛蒡《ごぼう》、胡瓜《きゅうり》、茄子、葱、南瓜、里芋、角豆《ささげ》、藍葉、楮《こうぞ》などを生産し

白河の農村の田畑風景

ていたことがわかる。江戸時代とそれほど大きなへだたりはないと思われる。

農産物のなかのいわゆる商品作物では、桑・紅花・朝鮮人参・生糸などがあり、近世後期には、それまで自家用であった茶・藺・生糸なども商品化され、大豆・小麦・菜種なども加工品の原料として売買されるようになった。

白河藩では漆の栽培を奨励し、生産された漆を買い上げて藩の専売とした。蚕の飼料である桑の栽培もさかんであった。鎖国主義であった幕府が諸外国と通商条約を結んで貿易をはじめ、生糸が輸出されるようになると、白河藩領でも養蚕業がいっそうさかんとなった。

白河地方ではブスと呼ばれる鳥頭《とりかぶと》（鳥兜）が良質で、江戸では「白河附子《ぶし》」として珍重された。白河藩はこれを専売品とし、作付けは許可制として、収穫した附子は御薬園がすべて買い上げ江戸の薬問屋に売られた。

飛び領の出羽国村山地方の特産である紅花生産を白河地方でも奨励した。藩は、中町の郷士夏井庫吉に紅花栽培の技術を学ばせて栽培させている。

馬産

奥羽地方は古代より良馬を生産していた。とくに南部・三春・白河は馬産地として有名であった。白河藩では、農業振興策のひとつとして馬産が奨励され、競《せり》

宗祇戻しにてたたずむ馬
（絵葉書。『新聞記事で綴る日本一の白河馬市』より）

（迫）がさかんだった。駒市は寛永四年（一六二七）から白河町と石川町（当時は白河藩領）でおこなわれている。白河町では、駒市が年貢町と桜町の両町で隔年に開かれ、石川町では、高田町と下泉町で開かれていた。白河藩では歴代の藩主が駒主へ駒金と称して金子を貸し付けて馬産を奨励した。駒金は三年目に元利とともに返済することになっていた。

駒迫のために毎年駒付役★の駒改がおこなわれた。駒付役は藩より給高が与えられた。駒付役は、各村の庄屋（名主）から、馬の出生日、馬主名の記された書付を受け取り、藩へ提出した。その他駒付役は村々をまわって、孕み馬・出生馬・斃馬・馬の密売などを改めた。

明治以降も白河の馬市はさかんだった。白河の馬市は「日本三大馬市」と称された。三大には、白河、木曽（長野県）、大山《だいせん》（鳥取県）、あるいは、白河、大山、大楽毛《おおたのしけ》（北海道）、または、大山・久居《ひさい》（広島県）の牛馬市と白河の馬市などがあった。福島県内の新聞では、地元びいきもあって白河は「日本一の馬市」として誇られていた。日本一の基準は何かといわれれば、意見はさまざまあるだろうが、白河の馬市は「西牛北馬」の分布の境界地帯にあたり、販路・市場の広さと取引数などをみれば、日本一に値する市であった。

明治九年（一八七六）六月十三日、戊辰戦争で荒廃した小峰城本丸跡で開かれた馬市を明治天皇が参観した。いわゆる「天覧産馬」である。一五〇〇頭の馬と、

田町通りの馬と人（絵葉書。『新聞記事で綴る日本一の白河馬市』より）

産馬天覧（明治９年６月11日、巡幸随行の写真師長谷川吉次郎撮影。八田部家蔵。『新聞記事で綴る日本一の白河馬市』より）

▼駒付役
駒市や駒迫の担当役人。

八〇〇人の馬夫たちが集った盛況な馬市が若き天皇の前で開かれた。

明治二十年に鉄道が開通すると、白河の馬市は空前の活況を呈することとなる。明治三十八年十月七日の「福島民友新聞」の記事によると、各地より馬市に集まり来たる馬は「例年一万三千・四千頭」、売り方買い方の馬商人「数千人におよぶ」「馬の嘶く声、人の叫ぶ音、昼夜間断なく」「夜の白河は、此期間ほとんど全く睡《ねむ》らない」などと報じられていた。「白河馬市日本一ダヨ　高マチ（露天商）アンマニ　スリマデ繁盛ダ」と「白河馬喰節」に唄われた。

さらに馬市は発展する。大正十五年（一九二六）九月十四日の「福島民報」の記事では、「九州・朝鮮より乗り込む博労（仲買人）が二千余、その人々に売買される馬匹が一万数千頭」「町の通りには、数十の見世物、幾百の露店がずらりと競ふ。その店先に、近郷近在よりの人出が毎日数万人」。（『新聞記事で綴る日本一の白河馬市』金子誠三）

今では想像もできない活況ぶりであった。しかし、この馬市も時代とともに衰退し、昭和三十九年を最後に消滅してしまう。

酒造業・鉱山業・林業・その他

白河藩ではいつ頃から酒造業がはじまったかはよくわかっていないが、元禄十

白河馬喰節（部分）

ハイー・ハイト
七つ八つひく親方よりも一つ手びきの主が好い
モーシ　馬喰さん　どこで夜が明けた
二十三坂七ツ目で
いやだ　いやだよ　馬方渡せ
馬の手綱で日を暮らす
つらいものだよ
馬喰衆の夜道
夜は轡の音ばかり
　サッサト歩キヤガレ　コン畜生
寒い　寒いよ　峠を越せば
目指す白河　あのあたり
（『新聞で綴る日本一の白河馬市』より）

年（一六九七）には領内に一八一軒の酒造屋があって、総酒造高は四千六百八十六石二斗二升七合七勺五才との記録が残っている。在方は一三四軒、町方は四七軒であった。白河町には嘉永（一八四八～五四）の頃には酒造人が一五名いた。酒造業者は村役人や村の裕福な上層農民が多く、城下からやがて在方へも広がっていく。酒造高は酒造株として売買の対象となった。

もともと白河の酒は味がよくなかったので、販売の利益も少なかった。松平定信は産業振興策のひとつとして、会津や上方の池田、伊丹《いたみ》などから腕のよい杜《と》氏《うじ》★を招いて上方の高い技術の酒造法を白河に広めようとした。白河城下の藤屋という酒屋で、「白錦」「関川」という酒をつくらせたと伝えられている。寛政八年（一七九六）頃の酒の値段は、並一升六八文、上酒一二九文、諸白一六四文と定められた。

白河藩領内には、奥羽山脈や八溝山《やみぞさん》があり、金・銀・銅・鉛などの産出があった。藩では金奉行をもうけて、鉱山採掘の振興策のひとつとして鉱山から運上金を納めさせて、藩の有力な財源とした。

また、領内には山林が多く林業もさかんだった。藩の所有林は立山と称され、その材木は、土木工事の用材、薪炭の燃料、農家・町家の災害復旧用として保護されていた。造林が普及するようになると、盗伐が増え厳しく処罰されている。

白河城下では陶器が焼かれ、現在の旭町の小林家と向寺の千葉家敷地内でつく

▼杜氏
酒をつくる職人。

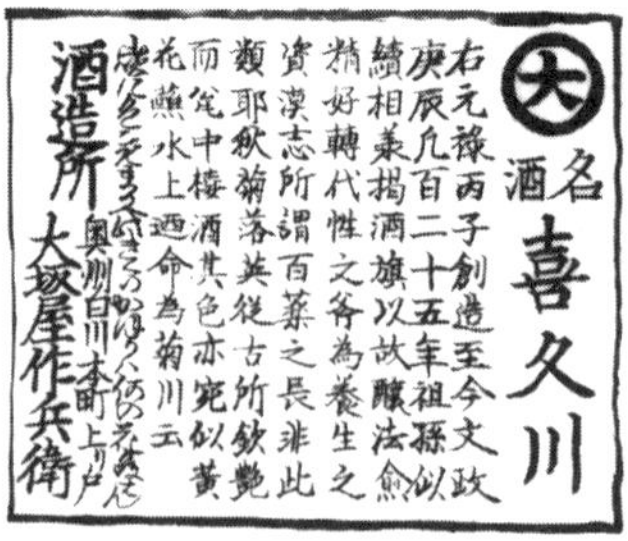

江戸時代後期、白河城下の酒造業者の広告（『諸国道中商人鑑』より）

られていた。小林家は代々白河藩御用瓦師で、丹羽氏が白河城を築城した頃に瓦師として十石三人扶持で召し抱えられた新右衛門という人物がはじまりである。八代目の覚左衛門の記録によると、鯱・中棟・鳥風角・角巴・がんぶり・谷唐草・谷巴・婦唐草・通桟・はふ巴・平瓦・丸瓦・巴瓦・平唐草・角唐草・谷敷平・角敷平等の瓦の名前が記されている。ほとんどが白河城に使用されたものであろう。

とくに三重櫓の普請に際しては、一八種類の瓦が使われている。おもなものでは、平瓦が七八七五枚、丸瓦が三六七五枚、軒瓦四〇〇枚その他、合計一万二四三二枚の瓦が焼かれている。

茶道に傾倒した定信から、小林家は陶器づくりを命じられる。陶器づくりは覚左衛門、茂右衛門（覚左衛門父）、中村谷右衛門、小林鉄吾らがおこなったようである。覚左衛門は、会津藩にも召し抱えられたことのある江戸の陶器師近藤平吉から指導を受けている。さらに覚左衛門は会津や相馬の窯を見て歩いたりして本格的な窯をつくっている。

さらに覚左衛門は伊勢や京都の焼き物や窯場を見学したりして修行しようとした。そうして覚左衛門は日用雑貨の陶器というよりは、藩士や商家からの注文品や、献上品などの高級な焼き物をつくっている。

定信はさまざまな産業振興策をおこなっているが、そのひとつにキセルの製造

小林覚左衛門の梅鉢紋鬼瓦（文化11年。個人蔵。白河市歴史民俗資料館寄託）

小林覚左衛門陶像（明治12年。個人蔵。白河市歴史民俗資料館寄託）

があった。戦国時代に西洋より日本へ煙草が伝わり、刻煙草《きざみたばこ》を吸うためにキセルが使用された。白河では寛政の頃から本町の茂右衛門などが製造をはじめ、二〇〇両もの売り上げがあったと伝えられている。白河藩士も内職としてキセル製造をおこない、キセル職人や販売する店も増えた。そのために、白河のキセルは他国へも広まるほどになった。

この他定信は、寛政十二年頃から白河藩領内の須釜村（現玉川村）で砂鉄を原料とした「たたら製鉄」をおこなわせている。たたら製鉄は大量の木炭を必要とすることから、作業場が山中につくられた。製鉄をおこなうことによって村が潤うことが考えられるので、本業の農業に差し支えのないようにしておこなうようにと命じている。初産鉄で製作された「鉄樹」が同村の都々古別神社に奉納されている。

阿部家が行田より白河に移ると足袋の製造がはじめられた。阿部家の旧領である忍（行田）では足袋の製造がさかんであったので、忍から技術者を呼んで天神町に移住させた。とくに中町の松坂屋五郎右衛門という者に足袋問屋を申しつけ、商人行司に任命している。白河では家臣の内職としておこなわれ、しだいに町人の間にも製造販売が広まっていった。しかし、この産業は白河に根付かずにやがて消滅してしまった。

『白河風土記』によると、白河町内を流れる谷津田川には四三軒もの水車があっ

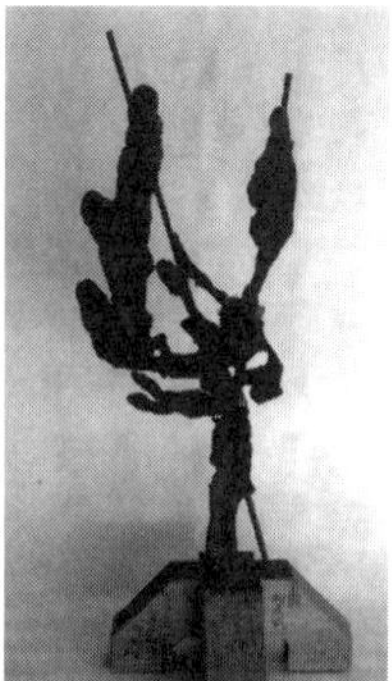
鉄樹（寛政十二年。都々古別神社蔵）

た。水車を利用した動力で、精米・製粉・製油がおこなわれ、水車業が発達した。

経済と商人

一般にはどの藩も直接に城下の経済を支配することはあまりなく、商人をとおして経済を支配していた。

城下の商人のなかでも藩から特権を与えられたのが御用商人である。藩は御用商人を通じて領内の流通機構を間接的に掌握していたのである。藩は御用商人に対して、借用金・才覚金★などさまざまな名目で御用金を賦課した。

その見返りとして藩は、御用商人に対して苗字御免や麻上下着用の許可などの特権を与えた。なかには藩士同様扶持を与えられ郷士身分となった者もあった。

しかし、たびたびの御用金賦課は、裕福な御用商人であっても重い負担となったようで、御用商人御免願いを出した者もいた。

白河領内の御用商人は時代によってそれぞれ変わるが、文化五年（一八〇八）五月に松平定信が江戸より帰国した際に定信を出迎えた御用商人の一覧は次頁の表のとおりである。

また、白河藩では天明七年（一七八七）十月に質屋仲間を結成し、質屋株仲間として質屋の人数を制限し、新規の質屋の出現防止をはかっていた。

谷津田川沿いにたつ水車小屋（復元）

▼才覚金
献金のひとつの名称。

なお、運上金（税）に関しては、白河藩では、商業・工業・醸造業・漁業・狩猟業などの営業に対して年季を限って一定の金額を上納させていた。

宝暦・天明期頃（一七五一～六四、一七八一～八九）から、藩領内に貨幣経済が浸透すると、町や村の人々の生活は商品経済に巻き込まれた。とくに、藩からの御用金・才覚金の賦課、町入用の増加などや、天候不順による凶作・災害・飢饉などが拍車をかけた。天明二年には、奥羽および四国・九州で大凶作となり、同三年には、蝦夷・奥羽・関東・九州が大飢饉に見舞われた。そのため、諸国で大凶作となり、作物の不足による物価騰貴がはじまった。天保年間（一八三〇～四四）も飢饉に続く飢饉となった。そのために物価騰貴が何年も続いた。さらに、幕末になると、開港や長州征討などの混乱にともない物価も騰貴した。

大飢饉に際し、困窮者に多くの寄付をした大庄屋藤田孫十郎に与えられた感札（天明四年。個人蔵。白河市歴史民俗資料館保管）

白河藩の御用商人

町年寄格御内用達	伊藤忠蔵
問屋	常磐彦右衛門
大庄屋格御用達	川瀬作右衛門
大庄屋格御内用達	荒川孫兵衛
庄屋格御内用達	荒井源右衛門
脇御本陣	柳下丹右衛門
御内用達	野崎利兵衛
鋳物師御用達	金守六右衛門
御内用達	藤田又七
御内用達	藤田弥兵衛
御用屋敷預り	仁右衛門
御酒屋	武兵衛
塗師方用達	武左衛門
御畳師棟梁	新八
大工棟梁	惣吉
大手□	四郎兵衛
御材木屋	義七
御八百屋	久右衛門
御染屋	喜兵衛
大工棟梁	藤七
御矢師	孫平
御麺類屋	伊右衛門
御厩御用達	吉左衛門
御染屋	庄助
御菓子屋	藤七
御肴屋	覚右衛門
御豆腐屋	伊右衛門
御普請方御用達	喜八
御買物方御用達	新八
御下駄師	勘之丞

（『白河市史　七』より作成）

◇2

社会と暮らし

白河藩の領民はあまり豊かではなかったが、それでもささやかな楽しみを見出して生きていた。そのなかには、全国的に流行した伊勢参り、湯治、歌舞伎芝居などがあった。一方で、しばしば起こる天災や飢饉、重税にも苦しめられた。

民政のしくみ

白河藩の民政機構については、丹羽家・榊原家・松平（奥平）家時代については記録がほとんどなく、よくわかっていない。松平（結城）家時代の享保（一七一六〜三六）以降になってようやく記録が出てくる。それによると以下のようである。

白河藩の藩制は、大体において幕府の職制にならっている。藩制の末端におかれる町や村の役人はどのようになっていたかみてみたい。

○**町奉行**　各藩主の時代によっていくぶん異なる。延享五年（一七四八）の『御用留帳』によれば、町奉行二人、その下に町小頭二人、同心衆四人、目明《めあかし》が置かれている。

○大庄屋　かつては、町代官・在代官と呼ばれていたが、享保三年の記録では領内には二三組。この他に、分領五組があった。文化八年（一八一一）の記録では、七組、組外に二組、二村があった。

○町役人　領内で町と呼ばれたのは、宝永六年（一七〇九）の時点では、白河、須賀川、小野新町、石川、浅川で、白坂宿と矢吹宿が町と呼ばれることもあった。

文化五年の時点では、町組大庄屋ひとりの下に町年寄ふたり、検断ふたり、庄屋（本町、横町、年貢町、天神町、愛宕町、金屋町、中町、田町、新町、桜町の一〇町に各ふたり）が置かれた。

庄屋は、会津領時代は肝煎《きもいり》、丹羽・榊原・本多・松平（奥平）の時代は名主、松平（結城）以降は庄屋、阿部氏時代はまた名主と呼ばれた。

○村役人　郡代・元締の下に代官、代官の下に大庄屋が置かれ、その組下に各村の村役人がいたが、各村によって多少ずつ異なっていた。地方役人の多くは、牢人★・地侍★・館主かその一族であった。村役人の性格としては、共同体の世話役、民政機構の末端という役割を担った。

天正十九年（一五九一）八月、百姓と町人を区別する身分統制令が豊臣秀吉から出された。翌年三月には、武士、町人、百姓それぞれの人口調査をおこない人掃い令★が出された。これらの政策を経て近世の身分制度が確立されていく。

▼牢人
主家を離れ俸禄を失った武士。牢籠（ろうろう）の「牢」から、やがて浪々の「浪」の文字も使用されるようになった。

▼地侍
その土地に土着している侍。

▼人掃い令
天正二十年（一五九二）、豊臣秀次は全国の戸口調査を命じ、村ごとに家数、人数、老若男女などの人別を身分ごとに提出させた。

白河城下においては、武士と町人の居住区は区別されていた。穢多・非人と呼ばれた被差別身分も居住しており、駄馬（斃死馬）の死体や罪人・乞食などの死人の処理などをおこなって生業としていた。髪は茶筅《ちゃせん》とし経帷子《きょうかたびら》を着用させられた。

百姓には、本途物成、小物成、高掛物、国役などが税負担としてあった。町人については、物成が免除され、運上役、冥加金などが課せられた。宿場の百姓には、伝馬の飼育と伝馬、人足の負担があった。

災害

近世においても阿武隈川とその支流の流れる白河領内での洪水の被害は多かった。城下北の阿武隈川にかかる向寺の橋はしばしば落ち、その他低湿地の冠水被害が多かった。享和三年（一八〇三）には、六月と八月に二度大きな洪水があった。とくに八月には、家が五、六〇軒流失し、死者が二、三〇人ほど出ている。

この地方では東北全体と同様に、夏の日照不足が原因の冷害による凶作もしばしば起こっている。とくに、天明三年（一七八三）、天保四年（一八三三）、天保七年、天保九年、嘉永六年（一八五三）、安政二年（一八五五）、安政四年、安政六年、慶応元年（一八六五）には損毛高が少ない年で二、三万石、多い時は六、七万石

阿武隈川

から最大十万石にもおよぶ被害が出ている。ふだんでさえ苦しい庶民の生活や藩財政に多大な打撃を与えている。

天明三年には浅間山が噴火し、二〇〇〇名以上の死者を出し、江戸でも火山灰が数センチ積もり、白河城下にまで降灰がおよんでいる。これが大きな原因となって、東北を中心として全国的に天明の凶作・大飢饉になったといわれている。

また、白河城下でとくに多かった災害は火災であった。元禄五年（一六九二）、正徳五年（一七一五）、享保五年（一七二〇）、享保七年、享保十四年、享保十八年、文政十二年（一八二九）などでは一〇〇軒以上の家が焼失している。

このうち元禄五年の火災は、一番町の六右衛門宅から出火し、町家六一三軒と一二カ寺が焼失した白河城下はじまって以来の大火であった。六右衛門宅が「野郎が茶屋（男娼茶屋）」であったことから、この大火は俗に「野郎が茶屋火事」と呼ばれた。

また享保五年には、十二月四日に大工町皇徳寺山門前より出火し大手門前まで火の手がおよび二四七軒が焼失。その二日後の十二月六日には中町より出火し六〇軒が焼失している。さらに享保十四年三月五日、袋町より出火し、なんと城下一〇〇〇軒のうちの七三四軒が焼失するという大火災に見舞われている。町民の悲嘆と再建の苦労はいかばかりであったことか。

白河城下は奥州街道に沿って東西に町並みが長く続く。冬季には西方から那須

皇徳寺（臨済宗）
火災防止のために本堂が蔵造りになっている。

大網寺（浄土真宗）

颪《おろし》が吹き付けるので、いったん火災が起きると風にあおられて延焼し大火となる可能性が高かった。

娯楽

近世においても庶民のささやかな楽しみはあった。現代は温泉ブームといわれているが、この時代にはおもに病気平癒のための湯治の習慣があった。白河の人々の人気の湯治場として、東北では仙台領の釜崎（鎌崎）や関東方面では黒羽領の那須大丸塚、白河領（飛地）では飯坂などがあった。

享保（一七一六〜三六）の頃に、繰《あやつ》りという人形浄瑠璃も白河城下で催されている。物まね、軽業《かるわざ》、角兵衛獅子（越後獅子）、などといった興行もおこなわれていた。信仰行事では、日待ち★といったものがあった。

領内ではしばしば勧進相撲興行がおこなわれた。寛政八年（一七九六）には年寄音羽山の一行の巡業があった。泉崎村の穂積家から出た雷助は四代目音羽山を襲名し年寄となり、相撲が好きだった松平定信から扶持を給されている。

旅には参詣、遍路、巡礼、雲水★や武者修行、領主の廻国、物見遊山、商用、遊学、参勤交代などがあった。白河における数少ない道中記である『川瀬家文書』が残っている。享和元年（一八〇一）、城下の豪商川瀬作右衛門は、従者とともに

▼日待ち
特定の決まった日の夜に、近隣の人々が集まり、神仏を拝んでこもり明かす行事。

▼雲水
諸国を行脚する禅宗の修行僧。一カ所に定住せず名僧や知識を求めて諸処を訪ね歩く姿を、行く雲や流れる水にたとえた名称。

栃木県から群馬県を経て信州に入り、そこから京都に行き、二月半以上滞在した後、伊勢神宮を参拝して帰ってきた。四カ月の豪勢な長旅であった。

江戸時代には「一生に一度は伊勢参り」という諺《ことわざ》があったように、庶民にとって伊勢参りは大きな楽しみのひとつであった。近世では四度ほど伊勢参りの流行があったが、文政十三年にはおよそ四八六万人が伊勢神宮を参詣したというおどろくべき記録がある。家族や職場でも伊勢参りに理解があり、多くの人が餞別《せんべつ》を持たせて送り出してくれていた。

旅の同行者は長い旅の間に絆を深めて「旅づれ」となり、死ぬまで兄弟つきあいをしたともいわれる。旅から帰ると、記念と感謝の意を込めて、神社に石灯籠を奉納したりしている。伊勢参りは、まさに一世一代の大行事であった。

伊勢参宮道中記より文久元年の記録

文政二年伊勢参宮道中記

③ 宗教と慰霊

白河は名君松平定信を祀る鹿嶋神社や、白河神社などの由緒ある神社が多い。
また、ほとんどの伝統的な宗派の仏教寺院があり、まさに「仏都」の様相をみせていた。
著名な人物の多数の墓が残る祈りの城下町なのである。

神社

旧白河市内における近世の神社としては、天神町の天神社をはじめとして、寺院の境内の小祠を含めると、約四〇種の社祠が確認されている。その内訳をみると、稲荷神社（一七）、愛宕神社（一四）、天王・牛頭天王神社（一二）、天神神社（九）、八幡神社（八）、庭渡《にわたり》神社（六）、熊野・白山・鹿嶋神社（五）、神明・八龍神社（四）、秋葉・山王・角折《つのおり》神社（三）、その他となっている。

これらの神社の管理運営は、修験者や僧侶が別当としておこなっているものが多い。社家としては、旗宿村の渡辺摂津、久田野の祓川加賀、本沼の鈴木豊前、板橋の鈴木丹後、田島の祓川市正などがいた。

近世以前からあるおもな神社としては、白河神社と鹿嶋神社がある。

鹿嶋神社

白河神社は、白河市南方の旗宿の、松平定信が白河関と定めた関跡にある。『白河風土記』には「住吉神社」と記され、『西白河郡誌』では「二所関明神」と「玉津島明神」とが合祀されて「白河神社」となったと伝えている。

鹿嶋神社は、延暦十三年（七九四）の坂上田村麻呂★の蝦夷侵攻に際して常陸国鹿島から勧請されたものとされる説や、「延喜式★」に記載されている白河郡七座のなかの白河神社が鹿嶋神社と名を変えたという説などがあるが、明らかな史料はない。少なくとも南北朝期以降、白河地方の大社となり、白河結城氏の保護を受けて発展した。

近世においても鹿嶋神社は白河地方の総鎮守とされ、神仏混淆の姿をなし、本社、幣殿、拝殿、伊勢神宮、春日神社、松尾神社、稲荷神社、八龍神社二社、仁王門、絵馬堂、神楽堂、供所《くしょ》、三重塔、十一面観音堂、弥勒《みろく》堂、六供坊《ろっくぼう》その他の堂舎を配置した堂々たる大社の様相を示していた。

この鹿嶋神社に四代の白河藩主本多忠義が神輿を寄進し、今に続く日本三大提灯祭りと称される白河提灯祭りがはじまったのである。ここには甲斐武田家相伝の楯無鎧《たてなしのよろい》「小桜韋威鎧兜大袖付《こざくらがわおどしよろいかぶとおおそでつき》」（国宝）の模造である「楯無鎧写」が松平定信によって奉納されている。

また、城下西端の天神神社は天神町の町名の由来となった神社で境内に天神の本地仏といわれる十一面観音を祀る観音堂、秋葉権現堂、石尊社、松尾大明神、

▼坂上田村麻呂
平安時代初期に、蝦夷侵攻に活躍した武将・公卿。陸奥守・鎮守府将軍を歴任した後、延暦十六年（七九七）に征夷大将軍に任命されている。弘仁二年（八一一）没。

▼延喜式
古代の律令制度を定めた律令法の施行細則を集成した法典。

白河神社

稲荷社、天満宮、疱瘡神社が祀られている。

近世に創建されたものではないが、白河に多くの歴史的遺産を残し名君と称された松平定信を祀る南湖神社がある。

明治四十一年（一九〇八）十月、定信の功績を称え、政府より「正三位」が贈呈された。この祝賀祭を契機に白河では定信顕彰の動きが生まれた。その後大正五年（一九一六）年になり、白河において「大正天皇御大典記念」として「楽翁公奉祀表徳会」が組織された。

同年五月十一日、白河町長藤田新次郎、川崎村（現泉崎村）の烏峠稲荷神社の神官中目瑞男らが上京し、かねてより定信を敬慕していた財界の重鎮渋沢栄一を訪ねた。そこで、藤田らは南湖神社建立の企画と表徳会総裁への就任を渋沢に懇願すると、渋沢はすぐにこれを快諾したのであった。

渋沢は自ら神社建設資金として二〇〇〇円の寄付を申し出るとともに、岩崎、三井、大倉、安田、古河などの財閥諸氏や財界の有力者多数に寄付の斡旋をしてくれたのである。これにより、渋沢の再度の寄付一万円と地元白河の分を合わせた約五万円の寄付が集まり、建設資金は募集目標を達成することができた。

その後も渋沢は、白河町を訪れ南湖神社敷地を視察し、第三小学校において講演をおこない、神社建設に向けての支援を続けている。

南湖神社建設の事業は順調に進み、同九年五月十日、内務大臣より神社創立の

南湖神社御鎮座祭での記念写真
（大正11年。南湖神社蔵）

渋沢栄一
（国立国会図書館蔵）

許可がおり、六月十日には地鎮祭がおこなわれた。翌十年五月五日に立柱祭が挙行されると、渋沢はこれに参列している。

そうして大正十一年六月十一日、東京の松平家より御神体を迎えるために白河より中目らが上京し、十二日の早朝に分霊式をおこない、松平家関係者、中目ら奉祀会関係者の一行が御神体とともに午後二時に上野駅を出発し、七時過ぎに白河駅に到着。白河駅には関係者をはじめ数千人の町民が提灯祭りで掲げる高張提灯と手提灯を持って出迎えた。御神体を守る数千人の行列が粛々と南湖神社に向かい、十時に到着し、無事神体遷御の式を終えたのである。

翌六月十三日に鎮座式が挙行され、南湖神社が名実ともに完成したのである。式典は、松平家当主松平定晴、徳川宗家代理、齋藤郡長、安田平助町長その他多数の関係者と来賓臨席のもと盛大にかつ厳粛に挙行された。

南湖神社の宮司には中目瑞男が就任し、翌十二年に神社は県社に昇格し、現在に至っている。

寺院

徳川幕府は全国の寺院を統制するための政策を推進する。徳川家康の権力の確立期である慶長初年から元和元年（一六一五）には、本寺権限の強化、教学研究

小南湖

南湖神社鎮座祭、本町通り
（大正11年。『白河市史　下』より）

の奨励と僧侶教育の徹底、さらには中世以来保持していた特権の剥奪などの目的で、寺院法度がたびたび出されている（『日本史広辞典』）。

幕府は、法度と同時に各宗派の総本山・本山格の大寺に寺領を与えて手厚く保護し、仏教勢力を完全な支配下に置こうとした。

寛永八年（一六三一）、幕府は諸宗派本山に対して末寺帳の提出を命じた。これによって幕府も本山各派も各宗派の諸寺院の所属を明確にしようとしたが、完全には掌握することはできなかった。やがて寺請制度★が設けられて宗門改めが徹底させられると寺院も民衆も幕府に統制されていく。

白河城下に多数の寺院があったが、戦の時には防御の拠点とも想定されていたこともあり、城の南方一帯に藩主の菩提寺などの大きな寺が置かれていた。

また、日本の仏教の伝統的宗派は十三宗派といわれているが、白河にはそのうち律宗・華厳宗・法相宗・融通念仏宗をのぞく九宗派が存在する。

奈良時代の南都（奈良）六宗のひとつの法相宗、平安時代の密教の二大宗派である最澄の開いた天台宗、空海の真言宗、さらに平安時代末期にはじまり鎌倉新仏教と称された、浄土宗（法然）、浄土真宗（親鸞）、時宗（一遍）、臨済宗（栄西）、曹洞宗（道元）、日蓮宗（日蓮）、そして、近世になって隠元隆琦《いんげんりゅうき》★が中国から伝えた黄檗宗《おうばくしゅう》などの日本を代表するほとんどの仏教宗派がそろい、まさに「仏都」といってもよいほどの城下町である。十万石の城下の規模からすれば全国でもあ

龍興寺（黄檗宗）

妙関寺（日蓮宗）

▼**寺請制度**
一般民衆をすべてどこかの寺院に所属させ、キリシタンでないことを証明させる制度。

▼**隠元隆琦**
黄檗宗の開祖。宇治の萬福寺を開く。

まり例がないのではないか。

小南湖と呼ばれる池や庭園を備えた明媚な墓域があり、この地の円明寺、大隣寺（丹羽家の転封とともに二本松に移る）に初代白河藩主の丹羽長重を祀る廟所がある。また、松平（結城）直矩、基知の墓は長重の墓地の近くの孝顕寺（松平家の移封にともない姫路に移る）にある。白河藩はたびたび譜代の藩主が交替したので、この他には藩主の墓はないが、常宣寺には、最後の藩主である阿部家一族の墓や松平定信の縁者の墓がある。

その他、長寿院には戊辰戦争で戦死した官軍兵士、皇徳寺におなじく戊辰戦争で戦死した新選組隊士菊池央《たのむ》、龍興寺には会津藩軍事奉行海老名衛門、観音寺には、官軍を道案内したというので会津藩士に斬られた大平八郎、関川寺には中世の武将結城宗広、妙関寺には服部半蔵の子孫の墓等がそれぞれある。

大きな寺院ではないが、庶民の信仰のひとつとして「白河八天宮」というものがあった。八天宮とは八人の天狗を祀る祠のことであり、松平定信が佐賀藩から寛政九年（一八九七）に火伏のお札をもらったことからはじまるといわれている。道場町・金屋町・中町・本町・南町・年貢町・鍛冶町・桜町に残っている。

官軍墓地

長寿院（曹洞宗）

④ 美術工芸と文学

松平定信に召し抱えられた谷文晁、亜欧堂田善などの多くの画家が活躍し作品を残した。そのほか、この地に特有の狛犬の彫刻や磨崖碑、磨崖三十三観音といった圧巻の石造物なども多く残されている。

絵画

学問や芸術に対する造詣の深かった松平定信は、多数の学者や芸術家を保護・支援、あるいは活用している。

谷文晁（一七六三〜一八四〇）は田安家家臣の家に生まれ、定信の側近となった。江戸の画壇において確固たる地位を築いた文晁は、大野文泉《おおのぶんせん》（巨野泉祐《おおのせんゆう》）、白雲《はくうん》、星野文良《ほしのぶんりょう》、蒲生羅漢《がもうらかん》、亜欧堂田善《あおうどうでんぜん》などの白河ゆかりの画家に師事され、大きな影響を与えている。

定信が海防の必要性を感じて相模や伊豆の沿岸を巡視した際には、文晁に「公余探勝図」などの沿岸図を描かせている。また、定信の文化財保護事業である『集古十種』の編纂にもかかわり、諸国をめぐってさまざまな碑銘・鐘銘・兵器・

谷文晁画「金壁山水高士清遊之図」（上野記念館蔵）

銅器・楽器・文房具・扁額などの古物の模写などをおこなっている。

　定信が見出して育て、世に出した画家に亜欧堂田善（一七四八～一八二二）がいる。定信が白河藩領の巡視中に須賀川に立ち寄った際に画才のある田善に出会い、これを召し抱えて江戸に出させた。当時幕府は、国防の必要性から精密な世界地図を必要としていたので、田善はその制作を命じられた。田善はヨーロッパから伝わった銅版画を学び、その技法を駆使して精密な世界地図「新訂万国全図」を完成させている。この他にも国の重要文化財となった「銅版画東都名所図」など、江戸の風景・風俗を描いた作品を数多く残している。

彫刻

　中世の白河地方の領主であった白河結城氏の居城、「白川城」（搦目城）の北東部の崖壁に、高さ七・六メートル、幅二・七メートルの「感忠銘」という磨崖碑がある。これは白川城のあった地元搦目の大庄屋内山重濃《しげたね》が文化四年（一八〇七）に、南北朝時代に南朝方の重臣として活躍した結城宗広・親光父子を楠木正成に並ぶ忠烈の武将として、長く顕彰するために建てたものである。

　定信は内山の気持ちに強く賛同し、自ら題字を揮毫し、本文の撰文は家臣の儒学者広瀬蒙斎《ひろせもうさい》（典）、書は立教館の習書師をつとめた賀孝啓《がこうけい》に書かせている。

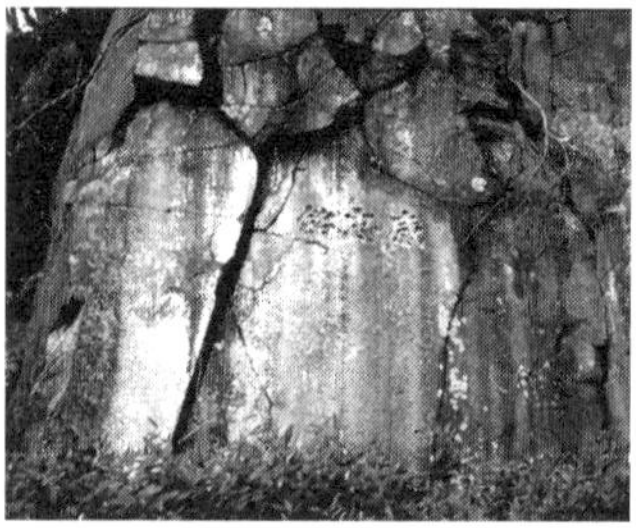

感忠銘
（白河観光物産協会提供）

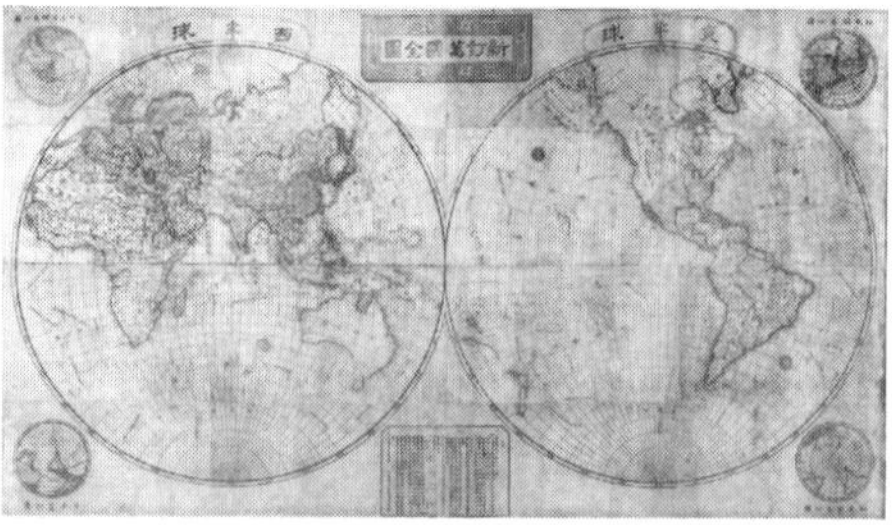

亜欧堂田善「新訂万国全図」
（文化７年。須賀川市立博物館蔵）

また白河市を含めた近隣の市町村には、幕末期よりつくられたこの地方特有の狛犬の彫刻が多数残されている。

この狛犬彫刻群は、信州高遠藩の石工小松利平（一八〇四～一八八八）が脱藩して、浅川町（当時は越後国高田藩の飛び地）の福貴作《ふきざく》に住み着いたところからはじまる。利平がこの地に工房を開いたのは、彫刻に適する福貴作石に魅了されたからといわれる。

これといった特別な産業もなく、恒常的に財政が窮迫していた高遠藩では、領内の石工を全国に出稼ぎに出して稼ぎの一部を「運上金」として徴収して藩の収入としていた。そのために高遠藩は脱藩を厳しく禁じていた。その頃、高遠石工のレベルは高く、全国的なブランドになっていた。

利平は高遠藩の追手から逃れるために、福貴作にひっそりと身を隠して暮らし、作品には絶対に名前を彫らなかった。石工としての利平の技術は素晴らしく、評価の高い作品を制作した。しかし、作品には名前が彫られていないので、作風から利平の作品と推定するしかない。

利平の作品といわれているのが、「八槻《やつき》都々古別《つつこわけ》神社の狛犬」と「沢井八幡神社の波乗り兎像」と称されるものである。どちらも他に類をみないすぐれた狛犬である。

利平の一番弟子が小松寅吉（一八四四～一九一五）である。寅吉は利平の工房に

叶像狛犬（棚倉町・八槻都々古別神社）

飛翔獅子の狛犬（白河市東・鹿嶋神社）

丁稚奉公に入ったが、利平にその腕を見込まれて、利平の実子をさしおいて利平の養子となって工房を継いだ。

寅吉は利平のもとで厳しい修行に耐えて技術を磨き、多数の傑作を残している。寅吉の頃になると、時代は変わって明治になっていたので作品にその名を刻むことに憚ることはなかったが、寅吉は利平の生存中の作品には刻銘しなかった。

寅吉の弟子が小林和平（一八八一～一九六六）である。和平は寅吉のもとから独立した後に作品に名を刻むようになったので、和平の名前がない作品もあった。また、東京美術学校（現東京芸術大学）で彫刻を学んだ異色の石工といわれる梅沢敬明が福貴作に疎開してきて、個性的な狛犬を残している。

その他、福貴作の工房以外にも白河町の野田平業《へいぎょう》などの優れた石工が数多くの狛犬を残している。

白河地方には狛犬以外に優れた石造仏もある。関山頂上に祀られている満願寺観音堂の東口の参道の岩に刻まれているのが、「磨崖三十三観音及び阿弥陀三尊来迎像」である。つくられた正確な年代はわからないが、江戸中期といわれている。阿弥陀三尊の来迎像などの三七体の像と梵字などが彫られ、地元では「硯石三十三観音」と呼ばれている。鬱蒼とした杉木立のなかで重々しい姿を見せている。

ここから数キロ東に行った梁森《やなもり》都々古和気神社の南の山の斜面にあるのが、

石崎磨崖三十三観音
（白河市表郷）

磨崖三十三観音及び阿弥陀三尊来迎像
（白河市表郷）

「石崎磨崖三十三観音」である。如意輪観音像塔など、四四体の刻像と一三の刻碑の中心となる三十三観音は宝永四年（一七〇七）に彫られたものである。圧倒されるほど迫力のある石像群である。

さらに白河城下北方の泉崎村にも「観音山磨崖供養塔婆群」がある。二瀬川の北岸の断崖に幅四〇メートル、高さ一〇メートルの凝灰岩層に約三〇〇基といわれる板碑群が七段にわたって彫られている。地元では「踏瀬《ふませ》の五百羅漢」と呼ばれているが、詳細はわかっていない。これも圧巻の石造物である。大正時代には三二六基という記録があったが、真上を通る東北自動車道の工事などでずいぶんと破壊されているようである。この近くの奥州街道の宿場町矢吹の西方の隈戸川沿には、滝八幡三十三観音磨崖仏群がある。

白河関と文人たち

白河といえば古代から「白河関」が有名であるが、廃関となって長い年月が経ち、場所すらわからなくなっていた関跡を寛政十二年（一八〇〇）に松平定信が特定したのである。定信は、土地の古老の話や文献を調査して、現在の関の森付近が白河関跡であると断定し「古関蹟《こかんせき》」の碑を建てた。昭和四十一年（一九六六）に国指定史跡となっている。

滝八幡三十三観音摩崖仏群
（矢吹町）

観音山磨崖供養塔婆群
（泉崎村）

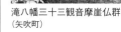

白河関は古来より歌枕の地として文学者や歌人の憧れの地となり、多くの文学作品に詠まれている。中世では連歌師宗祇が有名であるが、近世となっても多くの旅人が白河関を訪れたり白河城下を通過して、紀行文その他を残している。元禄二年（一六八九）松尾芭蕉と門人の曾良が白河関を訪れている。江戸から奥羽・北陸を経て美濃の大垣で終わる旅行記『奥の細道』で、白河関のことを紀行文で触れている。

会津領主であった蒲生氏郷は天正二十年（一五九二）、朝鮮出兵の際に白河関を通り、『紀行』に、

「白河の関をこゆるとて、陸奥《みちのく》も宮古《みやこ》もおなじ名どころの　白河の関いまぞこえゆく　とよみて出てゆくほどに、下野《しもつけ》国にいたりぬ」と記している。

上杉景勝の客将となった前田慶次郎は京の伏見から米沢に向かう慶長六年（一六〇一）の『道中日記』で、

「白川の関路はこしつ旅衣　猶行末《なおゆくすえ》も人やすむらん」と詠んでいる。

天明八年（一七八八）幕府の巡見使随行員として白河を訪れた古河古松軒《ふるかわこしょうけん》は『東遊雑記』で、

「此所の地理をつくづくと見るに、奥州の蝦夷《えみし》を、此の地より南の方へ出さぬ為に関を据しものならんか」と論じている。

寛政十二年（一八〇〇）、幕命により蝦夷地の測量に向かうため伊能忠敬が白河

古関蹟碑（白河市提供）

芭蕉と曾良像

城下の因幡屋《いなばや》という宿に泊まったところ、宿の主の茂兵衛という者は伊能の故郷である下総国佐原の出であるということがわかった。帰路、十二月白河城下の北上小屋宿に泊まり、『日記』に天候の記事などを残している。

幕末になると、尊王の志士高山彦九郎★は『北行日記』で、

「白川侯、養父君の病中、麻上下にて御城より退出の後は夜中看病有られけるよし。没後も素服なるようにも聞ける」とある。

長州藩の吉田松陰は、嘉永四年（一八五一）に江戸から東北を旅している。その際に白河に二泊して、

「白川は乱山の中に在りと雖《いえど》も、東山本道にして、西は肥の長崎に通じ、東は松前・蝦夷を極め、奥羽諸侯必ず由るの地、市廛《してん》繁盛なり」

と記し、詩作もしている。

老中小笠原長行《ながみち》（一八二二〜一八九一）は、戊辰戦争がはじまると、江戸を逃れて白河にやってきた。その時のことを『夢のかごと』★に記している。家臣の堀川愼の記録が『簿暦』である。「白川城下元（本）町山形屋万兵衛方へ着す。（略）今朝は会藩余程出立の由。此地に手代木《てしろぎ》直右衛門・西郷頼母《たのも》・小野権亟君滞留の由。（略）」とあり、会津藩の西郷頼母らが白河城下に来ていることが記されている。この後小笠原一行は棚倉へ向かっている。このように奥州街道の宿場町であった白河城下にはさまざまな人物が訪れて紀行文などを残しているのである。

▼高山彦九郎
尊王思想家。京都三条大橋で皇居を拝するなど奇行があり、「寛政三奇人」のひとりといわれた。

小笠原長行
（国立国会図書館蔵）

▼『夢のかごと』
肥前唐津藩主の子で老中をつとめた小笠原長行の紀行文。

⑤ 和算と洋学

近世の学問分野においては、儒学などの文系の学問が主であったが、日本独自の数学である和算が高度な発展をみせていた。現在の福島県南地方ですぐれた和算家が生まれ、奥州街道の玄関口の神社や城下の寺院に算額が多数奉納されている。

和算と算額

江戸時代の日本の学問は儒学や国学などのいわゆる文系の学問が中心で、自然科学系統の理数系の学問が未発達といわれている。そのなかでも特異な学問が和算であろう。

明治以前の数学は、奈良時代に中国から移入されて独自に発展し、鎖国の時代に日本独特の数学として完成している。西洋よりも早く発見された数式などもあり、かなり高度な面もあった。

寛永四年（一六二七）に出された吉田光由《みつよし》の『塵劫記《じんこうき》』にはじまり、関孝和につながる。関は吉田の学問をさらに発展させ、独自に『発微算法《はつびさんぽう》』を著し、西洋の近代的数学に匹敵する和算を確立した。

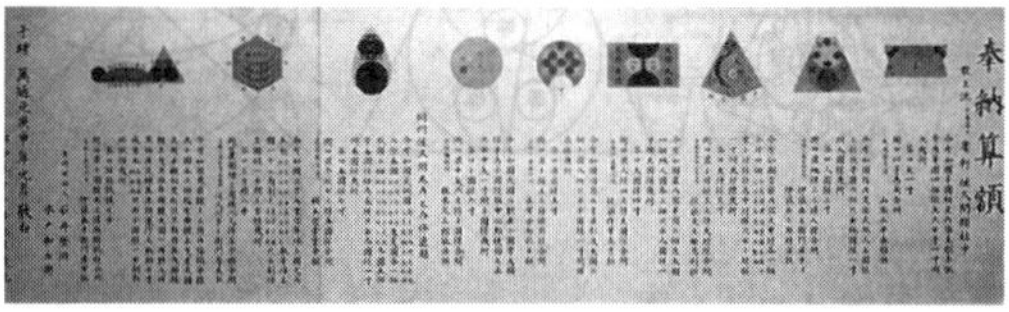

白河境明神算額（複製）

和算の世界では、研究発表の一方法ともいえる算額というものが発達し、和算家が自ら考え出した問題を額に入れて寺社に奉納している。これは高度な問題を考え出して互いに解き合い、競い合うものであった。

奥州街道から白河への入口、福島県と栃木県との境には「境の明神」があり、旅行者が多数通過することもあり、算額が多数奉納されている。また、ここ以外では鹿嶋神社などにも算額が奉納されている。

白河地方の和算は、山形出身の会田安明を祖とする最上《さいじょう》流が中心である。おもな和算家には、鈴木忠義、不破直温、長谷川茂基、芳賀群蔵、市川方静（白河藩士）などがいた。

医学

江戸時代の幕府は鎖国政策をおこなっていたので、西洋の学術や知識の研究は困難であったが、そのような環境で西洋に開かれた唯一の窓であるオランダから西洋の文化・学問を吸収した。十八世紀中頃から幕藩体制に対する批判や古い体制から脱しようという動きが生まれ、学問の分野においても洋学である蘭学を学ぼうという流れができてくるのである。

蘭学の研究は長崎の阿蘭陀《おらんだ》通詞《つうじ》からはじまるといわれる。西洋医学も長崎から

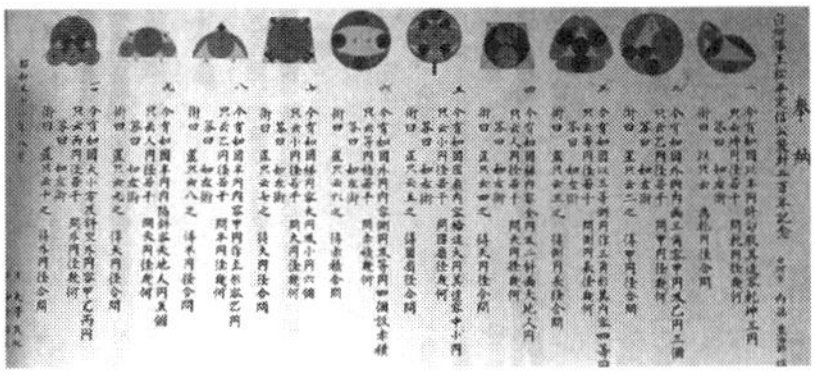

白河南湖神社算額（複製）

北条有隣の墓（常宣寺）

全国に広まっていく。白河藩医に北条有隣《ゆうりん》という蘭方医がいた。有隣の先祖は松平定信に仕えた北条宗錫《そうせき》という医者である。松平家が桑名に転封された際に、有隣の祖父の玄隆は町医者として白河に残ったのである。父の玄鳳凰も天神町で患者の治療にあたっていた。

桜田門外の変で大老井伊直弼を襲撃した水戸浪士たちを指揮したのが関鉄之介である。関は井伊直弼を襲撃した後、水戸藩領内の久慈郡袋田村に潜伏していたが、持病の腫物に苦しんでいた。その時、白河に有名な蘭方医がいるという噂を聞き、治療のために白河にやってきた。万延元年（一八六〇）八月十四日に本町の辻屋に泊まった後、翌日からは中町の久下田屋に泊まって有隣の治療を受けている。有隣の墓が白河市内の常宣寺にある。

関の持病については、以前は性病という説もあったが、有隣は密尿病（糖尿病）と診断し、煎薬・膏薬・丸薬を与え、海魚・油気・ごぼう・芋・唐茄子などを摂らないようにとの食餌療法の指導をしている。小説『桜田門外ノ変』（吉村昭著）にこのことが興味深く書かれている。

戊辰戦争の時には、本町の千歳屋に「病院旗」が掲げられ、官軍の病院となって負傷者の治療がおこなわれた。ここが福島県で最初の病院とされ、やがて須賀川に移転の後、現在の福島県立医科大学へとつながっていく。

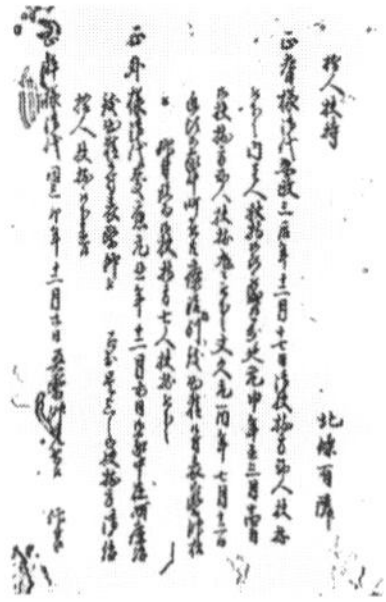
北条有隣由緒書（阿部正靖氏蔵。学習院大学史料館管理）

奥羽追討陸軍病院旗（順天堂大学蔵）

久下田屋

ハルマ和解翻訳

日本で最初の蘭日辞書『ハルマ和解《わげ》』をつくったのは、大槻玄沢《おおつきげんたく》★の門人である稲村三伯《さんぱく》であると、高校の日本史の教科書などには書かれている。しかし、実際には松平定信が家臣とした石井庄助がほとんど翻訳したのである。

石井は元長崎通詞で馬田清吉といった。石井は通詞を退職して四十四歳の時に長崎から江戸に出てきた。この時に長崎遊学を終えて帰る蘭学者の大槻玄沢といっしょに江戸に来たのであった。江戸に出てきた馬田は、石井恒右衛門《つねえもん》（のちに庄助）と名乗り、寛政四年（一八九二）に松平定信に召し抱えられて家臣となった。

その頃玄沢は、私塾芝蘭堂《しらんどう》の門人であった鳥取藩医稲村三伯より、蘭学の学習には辞書が欠かせないことから蘭語辞書の和解★を懇請されていた。語学力のなかった玄沢は、日蘭辞書をつくろうとしていた石井に依頼して、宇田川玄随《げんずい》と岡田甫説《ほせつ》らに蘭語の勉強をさせた。定信が老中を退職して白河に帰る際に、石井も定信と一緒に白河に行くことになった。

その時玄沢は「ハルマ」★の原書を石井に預けて翻訳を頼んだのである。石井は白河に滞在中に、「ハルマ」を翻訳して江戸に帰った。石井が翻訳した原稿を三伯と宇田川玄真《げんしん》★らが数年かけて校訂・編集し、完成させたのである。そうして、

『ハルマ和解』翻訳の地碑（小峰城公園内）

『ハルマ和解』第一巻
（早稲田大学図書館蔵）

▼大槻玄沢
蘭方医で、長崎に遊学し、江戸に家塾芝蘭堂を開く。

▼和解
日本語への翻訳のこと。

寛政八年に初めて刊行されたのだった。石井の翻訳した「ハルマ」は「江戸ハルマ」と呼ばれ、蘭学の学習に多大な貢献を果たしたのである。

当時は、「石井の庄介（助）訳のハルマは、なくて叶わざるもの」と高く評価されていたが、残念ながら一般にはその功績が広く知られることはなかった。

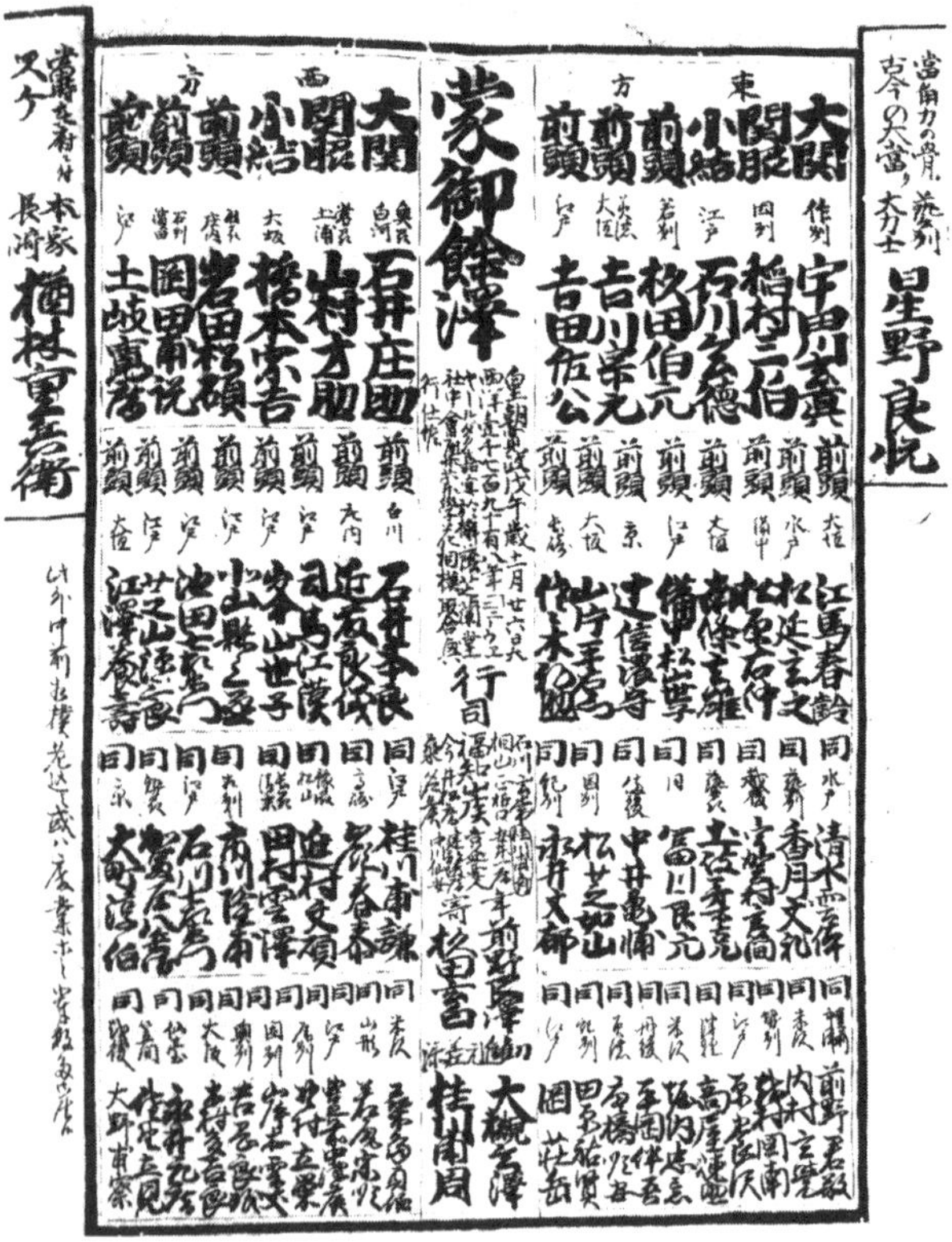

蘭学者相撲見立番付
（『藝海餘波』より。早稲田大学図書館蔵）

▼『ハルマ』
オランダの書籍商・出版業者。ハルマの出版した『蘭仏事典』が日本の蘭学の発展に大きく寄与した。

▼宇田川玄真
江戸後期の蘭方医。大槻玄沢・桂川甫周に蘭学を学び、稲村三伯の『ハルマ和解』の編集に協力。

これも白河

白河のダルマ市

白河城下では、中世の結城氏時代から定期市である六斎市が開かれていた。初代藩主の丹羽長重によって町屋の大改修がおこなわれ、奥州街道沿いに天神町、中町、本町、横町、田町の「通り五町」が成立した。五町ではそれぞれに「市」がおこなわれ、白河藩領内で生産されたさまざまな物資が集まり、売り買いされていた。

そのひとつが中町の高札場近くでおこなわれていた市神様（初市）である。そこでだるまなどの縁起物が売られていた。それがのちの「だるま市」の起源とされる。

白河だるまの特徴は、谷文晁《たにぶんちょう》の絵が図柄のモデルといわれるが、眉毛が鶴、ひげが亀、耳の鬢は松の木（梅）、あごひげは竹（松）をあらわしているといわれ、鶴亀と松竹梅の縁起物である。

現在は、毎年二月十一日の建国記念日に開かれている。

白河だるま

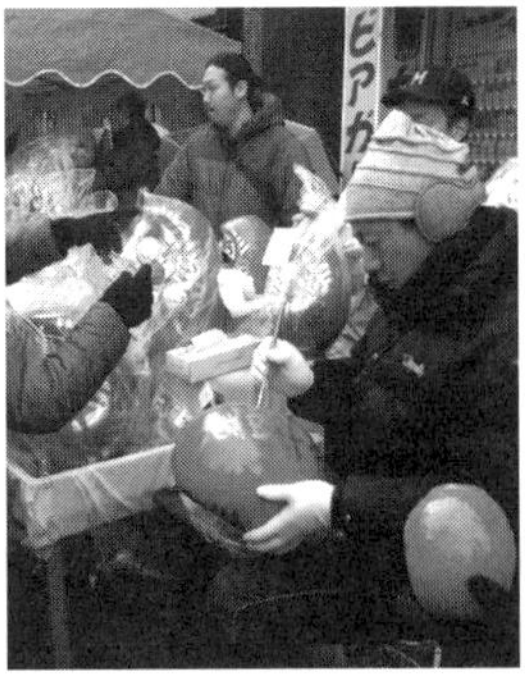
だるまへの文字入れ

市神様への神楽奉納（剣舞）

にぎわうだるまの販売風景

これも白河

市川方静 日本最初の日食観測

明治二十年（一八八七）八月十九日午後三時頃、新潟県から福島県、そして茨城県にまたがる幅二〇〇キロメートルの地帯で皆既日食が見られた。これは、日本では近代になってはじめての皆既日食であった。

この皆既日食を観測するために、アメリカのアマースト大学天文台長ダヴィッド・P・トッド博士ら一行が白河にやってきた。

この観測を明治政府は国家事業として取り組み、全国民にも日食観望を奨励した。その頃、明治政府は江戸幕府が西洋諸国と結んだ不平等条約の改正交渉をしており、この日食観測の成功をもって交渉を有利に進めようとしたのであった。当時、東京の上野から茨城県黒磯までしか開通していなかった日本鉄道会社の路線（現東北本線）を、観測機材の運搬と観衆の輸送のために白河・郡山まで、この年の七月に突貫工事で開通させたのである。この観測を地元で協力したのが、元白河藩士で在野の測量学者であり、数学者でもあった市川方静《ほうせい》である。市川は白河藩士時代には和算を学び、その後独学で測量学を修めた。何種類かの測量器械を発明し、全国的に有名であった。明治になってからは西洋数学に転じ、一時期、福島高等師範学校（現福島大学）の数学科の教授をしていたこともあった。

トッド夫妻

トッド博士と水平望遠鏡カメラ
（行田市郷土博物館蔵）

皆既日食の見られる圏内で、交通の便が良く、観測に適当した場所として白河の小峰城址が選ばれた。

小峰城址における観測は、大勢の観衆の見守るなかでおこなわれたが、日食時の天候が悪く失敗に終わる。白河地方の天候を熟知していた方静は、自分の長男多橋と主宰する数学塾不求庵の塾生千葉亀吉を小峰城址西方の水神原に派遣して観測させていた。その時、水神原では運よく雲の間から晴れ間がのぞき、燻しガラスを使用し、天体カメラはなく手書きのスケッチではあったが、二人は観測に成功し貴重な記録を残している。

市川方静

第四章　松平定信の政治と寛政の改革

定信は白河藩政を原点とし画期的な国政改革をおこなった。

1 松平（久松）家の入部と藩政

幕府の三方所替によって、ようやく安住の地とも思える白河にいた「引っ越し大名」松平（結城）家の明矩が姫路に転封されると、白河には越後より松平（久松）家が入ってくる。松平定信は果断な処置で天明の飢饉をのりきったほか、産業の振興などさまざまな実績を残した。

三方所替と松平（久松）家の白河入部

寛保元年（一七四一）十月、姫路藩主榊原政岑《まさみね》が不行跡（吉原の遊女請け出し）のため隠居謹慎を命じられたことをきっかけに、姫路藩・白河藩・越後高田藩の三方所替がおこなわれた。十一月に政岑の子政永《まさなが》が越後国高田藩十五万石に転封となり、その後に、白河藩主松平明矩が姫路へ、高田藩主松平（久松）定賢《さだかた》が白河に入部することになったのである。定賢は御供人数三六七人をつれて高田を出発し、二十九日に江戸に到着した。この転封によって白河藩領は白河城下と白河郡、岩瀬郡、石川郡、信夫・伊達の諸郡、越後分領あわせて拝領高十一万石、内高は十六万四千二百二十六石となった。

天文十年（一五四一）、岡崎城主松平広忠は、三河国刈谷城主水野忠政の娘於大《おだい》

の方と結婚し竹千代（のちの家康）が生まれた。その後、於大の方の実家の水野家が今川義元に背き織田方についたため、広忠は於大を離縁して実家に帰した。その後於大は久松俊勝と再婚し定勝を生んだ。松平（久松）家はこの定勝からはじまる。

白河藩の松平（久松）家はこの定勝の子定綱を祖とする。明和七年（一七七〇）、久松家七代目の定賢が死去し、長子の定邦《さだくに》が襲封した。定邦は一男三女をもうけたが、長女の於峰が成人したほかは皆早世したために、跡継ぎがいなかった。そこで田安家の第三子の賢丸を養子として迎えることとなった。賢丸は吉宗の孫にあたり、幼少から天賦の才をみせていたので、将来田安家の当主さらには将軍就任の可能性もあり、田安家はこの養子話には乗り気ではなかった。当時田安家の当主治察《はるあき》に子がなく、万一、治察に何かあると田安家断絶の危険性も考えられるという事情もあった。実際、賢丸の養子決定の五カ月後、治察は病死してしまう。

この養子の件については、当時老中として絶対的権力のあった田沼意次の意向によるという説や田安家の政敵ともいえる一橋治済《はるさだ》の画策との説もある。しかし、結果的には幕府の命ということで田安家は了承せざるを得なかった。賢丸は天明三年（一七八三）に家督を継いで松平（久松）家九代当主となり、のちに定信と改名する。

白河の三方領知替一覧

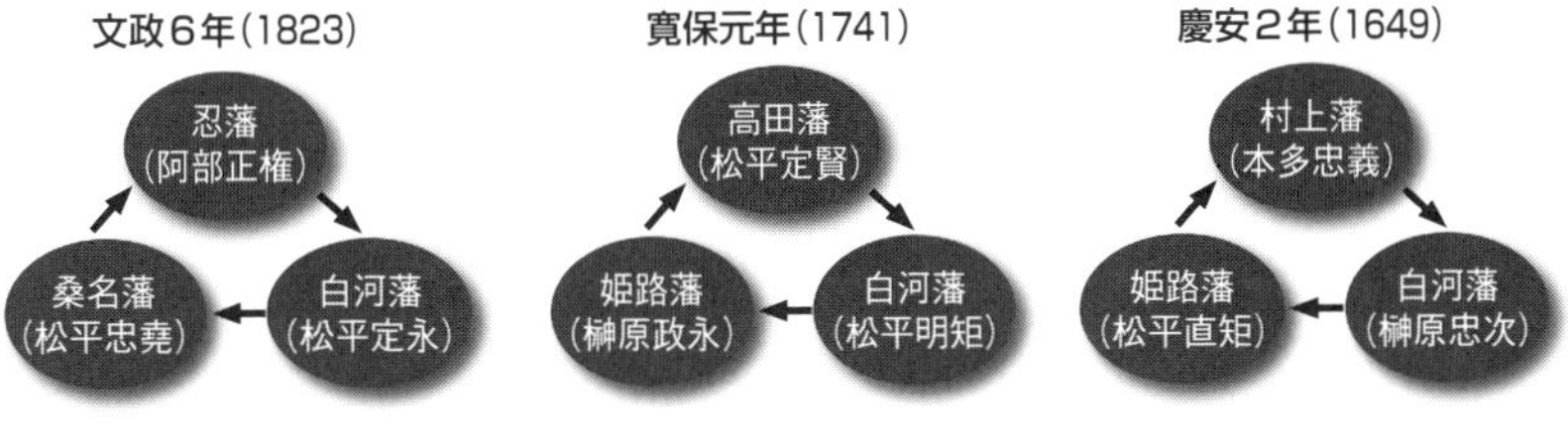

定信の生い立ち

定信は宝暦八年（一七五八）十二月二十七日、江戸城内の御三卿のひとつ田安家の屋敷で生まれた。八代将軍吉宗は、長男でのちの九代将軍家重が病弱であったことから継嗣の絶えることを危惧し、二男宗武《むねたけ》、四男宗尹《むねただ》を江戸城内の田安門と一橋門の近くにそれぞれ屋敷を与え、田安家・一橋家をあらたに創設した。のちに創設された清水家とあわせて御三卿と称され、御三家と同格の扱いをうけた。

定信は宗武の七男として生まれた。父の宗武は、暗愚といわれた将軍家重とは対照的に学識のある英邁の誉れ高い君主であった。賀茂真淵《かものまぶち》★に国学を学び、和歌に造詣が深く、その格調のある和歌は高い評価をうけた。生活はきわめて質素であり、その生活態度は定信にも引き継がれる。

父宗武の勉学に励む姿勢は定信に強い影響を与えた。定信は幼少よりひたすら勉学に励み、膨大な量の書を読むだけでなく、数多くの著作もおこなっている。定信の才能は多方面にわたり、和歌・漢詩・絵画・音楽にもおよんでいる。定信の政治にはこうしたものが背景にあり、政策にも影響を与えている。

血筋・家柄からすれば、将来は将軍となることも十分にありえた定信だったが、田沼意次らの幕閣首脳は定信に養子の承諾を強く勧め、ついに定信は承諾する。

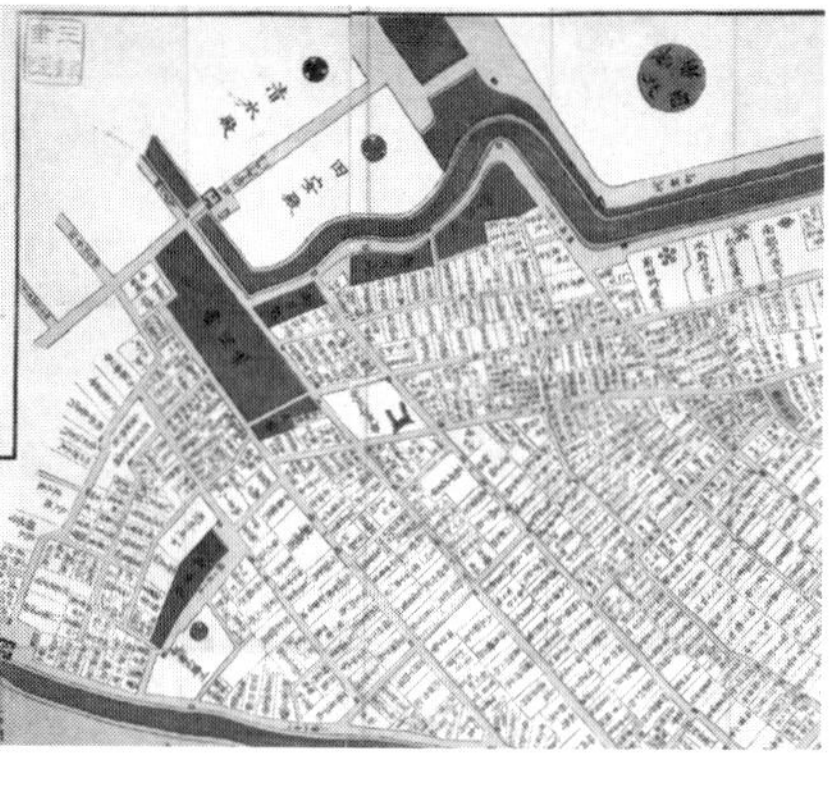

江戸切絵図より田安家部分（国立国会図書館蔵）

▼**賀茂真淵**
国学者。荷田春満に学び、『万葉集』や『古事記』の研究から古道を説いた。著書に『国意考』などがある。

松平（久松）氏略系図

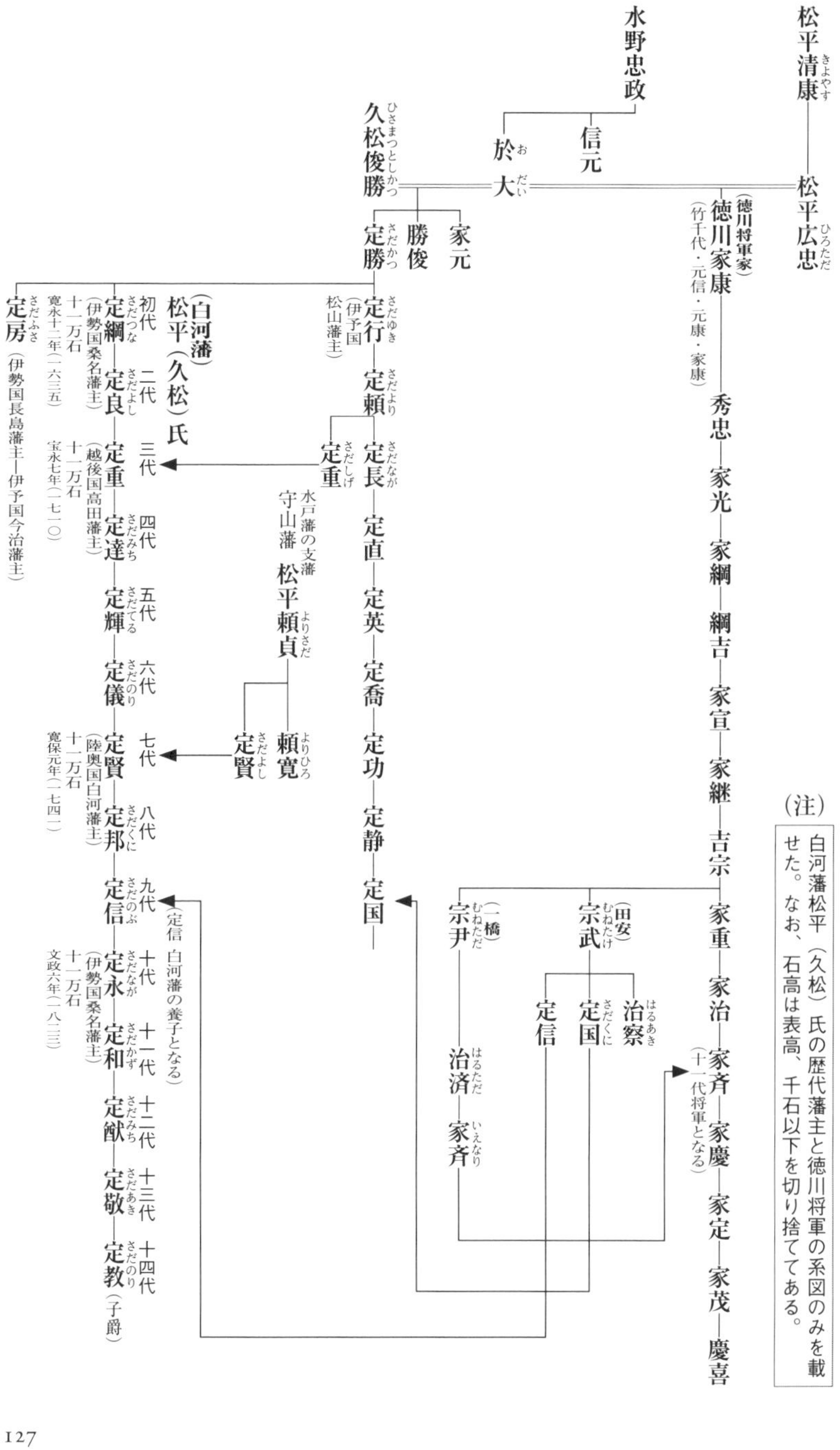

（注）

白河藩松平（久松）氏の歴代藩主と徳川将軍の系図のみを載せた。なお、石高は表高、千石以下を切り捨ててある。

ところが、まもなく、兄治察が病死する。定信は養子の辞退を願い出るが、幕府からは認められなかった。

　そのうちに白河藩主定邦が病気となったため、定信は養子の件を断るわけにはいかなくなり、同年十一月二十三日、田安家の世継ぎが定まらないまま、定信は白河藩邸に入ったのである。

倹約令と綱紀粛正

　定信の政治思想は、基本的には白河藩政においても老中時代の幕政においても同様であり、徹底した倹約令によって財政再建を目指すとともに、綱紀粛正をはかることであった。

　定信は祖父の八代将軍吉宗にならって、自ら質素な生活を心がけ、万一に備えてふだんから倹約することを藩士と領民に対して厳しく命じた。とくに全国的な飢饉の最中であった天明三年（一七八三）には、郡代の名前で厳しい倹約令を出している。そのなかで定信は領民に対して、贅沢はせず、飲酒や賭け事を好んだり、身分不相応の衣類や脇差などを身に着けることを堅く禁じている。そうして、百姓仕事に精を出し、荒れ地を少しでも開くことを奨励し、生産性を高めさせた。

　どこの藩も財政は慢性的に窮乏していたが、白河藩でも凶作により、いっそう

徳川吉宗
（模写。東京大学史料編纂所蔵）

逼迫していたため、天明四年に倹約令と同時に家臣に対して人割扶持《にんわりふち》を実施した。通常家臣には俸禄が与えられるが、非常時の策として家族の人数に応じて米を支給する制度に変えざるを得なかったのである。

翌五年には豊作となったので人割扶持はいったん停止されたが、藩財政は大きく好転する状況にはなかったので、俸禄の借り上げはそのまま継続された。

その一方で定信は、田沼時代以来乱れてきた綱紀の粛正をはかるため、学問と武芸の奨励、士風刷新につとめたのである。そのために、天明五年より二月と八月の年二回武芸祭というものを実施した。武芸祭では、陣羽織・陣笠、のちには甲冑を着用し、城内に祀られている鎮国殿から和党《わとう》曲輪に繰り出し、備えを建ててお神酒を頂き、その後、弓・馬・槍・剣・鉄砲の五術から二名ずつすぐれた者が選ばれて勝負がおこなわれた。武芸祭のない平時にも犬追物《いぬおうもの》★・打毬《だきゅう》★・馬術の訓練がおこなわれた。

自ら学問を好み勉学や著作に励んだ定信は、学問の奨励にも力を入れた。それまで白河藩には藩校がなかったが、定信は寛政三年（一七九一）に会津町にはじめて藩校「立教館」を建設したのである。その後、講堂などを増築し、蔵書も二万巻におよぶほど充実したものとなった。しかし、文化六年（一八〇九）二月、城内の火災と同時に焼失している。その後、すぐに再建されている。

定信の孫定業（さだなり）の墓（常宣寺）

定信の側室貞順院の墓（常宣寺）

▼犬追物
鎌倉時代に武士の間でさかんにおこなわれた武芸習練の流鏑馬・笠懸とならぶ騎射三物のひとつ。馬場に放された犬を馬上から弓で射る。

▼打毬
「まりうち」ともいい、毬を杖で目標に打ち込む競技で、騎馬と徒歩がある。

農村復興策

この頃白河領内では農村の疲弊が進み人口が減少していた。通常農民の耕作面積はひとり当たり五～六反ほどであったのが、白河領内では一町以上も耕作していた。そのため田畑が荒れて収穫が減り、生活がいっそう苦しくなった。

白河地方では、困窮のために生まれた子を養育できずに間引きをする陋習《ろうしゅう》が広くおこなわれるようになり、ますます人口が減少するようになっていた。そこで、白河藩は結婚の奨励とともに間引きの防止、出生児の養育を奨励する政策を積極的にすすめた。間引き防止のために、間引きをした者は地獄に堕ちるという地獄絵図（「絹本著色受苦図」）を農民に見せて悪習を正させようとした。

現代に通ずる福祉政策として、出生児の養育料を支給し、養育しやすいようにした。初産を除き、ふたり目から七夜過ぎに金二分、十二カ月過ぎに二分の合計一両を支給した。その後支給額を倍増させている。この政策は一定の効果を上げ、その後の人口増加につながったといわれている。

「絹本著色受苦図」（常宣寺蔵）

少子化対策もおこなわれていた。白河領内では間引きされるのは女子が多かったので、男性にくらべて女性の人口が少なかった。そのため白河藩では飛び地のある越後領から、結婚希望の女性を募って白河領内に移住させようという政策を考えた。寛政元年（一七八九）には、一一四名の希望者があり、藩では、越後の親元に結婚支度金をわたしている。越後から引き取った女性は、領内の庄屋などに預けて、そこから各村の結婚希望の男性に嫁がせた。総数は不明だが、かなりの数の女性が白河にきている。

諸産業の育成

定信は農業の復興とともにその他の産業の振興・育成にも力を入れた。まず、織物では、京都西陣から織工泉源右衛門を招いて絹織物を織らせた。上州からは清水吉左衛門を呼び毛織物をつくらせた。漆器では会津の漆工を呼び、貧窮の町人などにつくらせた。陶器では中町の久下屋に製陶をやらせた。その他、お茶・和紙・酒・キセル・ガラス・刀剣・甲冑・象眼細工などの製造を奨励している。

領内の南須釜では製鉄、城下道場小路では薬草の栽培をおこなわせ

越後から白河藩領への行程

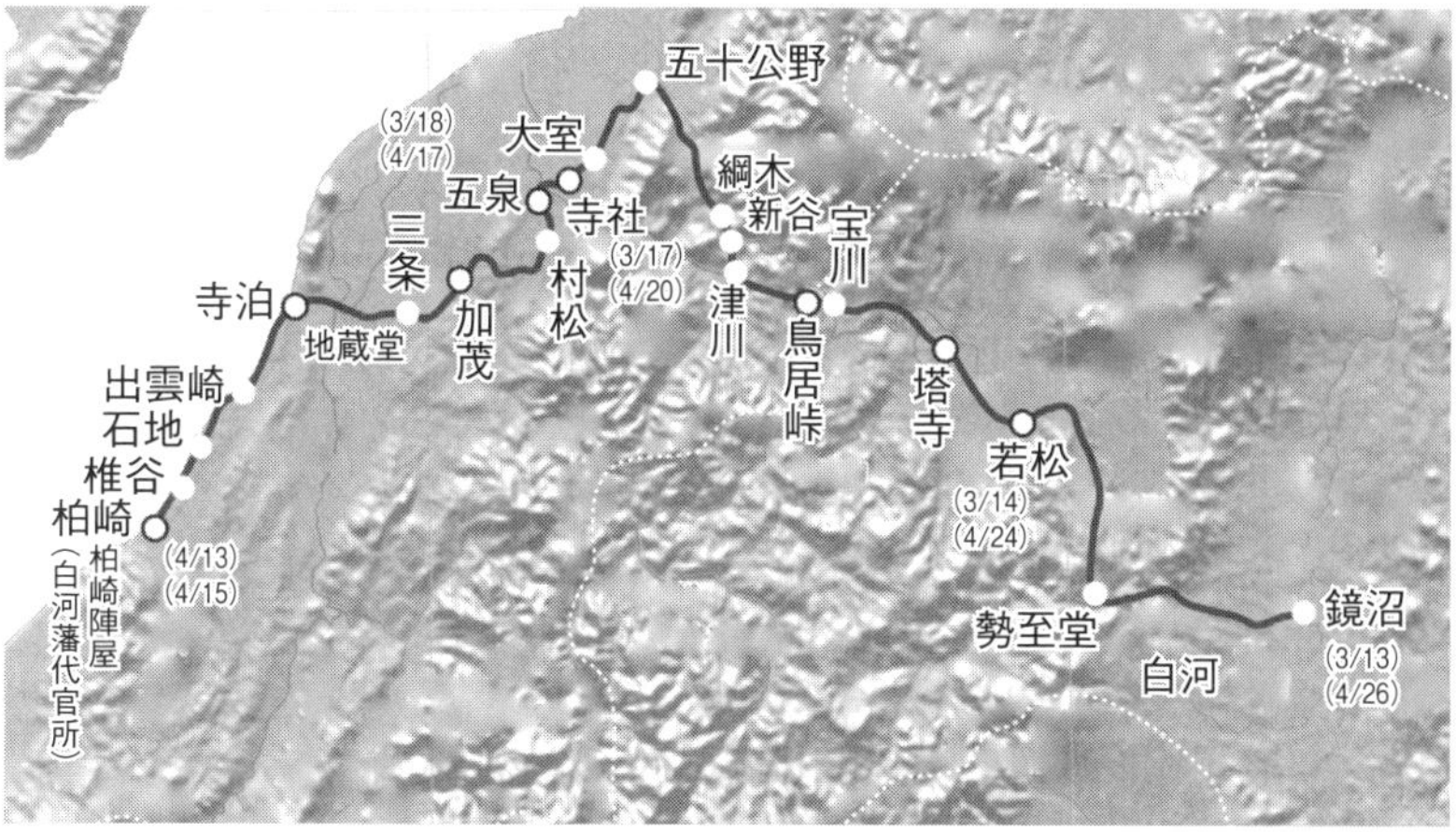

『白河市史 二 近世』の「寛政元年の行程図」を参考に作成

た。その他、附子《ぶし》、朝鮮人参の栽培もおこなっている。とくに藩の専売品として収穫した附子は種子とともに御薬園に納めさせて種子の管理を厳しくおこなった。附子は鳥冠《とりかぶと》とも称され、猛毒で塊根または支根をとって精製して、興奮・鎮痛剤として用いられた。江戸では高い評価を得て人気があった。

白河の馬市は有名であった。白河藩では丹羽氏時代から迫駒《せりごま》がおこなわれていた。それ以来歴代藩主が馬産を奨励した。良馬は優先的に藩が買い上げ、藩で使用したり、種馬として貸し出した。迫駒は藩の重要な財源であった。定信の時代になって迫駒の仕法があらためられ、さらに馬産が奨励された。

その他に定信が力を入れた政策として植林事業がある。寛政元年（一七八九）に山懸かり役人★を増員して、城内外をはじめ、領内の川沿いから野原まで広く苗木を植え付けている。植林は街道にもおこなわれた。旅人のために国境の白坂境明神から須賀川までの領内の街道の両側に松を植え、村境には桜の木を植え付けた。会津街道に松二九七〇本、須賀川街道に並木二三〇五本の記録が残っている。領内の山々には、杉・欅《けやき》・栗・櫟《くぬぎ》・檜・松のほかに、農業所得増につながる楮・三椏《みつまた》・桑・漆など二〇種以上の苗木が植えられた。寛政元年から同十一年の間に総植林数は約八二万本にものぼっている。

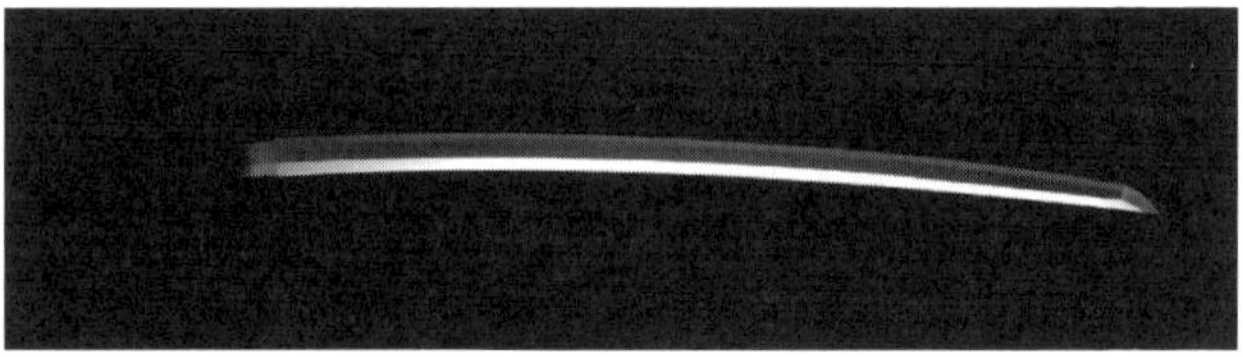
手柄山正繁　脇差　銘「臣正繁謹作之」
（寛政八年。南湖神社蔵）

▼山懸かり役人
山林の管理や植林事業を担当する役人。

②寛政の改革

近年、寛政の改革の評価にはあらためて見直すべきことが出てきている。この改革は、寛政期に止まらず松平定信の老中引退後もしばらく仲間の老中たちによって続けられていた。とくに七分積金制度は明治初期まで続けられ莫大な財産となり、明治の東京府（東京市）の財政として役立てられた。

寛政の改革の概要

田沼意次の政治の弊害が顕著になり、政治の変革の機運が高まったことで、白河藩政の実績を高く評価された松平定信が老中首座に就き、政治の改革をすすめることとなった。田沼意次の重商主義の政策★により農村が荒廃しはじめた時期に、天災が重なりひどい凶作が続いた。全国的に百姓一揆が起こり、貧窮した農民が都市に流れ、都市部では打ちこわし★が多発した。そのようななかでの松平定信政権の誕生であった。

定信の人格形成や政治思想は、定信が幼い頃より精力的に打ち込んできた深い学識が背景となっている。また、八代将軍吉宗の孫という血筋の誇りと動揺しはじめた幕政の立て直しの使命感・責任感を持って定信は政治改革にのぞんだので

▼田沼意次の重商主義の政策
商業資本の積極的活用を考え、貿易振興策・蝦夷地開発・専売制の拡大などをおこなった。

▼打ちこわし
町人や農民が金融業者や米商人などを襲撃し、家屋や家財を破壊する行動。

ある。

定信は天明七年（一七八七）六月に老中に就任すると、翌年の正月二日に江戸本所の霊巌島吉祥院の聖天に願文を捧げた。「松平越中守儀、一命を懸け奉り心願仕り候」と自筆で、命懸けで幕政の改革にのぞむ決意を示している。このことを知ったのちの渋沢栄一は深く感動し、それ以来定信を尊敬するようになったという。

定信は、贅沢になった武士や商人などの非生産者の消費が生産の主体である農村の生産を上回っている。その上に幕府が年貢増徴を繰り返したために農村が疲弊し生産力が低下した。また、物価の決定権が大商人の手に握られている。その結果、一揆や打ちこわしを引き起こして幕藩体制が動揺している、と現状を分析した。これらのことをふまえて定信は寛政の改革をおこなったのである。

具体的な政策としては、田沼時代の賄賂横行で乱れた風潮を刷新するために学問と武芸を奨励し、農村の復興と都市の秩序回復につとめた。江戸に流入した農民を農村に返す「旧里帰農令」、備荒貯蓄のための囲籾の奨励、「七分積金」の制、「人足寄場」の設置などの恐慌対策や下層民の救済のための政治もお

人足寄場

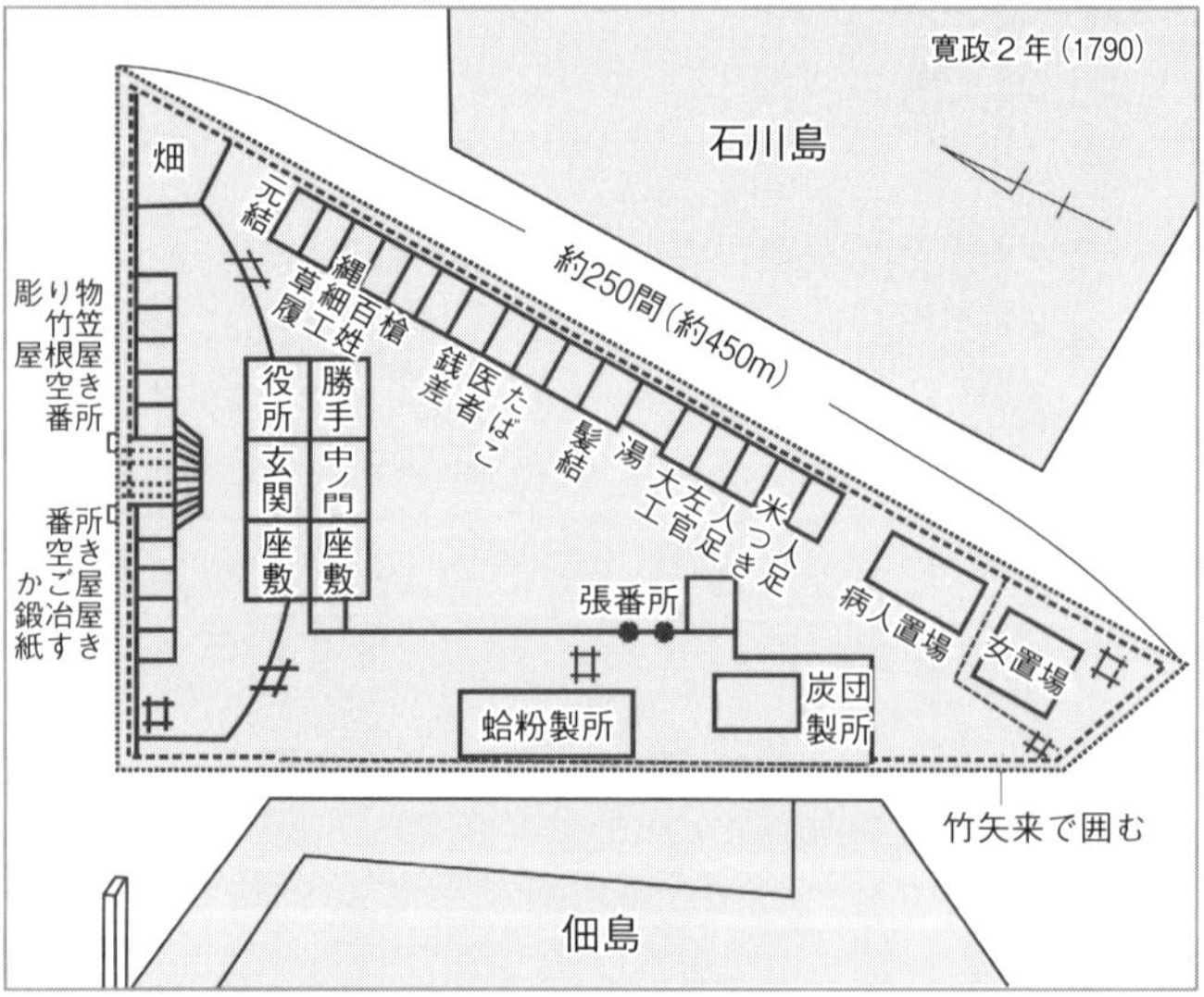

こなった。風俗を引き締めるために出版・思想の統制、対外政策では日本近海に接近してきた欧米列強に対する海防政策の整備などをおこなった。

老中就任当初は田沼意次時代の老中も残っていたので思いどおりの政治はできなかったが、将軍家斉がまだ若かったこともあり、定信は老中首座とともに将軍補佐役も兼ねると、田沼時代の老中を一掃してあらたに松平信明（三河国吉田藩）、戸田氏教（美濃国大垣藩）、本多忠籌（陸奥国泉藩）、本多忠可（播磨国山崎藩）、松平信道（伊勢国亀山藩）、牧野忠精（越中国長岡藩）らを任命したのである。定信は老中就任以前から、田沼の政治に批判的な者たちとグループをつくって政策研究をおこなっていた。

定信はこの仲間たちと政策を実行に移していったのである。定信は画期的ないわゆる「政策政治」というものを幕政においてはじめておこなったといわれる。

定信の政策は、通説のような「八代将軍吉宗の政治を理想とする農村復興政策」だけではなく、「吉宗の農業政策と田沼意次の経済政策を一歩進めた両方の延長線上にある政策」なのである（竹内誠〈東京学芸大学名誉教授〉）。

やがて定信は六年後に老中を辞任するが、その後もしばらくの間、仲間の老中たちが定信の政策を継続しておこなっていた。その期間はおよそ二十年間にもおよぶ。定信の政策に対する評価はさまざまあるが、幕政は一時期安定し、改革は一定の成果をあげた。

田沼意次
（模写。東京大学史料編纂所蔵）

定信の都市政策

定信は田沼政権が打ちこわしの頻発のなかで倒れた後に政権を担当することになったこともあり、都市の民衆蜂起をいかに治めるかということも含めて都市政策を重要視しなければならなかった。

商業資本の支配下にあった米穀相場・貨幣相場の操作の実権を幕府の側で掌握し、米価をはじめとする諸物価の平準化を実現しようとした。しかし、これを実現するためには莫大な資金を必要とするために、財政的に余裕のない幕府ではおこなうことはできなかった。そのために幕府は、江戸の豪商（ほとんどが両替商）たちを勘定所御用達★に任命して米価調節策をおこなおうとしたのである。米価が安定すれば、江戸庶民の暮らしも安定し打ちこわしはなくなると考えられたのである。

また、地方の農村から江戸に出てきて暮らしに困り、下層民となった者が打ちこわしの暴徒となっていたこともあり、こうした江戸の農民を農村に帰す「旧里帰農令」を出したのである。故郷への帰農をのぞむ者には、旅費・夫食代・農具代を支給する他に田畑まで与えるというものであった。もしこれがうまくいけば、荒廃した農村の復興も可能となり、都市の治安もよくなるという一石二鳥の政策

▼勘定所御用達
老中松平定信に起用された勘定所出入りの御用商人。寛政の改革を推進する中で定信は、棄捐令や七分金積立令などの政策を実行するにあたり、有力商人を御用達に任命した。

であった。

またこの他に江戸にいる無宿人対策もおこなわれている。寛政二年（一七九〇）に火付盗賊改《ひつけとうぞくあらため》★の長谷川平蔵宣以《のぶため》★の提案で、江戸湾の埋立地の石川島に「人足寄場」という無宿人の強制収容所を設置したのである。これも打ちこわしの主体となるおそれのある無宿人たちをあらかじめ強制収容し、そこで職業訓練をおこない、手に職をつけて社会に戻そうという、当時として先見的な社会更生事業であった。

代官の改革と地方官会議

江戸時代の「代官」というと商人から賄賂をもらったり、百姓から重税を絞り取って私腹を肥やす「悪代官」のイメージがあるが、たしかに不正を働く代官が多数存在していた。そのような代官を処罰して一掃させたのが定信であった。

定信は天明八年（一七八八）から寛政元年（一七八九）の間に全国の代官の三分の一以上にあたる一九名の代官を交代させている。なかには、公金の不正貸付、手代の不正放任、積年の負債膨大などの理由で遠島などの処罰を受けた者もいる。

代官の統制は徹底し、幕府創設以来、関東の農政を主導してきた関東郡代世襲の名門伊奈家も、寛政四年三月、御家不取締などの理由で知行地を没収され失脚さ

▼**火付盗賊改**
江戸市中を巡廻して、放火・盗賊・博奕の取り締まりにあたった幕府の役人。

▼**長谷川平蔵**
江戸後期の幕臣で、天明七年（一七八七）火付盗賊改の加役を命じられた。松平定信に無宿人収容のために石川島に人足寄場の建設を建議し、その運営にあたった。

寺西封元
（秦氏蔵。塙町教育委員会提供）

せられている。

　定信は幕領の農村から安定した年貢を確保し、幕府財政の再建と幕府の威信の回復をはかろうとしたのである。このため定信は代官の統制には厳正な姿勢でのぞみ、幕府成立当初から代官職にあった名門から、代官の下で働く手代まで厳しく処罰し、その代わりに職務に忠実で公正、農民に撫育的姿勢でのぞみ、のちに「名代官」と称される者を抜擢したのであった。

　このなかには、「寛政の三博士」として有名な岡田寒泉《かんせん》がいる。岡田は学者として湯島の聖堂を整備する儒者として登用されたが、やがて代官に抜擢されて領民に対していわゆる「仁政」をおこなっている。また定信が登用した代官のなかでもっとも著名なのが、下級御家人から引き上げられた陸奥国塙代官の寺西封元《たかもと》である。寺西は塙代官として、寛政四年から文化十一年（一八一四）までの二十二年間在任した。寺西は有名な「寺西八カ条」というものを出して農民を教化し、間引き防止、人口増加などさまざまな福祉行政をおこない、百姓の暮らしの向上に誠心誠意尽力したのである。領民たちはそれを感謝し、「寺西大明神」として祀るほどであった。

　寺西は塙代官領内では顕著な実績をあげたが、さらに民政の効果をあげるためには広域な行政の連携協力が必要と考えた。寺西は領民支配の経験をもとに「民風改正要綱」なるものをまとめ、幕府勘定所をとおして幕閣に提出したのである。

寺西神社内生祠
（塙町教育委員会提供）

塙代官所跡
（塙町教育委員会提供）

そうしたところ、幕府から塙陣屋の近隣諸藩に対して、「民風改正要綱」について問い合わせがある場合には塙陣屋に照会するようにとの令達が出された。

これをうけて寺西は、文化八年十二月、近隣諸藩に呼びかけて担当役人に集合してもらった。塙陣屋には、磐城平藩郡奉行島田利右衛門、泉藩郡奉行中村順平、湯長谷《ゆながや》藩郡奉行野村新右衛門、棚倉藩郡代長谷川定左衛門、白河藩郡奉行塙十太夫、三春藩郡奉行不破近内、笠間藩郡奉行福岡弥助、新発田藩横田陣屋郡奉行村山勘蔵、高田藩釜子陣屋郡奉行吉田藤右衛門、土浦藩蓬田陣屋郡奉行矢島六兵衛等と特別に水戸藩から二名の者が参加している。

ここで各藩の代表者の間で民政についての協力と農村の復興などについて協議されている。天領私領の区別なく民政の担当役人が参集して協力体制をつくろうとしたことは、当時としては画期的なことであった。これらのことも定信の支援や政治姿勢の影響であろう。

七分積金

定信は農業政策が中心と思われているが、経済政策にもすぐれ、都市政策においても顕著な政策をおこなっている。そのひとつが「七分積金」である。

江戸の町はよく「大江戸八百八町」といわれているが、実際には延享二年（一

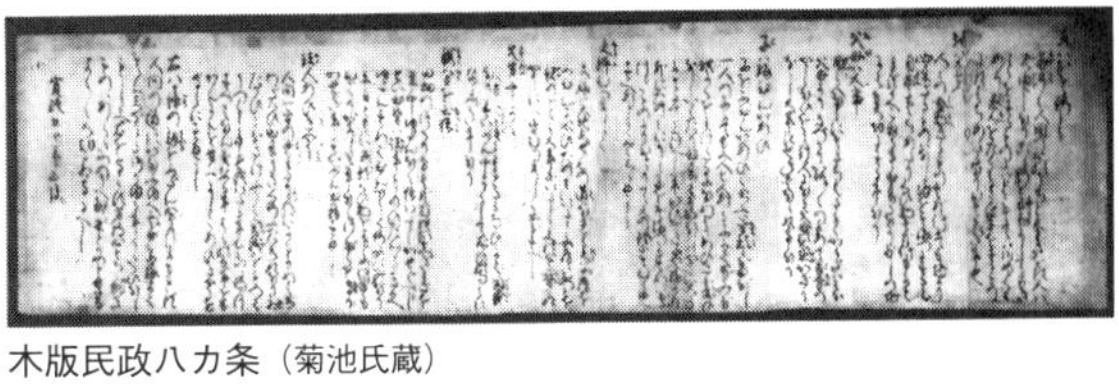

木版民政八カ条（菊池氏蔵）

七四五）には倍ほどの一六七八町あった。江戸の各町内では町を運営するための経費である「町入用《まちいりよう》」というものがあり、町人のなかの地主がそれを負担していた。町入用の使用目的は、幕府への上納金、自身番・木戸などの維持管理費、町火消・防火施設に関する費用、祭礼の費用、ごみ処理費などであった。定信は、この町入用が掛かりすぎていると考え、節約を命じたのである。そうして節約分の七分（七〇パーセント）を積み立てさせ、残りの二分（二〇パーセント）は地主増手当とし、一分は町入用の予備費とした。

積金は、飢饉に備えての囲籾の購入・維持費、積金の貸付運用などにあてられた。積金は寛政三年（一七九一）には二万五九〇〇両もあり、浅草の向柳原の馬場・的場の跡地に会所と囲籾蔵がつくられた。積金は幕府の差加金《さしくわえきん》一万両とともに、勘定所御用達によって管理運用された。これによって積金が増えていったのである。

また、囲籾は米が多く出回っている時には売らず、少ない時に売るというやり方で米価調整をおこなったのである。

凶作による飢饉の際には、囲籾とこの積金から窮民へ米銭が支給され、災害時の助成に使われた。また、江戸の地主などに貸し付けをして利殖もおこなっている。その結果、江戸幕府がなくなり、明治政府が成立した時には、七分積金の総計は一七〇万両（資料と計算方法により諸説あり）にものぼっていたといわれる（物

町会所御救小屋の図
（「養育院百年史」より）

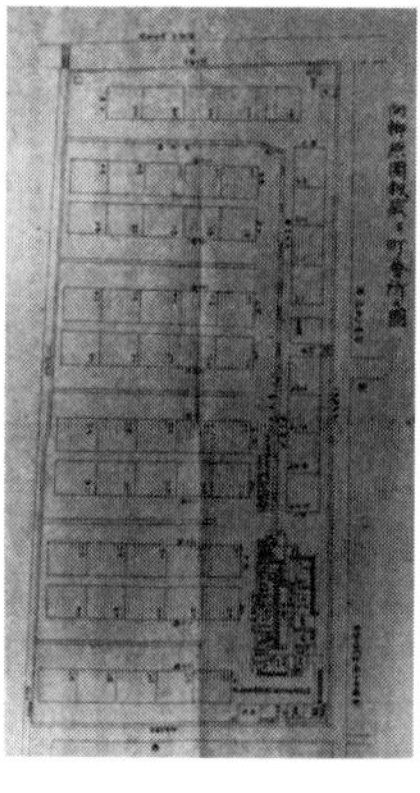
向柳原囲籾蔵並町会所之図
（「養育院百年史」より）

価の計算は単純にはできないが、かりに一両＝五万円とすると八五〇億円となる）。

これは寛政の改革時の七分積金制度が連綿と明治初期まで続けられた結果であり、定信の政策は、まさに「持続可能な開発目標」（SDGs）だったわけである。成立したばかりで財政の窮迫していた明治政府はこの金を政府として使おうとしたが、積金の運用を東京府知事の大久保一翁から任された渋沢栄一は、この金は東京府民のものであるとして政府には使わせず、東京府民のためにすべて使用したのである。

おもな使用項目としては、東京府市庁舎建設費、道路、橋梁（日本橋・万世橋・両国橋等）の建設費、上下水道、共同墓地、街路灯、瓦斯《ガス》局の設置、公園の整備費、商業学校（現一ツ橋大学）建設費、東京養育院の建設費などである。これをみれば、どれだけ旧江戸庶民（東京府民）が七分積金の恩恵を被ったかがわかるであろう。

このこともあって渋沢栄一は松平定信を篤く尊敬していた。その定信に敬意を表し、また、その恩に報いるために、定信を祀る南湖神社の創立（一〇五頁参照）と東京都江東区「白河町」の創設に深くかかわったと思われる。

昭和三年（一九二八）に、定信の墓地のある霊巌寺（東京都江東区）が国の指定史跡となり、翌年松平定信没（一八二九年）後百年を記念し、「楽翁公遺徳顕彰会」が設立され、記念式典が挙行された。

東京府市庁舎
（明治期撮影。国立国会図書館蔵）

霊巌寺

その後昭和六年になり、関東大震災後の区画整理で、霊巖寺町が大工町に併合されようとした際に、「遺徳顕彰会」から東京市（一九四三年より都）になんらかの働きかけがあったものと考えられる。また、ちょうどこの年の十一月十一日に渋沢栄一が亡くなっている。

以上のようなことが背景となり、昭和七年五月十七日、東京市長より江東区に対して「霊巖寺町」を「白河町」と改名する通知が出されている。そうして、同年八月一日より正式に「白河町」が成立して、以後、この町名が使用されることとなったのである。

老中辞任と沿岸防備

寛政の改革は一定の成果を収めたものの、すでに発展していた経済活動の中心である商人の自由な経済活動を制限したり、人々の消費活動を抑制するなどの政策は歴史の流れに逆行していたのはまちがいなく、政権に対して広い範囲での不満があらわれてきた。そうした状況のなかで定信は、寛政五年（一七九三）老中および将軍補佐の職を辞任した。形式的な信任を確認するための辞職願が、すでに十一代将軍家斉の信頼を失っていたために、それまでのようには慰留されずそのまま受理されてしまったのである。

将軍徳川家斉
（模写。東京大学史料編纂所蔵）

光格天皇
（模写。東京大学史料編纂所蔵）

その理由としては、光格天皇が生父閑院宮典仁《かんいんのみやすけひと》親王に太上天皇の称号を送ることに反対した「尊号一件」、将軍家斉の父一橋治済《はるさだ》を大御所とすることに反対した「大御所問題」、また一橋治済との対立、大奥の策謀、蝦夷地の問題などが考えられるが、明確な理由は不明である。

定信は海外事情にも深い知識をもっていたので、老中在任中より資料を収集していた。そして、保護していた銅版画家の亜欧堂田善に精密な世界地図をつくらせている。定信はヨーロッパの列強国の極東進出に対して、当時としてはかなり適確な認識と危機感をもっていた。

老中在任中、田沼時代の蝦夷地開発の政策を国防中心とする方向に転換したことや江戸湾防備の対策はそのあらわれである。幕府より白河藩が江戸湾の警備を命じられた時、苦しい藩財政のなかで「神竜」と名付けた進退・回転自在の最新式の大砲や軍船を新造するなどの海防に取り組んでいる。

また定信は自ら房総沿岸を巡視している。波佐間村（現館山市）と百種村（現富津市）に陣屋と台場を建設し、鋳物師を呼び寄せて大小砲一二七門をつくらせている。ふたつの台場には数十門の大砲を備えて防備を固めた。『海国兵談』を著した林子平★を処罰したりしてはいるが、けして海防に対する認識がなかったり、無関心であったわけではない。

民間に混乱した情報が広がり不安な状況が生じると、田沼時代の末期に起こっ

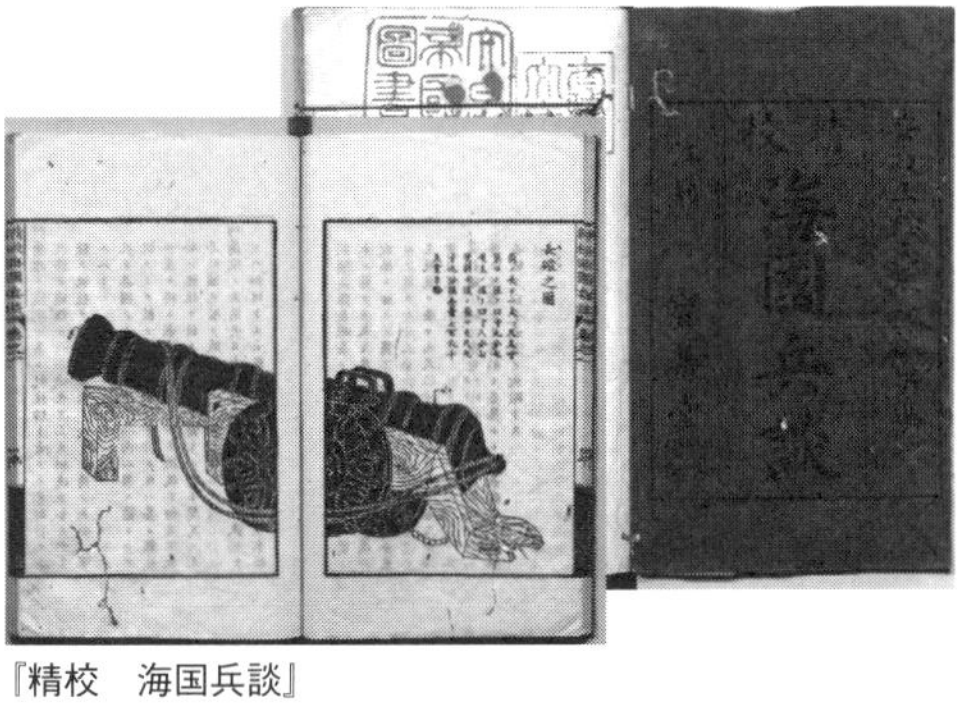
『精校　海国兵談』
（国立公文書館蔵）

▼林子平
経世思想家。長崎で海外事情を学び、『海国兵談』を著したが、人心を惑わすとして、幕府より禁錮刑に処せられた。

た百姓一揆や都市の打ちこわしにつながることを恐れたための情報統制政策であったと思われる。定信は人心の安定と幕府主導の外交を第一に考えたものであろう。この時期の定信の外交の基本方針は幕末まで継続されたといわれる。

松平家としては、房総警固の任は「武門の誉れ」として大変名誉であったが、領国から遠く離れて差配も充分でなく費用もかさむなどの理由から、いったん房総に近い領地への転封願いを幕府に提出していた。それが、文政六年（一八二三）に幕府より願ってもない旧領地の桑名への転封が認められたのだった。

田沼政治の功罪と松平定信による改革の評価

享保の改革★をおこなった八代将軍徳川吉宗の後、九代家重、十代家治と続くが、その間側用人から老中となった田沼意次が十数年間にわたり政治の実権を握り、田沼時代と称された。

田沼は行き詰まりをみせていた幕府財政を再建するために、それまでの農業政策中心の政治から、商業資本を利用し民間の経済活動を活発化させ、その利益を財源に取り込もうとした。その方策として、都市や農村の商人・職人仲間を株仲間として広く公認し、運上や冥加などの営業税の増収をめざした。

それまでは秤量《ひょうりょう》貨幣★として流通させていた銀貨をはじめて計数貨幣★とする南《なん》

▼享保の改革
八代将軍徳川吉宗による幕政改革。倹約・新田開発・刑法の整備などによる財政再建がおこなわれた。米価の安定に尽力し、「米将軍」と呼ばれた。

▼秤量貨幣
江戸時代の銀貨など、重さで価値を決める貨幣。

▼計数貨幣
江戸時代の小判など、重さではなく個数や額面で通用する貨幣。

鐐《りょう》二朱銀★を鋳造し、貨幣制度の一本化を試みた。さらに、江戸や大坂の商人の資本を利用し、印旛沼・手賀沼などの大規模干拓工事を計画し、新田開発をおこなった。また、工藤平助の『赤蝦夷風説考』★の影響をうけ、蝦夷の開発やロシアとの交易を考え、最上徳内★らを派遣して調査をおこなわせた。

このような田沼の積極的で自由な政策の影響で、民間の学問・文化・芸術が一時期発展した。その一方で、幕府役人と商人との癒着や役人人事の不正、賄賂の横行、士風の退廃などの風潮が生まれた。そのような時期に、洪水で大規模干拓工事が挫折したり、浅間山噴火の影響などで天明の大飢饉が起こり、農民の一揆や打ちこわしが頻発するなかで田沼政権は倒れた。

このような結果から、田沼政治の積極的で新しい経済政策に対する評価が高い一方で賄賂政治に対する批判が生まれている。

それに対して松平定信の寛政の改革は、清廉潔白で士風の刷新を目指す政治姿勢が好評で、当初は多くの人々から歓迎された。ところが、倹約令、文武の奨励、さらに寛政異学の禁、出版統制から風俗の取り締まりなどがおこなわれるようになると、庶民、武士、学者・文化人など幅広い層からの反発が起こるようになってしまい、人気もなくなった。朝廷や将軍とも対立し、ついに退陣に追い込まれる。

田沼政治と寛政の改革の評価はおおむねこのようなものであるが、政治家および政治家のおこなった政策に対する評価の仕方は難しいものがあり、時代によっ

▼南鐐二朱銀
南鐐とは良質の銀のこと。二朱金と同じ価値の銀貨で計数貨幣。

▼『赤蝦夷風説考』
工藤平助の著書で、蝦夷地の現状を記し、その開発やロシアとの貿易を論じている。田沼意次に献上され、その政策に影響を与えた。

▼最上徳内
本多利明に天文・測量術などを学び、幕府の千島探査に加わったのち、何度か蝦夷地を調査した。

てあるいは評価する立場によって大きく異なるものである。

田沼意次の地元である領地の相良（相良市）では、田沼は領民に善政をおこなったということで大変評判がよいのである。田沼の賄賂政治については、当時の明確な根拠を裏付ける史料はなく、田沼の後に政権を担当した定信側から広められたものであるといわれる。

また、権力者の田沼には相当な贈答品や付け届けがあったのは確かだが、それを私的に流用したのではなく、いわゆる政治資金としたという説や賄賂を受け取ったのは田沼本人ではなく部下の者たちであるという説もある。

一方の定信に対しても、寛政異学の禁はあくまでも幕府の学問所に対してのものであり、諸藩に対するものでなかったり、さまざまな取り締まりは幕政を引き締めるためにやむを得なかったものであるという考え方もある。

経済政策は田沼がすぐれていて、定信の政策は保守反動的であるという評価も見直しが必要であると考えられる。

七分積金制度で定信は、米価の調整をはじめ物価全体の安定をはかろうとしたり、資金の運用までおこなっている。また、災害に備えるための危機管理についての政策もおこない、この政策が明治初年まで続いているのである。

その他、文化財保護政策、福祉政策などきわめて画期的、先見性のある政策を行っている点は、もう一度見直す必要があるのではないだろうか。

◇3

定信の文化政策

定信の他の政策についてはさまざまな評価があるが、文化政策については誰もが認めるすぐれたものであり、その評価も高い。文化財の保護、画家の育成、学問の振興など、多くにその功績がみられる。

絵画

定信の父田安宗武は、国学に造詣が深く、万葉調の和歌を詠じ、芸術・学問のあらゆる分野に通じていた。その父の影響を強く受けた定信も幼少の頃より学問を好み、師の指導を受けて学問を修め、著述・作詩から書・画・音楽にもくわしい人物であった。

絵は狩野派から学び、源鸞卿《らんきょう》からは沈南蘋《しんなんぴん》の画法も学んだといわれている。定信は多数の作品を描いていたが、後年にはほとんどの作品を火に投じてしまったので、現存する作品はわずかであるが、定信の絵画観や技量をうかがい知ることができる。

前述のように文化全般にわたって造詣の深かった定信は、自らも書画を能くす

引退後の姿を描いた松平定信自画像（南湖神社蔵）

るばかりか、書画の収集・保存事業や画家の保護・育成をおこなっている。定信ともっとも関係の深かったのが、当時関東画壇の大御所といわれた谷文晁である。文晁は最初田安家の家臣であったが、のちに定信付きとなり、定信の命によりさまざまな作品を描いている。

外国船の来航により危機感を持った定信が、海岸防備のために相模湾沿岸の巡視を行った際には文晁を随行させ、記録図である「公余探勝図」を描かせている。これは、定信の意図する正確な距離や奥行きが記された風景画として仕上げられているが、芸術作品としてもすぐれたものである。

定信に才能を見出されて保護・育成された画家としては、白河領内須賀川出身の亜欧堂田善がいる。定信はあいつぐ外国船の来訪に国防の危機感を抱き、そのために詳細な世界地図が必要となった。以前から蘭学を高く評価をしていた定信は、蘭学の実用技術のなかで、とくに銅版画に注目した。定信は田善に銅版画の修得を命じた。苦心の末、ついに銅版画をものにした田善は、「新鐫《しんせん》総界全図」「新訂万国全図」を完成させた。

その他定信に深くかかわった画家としては、『集古十種』関連の白雲、巨野（大野文泉）や、蒲生羅漢、谷文一、星野文良、岡本茲奘《しそう》などがいる。

谷文晁画「富嶽図屏風」
（江戸時代。上野記念館蔵）

庭園づくり

定信は文化行政全般にわたってすぐれた業績を残しているが、定信の事績で意外と知られていないのが庭園の造成である。定信は、生涯に五つの庭園をつくっている。江戸の築地に「浴恩園《よくおんえん》」、大塚の「六園《りくえん》」、深川に「海荘《はまやしき》」、そして、白河に「三郭四園《さんかくしえん》」と「南湖」である。

この造園の分野においても定信には注目すべきものがある。作庭に造詣の深かった定信は、加賀十二代藩主前田斉広《なりなが》から加賀藩の庭園の命名を依頼され、「兼六園」と名付けたといわれている。「兼六園」の園名は、中国の宋の李格非《りかくひ》の著書『落陽名園記』から採られている。「兼六園」の正門には、「文政壬午季秋　楽翁書」という定信書の扁額が掲げられている（現在は重要文化財成巽閣に所蔵）。定信の造園に関する評価の高さをしめす一例であろうか。

「浴恩園」については、天保十一年（一八四〇）に定信の侍臣である岡本茲奘が『感徳録』に描いている。それによれば、桜に囲まれた春の池、紅葉に囲まれた「秋風の池」が配置され、梅、桃、蓮花、菊などが植えられていたのがわかる。また、園内には千秋館という居館をはじめとするいくつかの建物があり、富士山が眺望できた。

兼六園扁額
（文政５年。石川県立伝統産業工芸館蔵）

「六園」は文化五年（一八〇八）に大塚の一万二〇〇〇坪ほどの抱屋敷に完成させたものであり、「竹園」「集古園」「攢勝園《さんしょうえん》」「百菓園」「春園」「秋園」の六つの構成となっている。文化財保存と植物園的な性格をもった庭園といわれている。

「海荘」は、深川入船町の松平家の抱屋敷一〇〇〇坪につくられた庭園である。庭園の中心となる建物の松月斎にちなんで「松月斎庭園」とも呼ばれている。江戸湾から品川沖・房総方面まで見渡せたといわれている。

南湖

定信のつくった五つの庭園のなかで唯一現存するのが、享和元年（一八〇一）につくられた「南湖」である。国史跡および名勝に指定され、近代の公園の定義にかなったものとしては、日本最古といわれる公園である。庭園史家小沢圭次郎は、定信の庭園観と作庭意匠についての主張を次のように述べている。

「封邑《ほうゆう》白川の南湖は、峯巒《ほうらん》南北に横列し、郊野東西に連亘したる、一大沮洳《しょじょ》の地形なりしを、公一顧してこれを浚渫《しゅんせつ》し、堤を築き閘《こう》を設けて、随時貯水せられしかば、即ち洋々たる大湖となって、灌漑用水の水源となりぬ、是に於いて松・桜・柳・桃・かえでなどの樹木を、水辺や山麓一帯に雑栽し、紅白の花木を岡や堤に利植した。すなわち春秋の美観を生じ、晴雨それぞれの佳景が見られて、

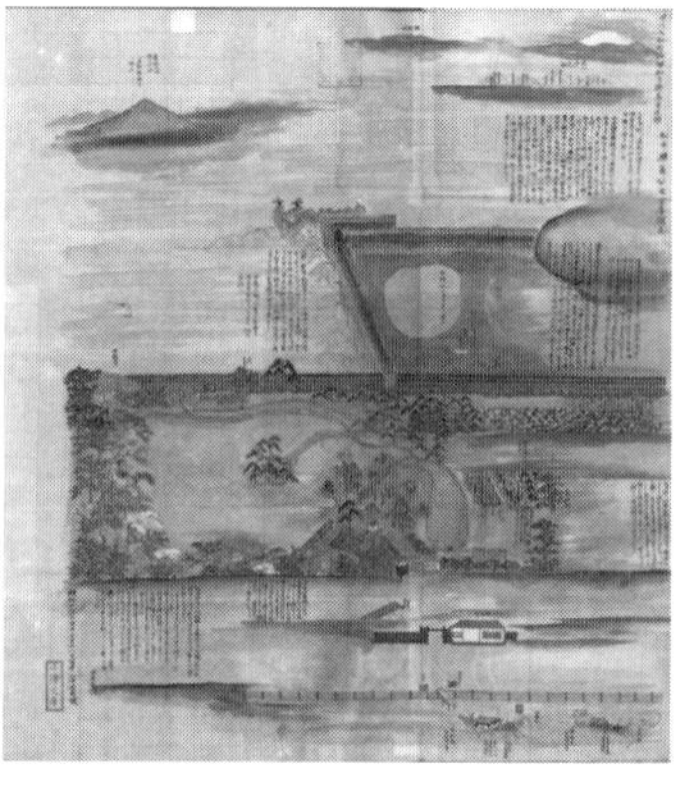
「海荘」を描いた「深川松月斎全図」（明治十七年模写。国立国会図書館蔵）

南湖千世の堤

湖山の面目は一時に光彩を発揮することとなった。公がこの地に於けるや、即ち人工を加えて天景を飾ったものであって、真に「天人湊合《そうごう》」の妙諦《みょうたい》を究められたものというほかはない。」（『白河市史　十文化』「白河少将楽翁公園趣断案」小沢圭次郎）

定信は当時大沼と呼ばれていた白河城下南方の葦茅の生い茂る沼沢地を浚渫し、堤を築き、湖をつくり、周囲には松や楓などの木を植えた。この年は不作であったので、農民救済を兼ね、老若男女に土を運ばせ賃銭を与えた。そのために南湖は約半年ほどで完成したといわれている。いわゆる公共事業の先駆的例としても注目すべきである。南湖の完成によって多くの新田が開発され、藩校「立教館」の運営のための学田新田とされた。また、湖面での舟漕訓練、水練の場ともされた。

通常の大名庭園のように塀や柵を設けず広く庶民に開放し、藩士とともに庶民の誰もが楽しめる「士民共楽」の「公園」をつくったのである。南湖は近代の公園にあたる庭園で定信の先駆的思想をよくうかがわせるものであった。

公園内の歌碑に刻まれた和歌や「南湖開鑿《かいさく》碑」に定信の南湖作庭の意図が表されている。

「田にそそぎ民を耕し、衆とともに舟を浮かべ、以て太平の無事をたのしむべきなり」

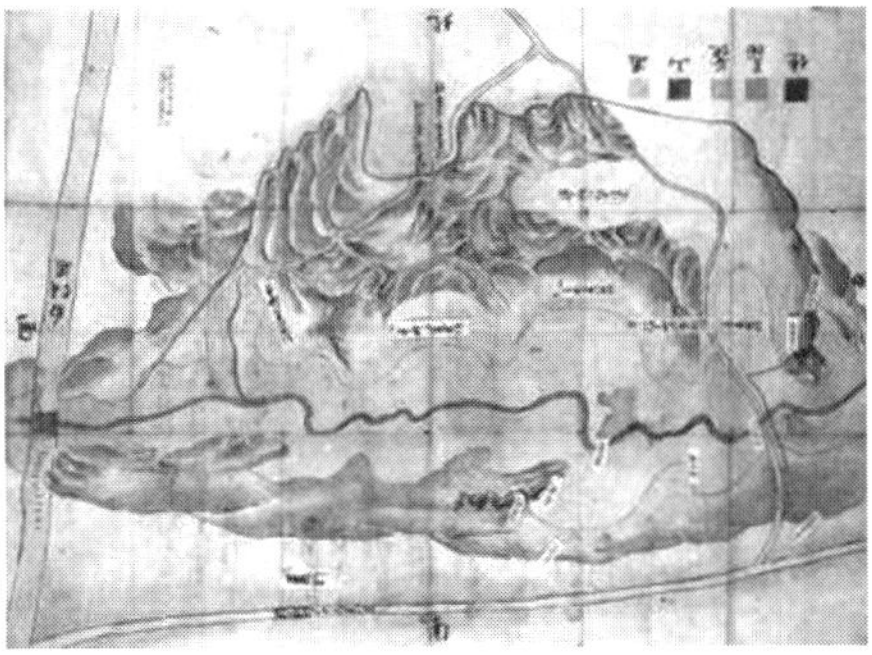

鬼越新田開発見立絵図
（個人蔵。白河市歴史民俗資料館寄託）

南湖開鑿碑

「南湖」の名称は、単に白河城の南に位置するということと、唐の李白が洞庭湖を詠んだ詩の一節、「南湖秋水夜無煙」によるものといわれている。南湖の景勝地「十七勝」と「十六景」が選ばれ、それぞれ名前がつけられ、和歌や漢詩に詠まれている。この和歌では南湖は「関《せき》の湖《うみ》」と称されている。現在も市民の憩いの場としてまた、観光客の行楽の場として親しまれている。

三郭四園

「三郭四園」は三之丸園池ともいわれるように、城内の三の丸に東園、西園、南園がつくられ（北園は実際にはなかった）、その総称であった。絵図は伝えられているが、遺構はまったく残っていないので、『退閑雑記《たいかんざっき》★』などの記述などからその景観をうかがい知るばかりである。

規模は一万四〇〇〇坪ほどと推定され、鯉が放流された池、噴水、瀑布《ばくふ》、露台、橋、いくつもの四阿《あずまや》などが設けられ、数多くの植栽がほどこされていた。この庭園を利用して、茶会、歌会、舞楽《ぶがく》の演奏などがおこなわれたという。また、藩内の領民を敬老する尚歯会では九十歳以上の老人を園内に招いている。

この庭園の様子は次の『退閑雑記』に伝えられている。

「三丸は、予の常に住居し侍る地なり。庭の東南にあたりて、二丸にありける

「奥州白河南湖真景」
（明治17年模写。国立国会図書館蔵）

茶屋を引き侍りて、小亭をしつらい、庭もあり来るままにいて従いて、石なんどもうけたり。されども、その自然の造、景色もいとすぐれたり。景勝三十二あり、真の庭のまうけしたるも、小室つくりたるも、わが玩好なれば、衣食の料もてつくるべきのにもあらず、まいて国用にすべきものにはあらず。（以下、略）」

また、松平定信の侍臣である画家の岡本茲奘が描いた絵（『感徳録』の「副帖」）が残っている。その絵をみると三郭四園の様子がよくわかる。

鳥瞰的に描いた絵は、南面図と北面図がある。北面図をみると、庭園全体の奥には鬱蒼とした、朝陽山と半田山が背景として描かれている。その手前には定信が住居としていた茅葺の三之丸御殿があった。御殿の東側には松、桜、楓の木が植えられていた。その他、梅林、竹林、池泉、そして「不諠斎」という茶室がみえる。

南面図には、東園・西園・南園全体が描かれている。画面中央の太鼓橋の右手が西園で、鯉が泳ぐ池や流れ落ちる瀑布が見える。四阿や庭園を観望するための露台などがある。画面中央の南園には、太清沼《たいせいぬま》や松林、八つ橋などが描かれている。画面左手の東園には、池に天女祠の鳥居や千鳥がみえる。

できるだけ費用を節約しながらも、定信自らが指揮をとって造成しただけに、設計もすばらしく、細かい配慮がなされた興趣に富む名園であった。

▼『退閑雑記』
松平定信が引退後に著した随筆。

「楽翁公居館　三郭四園図（部分）」
（明治18年模写。国立国会図書館蔵）

茶室

定信は庭園に深い関心を持って愛していたが、お茶にも興味と理解があった。「士民共楽」という思想のもとに南湖を作庭した定信は、南湖の鏡山の中腹に「共楽亭」という茶室を建てた。桁行四間（約七・三メートル）、梁間二間（約三・六メートル）の寄せ棟造りで、屋根は栗木羽葺きである。屋内は八畳二間からなり、二室の間には欄間はあるが、敷居や建具はなく、「共楽」の思想にかなった、身分に分け隔てなく語り合う空間・建物と伝えられている。その考えを示したのが次の和歌である。

山水の高きひきさも隔てなく
共にたのしき円居《まどい》すらしも

共楽亭からは南湖全体がもっともよく見渡せ、遥か西方には那須連山がのぞめる絶景の地である。ここで喫する茶の味は格別である。

南湖にはもうひとつ「松風亭蘿月庵《らげつあん》」という、定信当時の茶室がある。これは寛政年間（一七八九～一八〇一）に、藩士三輪権右衛門が茶人であった父の仙鼠の

共楽亭（南湖公園内）

蘿月庵（南湖神社内）

ために九番町の別邸に建てたものである。定信も時おり訪れたという。松平家が桑名に転封になる際、常盤惟親に譲られ、その後、西白河郡役所の敷地内にあったものが、大正十二年（一九二三）の郡制廃止により南湖神社に寄贈され、現在地に移されたという。

　桁行三間余（五・六四メートル）、梁間一間半余（二・九二メートル）の寄せ棟造りで、茅葺きである。道安好み★を基調とする茶室といわれるが、最初の造りからかなり手が加えられているという。

学問の振興と文化財保護

　前述のように定信は学問への造詣が深く、自らその修得につとめる一方、広汎な文化的関心が強く、全国のさまざまな文化財の調査、収集、保護などにも積極的に取り組んだ。現在の文化財保護事業をすでに先駆的におこなっていたのである。定信に支援された画家としては、谷文晁、僧白雲、大野文泉、鍬形蕙斎《くわがたけいさい》、亜欧堂田善などがいる。

　とくに谷文晁は定信に召し抱えられて、その前半生には定信の命によって日本各地に出張し、古今の名画を模写することをとおして画家として大きく成長している。そうして文晁は日本画壇において確固たる地位を築くまでになるのであっ

▼道安好み
道安は千利休の長男として生まれた茶人。磊落な性格で、茶風は「剛」あるいは「動」といわれる。独自の工夫を凝らした道安囲いや道安風炉などが伝えられている。

日本庭園・翠楽苑
（現在の南湖公園内の庭園。白河観光物産協会提供）

た。

　定信の文化事業として特筆すべきことに、『集古十種』の編纂事業があげられる。これは、日本中の古書画、古物等を模写し、収録した全八五冊の図録である。鐘銘・碑銘・兵器・銅器・楽器・扁額・文房・印章・尚像・書画の十種に分類されたものである。

　武田信玄が甲斐の菅田天神社に奉納した「楯無鎧」が補修される際に、定信は配下の明珍宗政・宗妙に模造させた。それを白河の鹿嶋神社に奉納されたものが「楯無鎧写」として現在も伝えられている。これも貴重な文化財である。

　また、『集古十種』の姉妹的関係ともいわれる『古画類聚』は、収録された作品二六五七場面を数える壮大な事業であった。このなかには、『春日権現記』などの絵巻物、「聖徳太子像」などの肖像画、その他彫刻などが収録されている。

　これらの資料収集にあたっては、谷文晁、白雲、文泉などの画家が、全国の神社・仏閣・名家に派遣されている。

　その他、地元白河において、『白河風土記★』『白河古事考★』『白河證古文書★』などを編纂している。

　このように定信は、幅広い文化事業をおこない、他に類をみないような業績を残している。これは白河にとってはもちろん、江戸はおろか日本の国全体に対してもその功績と恩恵ははかりしれないものがある。

『集古十種』
（福島県立博物館蔵）

柿本人麻呂像

楯無鎧写

『集古十種』にかかわる白河の文化財
（ともに鹿嶋神社蔵、白河市歴史民俗資料館寄託）

▼『白河風土記』
白河藩領内の歴史と地理について記されたもので、文化二年（一八〇五）に完成している。白河藩の藩校立教館教授広瀬蒙斎（典）が中心となって編纂された。

白河関の位置確定

白河関は、「勿来関《なこそ》」「鼠ヶ関《ねず》」とともに奥羽の三関として有名であるが、明確にはいつできたかわかっていない。承和二年（八三五）の太政官符★に「(前略) 旧記ヲ検《けみ》スルニ、剗《せき》ヲ置キテ以来、今ニ四百余歳（後略）」の記載があり、これより推測すると、八三五年よりも四百年以上前、五世紀初頭には関があったということになる。

東北は中央政権より「陸奥国」とされ、下野国との境界に白河関が置かれた。やがて白河関近くに白河郡がつくられ、郡司が管轄した。白河関は「化外《けがい》」★とされた「蝦夷《えみし》」が南下することを検問し、一方でまた、北方への開拓の前線基地ともなった。

白河関がいつできたかわからないとともにいつ廃関となったかも正確にはわからない。平安初期の九世紀には存在したことはわかっているが、十世紀に入ると古代国家の衰退とともにその機能が失われていく。律令制体制の衰退とともに古代の検問所としての関の機能が衰退し、いつしか場所すらわからなくなっていた。

それを前述のように松平定信が、昔からの土地の言い伝えや記録をもとにして、寛政十二年（一八〇〇）に現在の関の森付近に定め、「古関蹟」の碑を建てたので

▼『白河古事考』
白河藩歴史書で、松平定信の命により、広瀬蒙斎が中心となって編纂された。文政元年（一八一八）に完成している。

▼『白河證古文書』
広瀬蒙斎が『白河古事考』の編纂過程で収集した古文書を収録している。おもに白河結城氏の事蹟を顕彰するために採集した古文書類を編集している。文政二年（一八一九）に完成している。

▼太政官符
太政官から神祇官・八省・弾正台・大宰府・諸国などに発給される下達文書。

▼化外
律令制の政治の支配外の人々とその住む地域。

白河関跡全景

ある。昭和三十年代に発掘調査がおこなわれ、昭和四十一年（一九六六）に国の指定史跡となっている。令和二年（二〇二〇）は定信が白河関の場所を定めてから、ちょうど二百二十年になる。

藩校

藩校のもっとも早いものは、寛永十八年（一六四一）に岡山藩が開校した花畠教場である。白河藩では、松平定信が寛政三年（一七九一）に創立した立教館と松平家の桑名転封後に白河にきた阿部家が文政八年（一八二五）に創立した修道館とがある。

立教館は白河城の西側の会津町に、従来の学問所の規模を拡張し、侍屋敷二軒分の土地をあわせてつくられ、その後増設されて四〇余間（七〇メートル）四方の一六〇〇坪（約五六二平方メートル余）となった。

定信は城下南方大沼付近の荒れ地を開拓させ、五〇三町歩の新田を開発し、百七十七石余の収穫が得られるようになった。この開拓された土地を学田新田と称し、立教館経営の費用にあてた。

立教館は、中央に学館があり、その東側に句読・習書・容儀★・数学・習楽★の各局が並んでいた。奥には、学校奉行・教授・学頭らの庁舎が置かれた。文庫は三

立教館跡

立教館令条

▼容儀
藩校の学科のひとつで儀式学問を学ぶ。

棟あり、寄宿舎としての諸生寮もあった。周囲には、弓術・砲術・剣術・槍術・柔術・居合術などの道場が設けられていた。

学校奉行一名・教授一名・学頭二名・学校目付二名・句読師七名がおかれた。その他、武術師範や世話役がいた。

藩士の子弟は十一歳になると、全員が入学することに決められていた。松平家では、藩士は書院格（上士）、舞台格（平士）、無格（足軽）に分けられていたが、就学の義務があったのは、士分のものだけであった。

教育の内容は漢学が中心で、素読《そどく》科（初等科）・会読科（中等科）・看書科（上等科）の三段階に分かれていた。文学部と武術部があり、文学部では、和学・漢学・数学・天文学・習字学・画学・音律および舞楽・儀式楽・蘭書学を学び、武術部では、兵学・剣術・槍術および長刀術・弓術・馬

立教館縮図

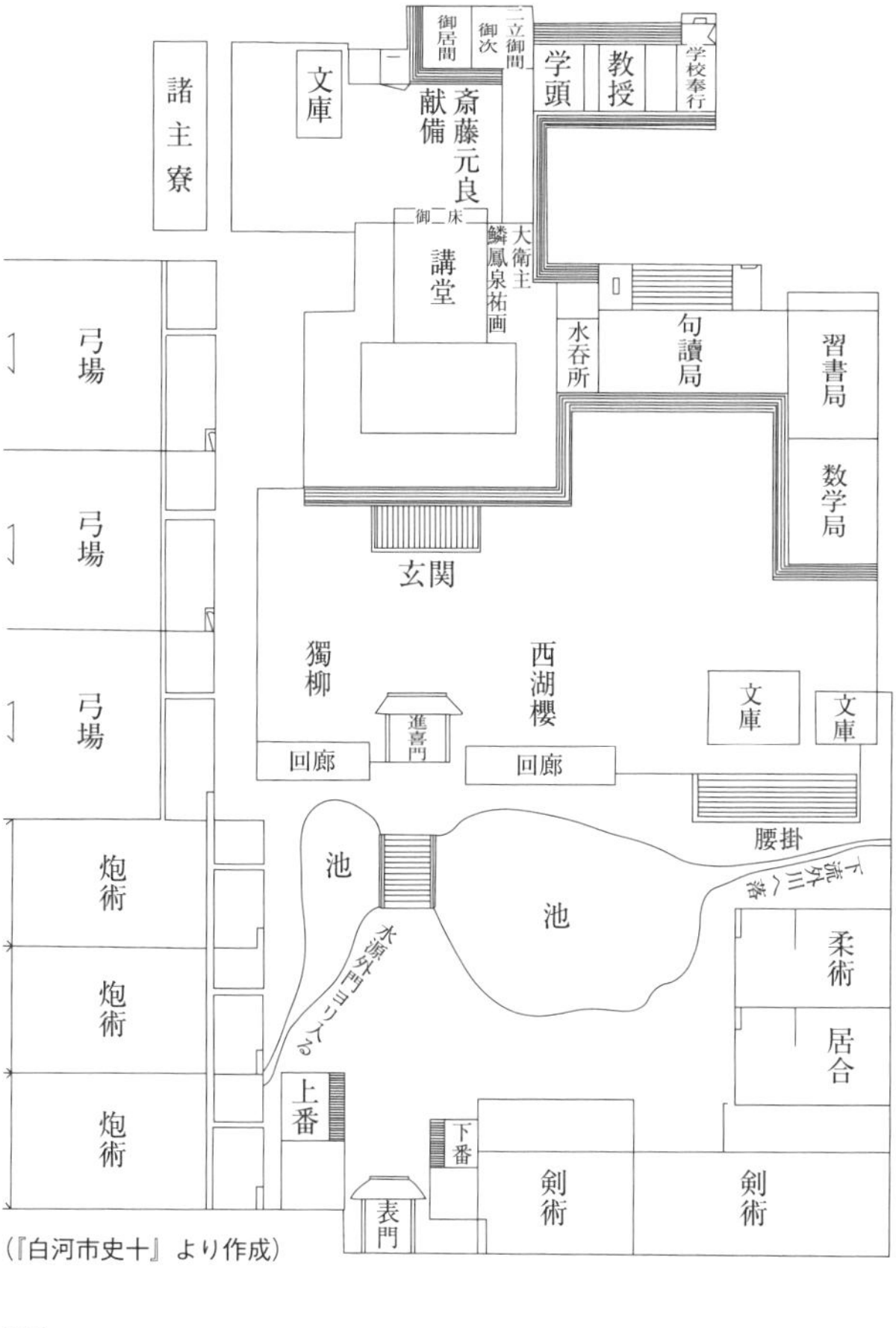

（『白河市史十』より作成）

▼習楽
藩校の学科のひとつで音律および舞楽を学ぶ。

術・柔道および棒術・居合術・鉄砲および火矢《ひや》術・遊泳および漕舟術などを学んだ。

定信は幼少の生徒に対し、「立教館童蒙訓」を撰して、学問の目的を教えた。老中を退任した後は、白河に戻るたびに自ら立教館で講義をおこなっている。立教館に儒学の祖である孔子は祀らせず、天照大神を祀らせているが、これは定信がわが国の神道や国学を重んじ、朝廷に対する尊崇の念が深かったことをあらわしている。

阿部家の藩校修道館は、立教館を受け継いだものである。学校奉行は、家老または中老から一名を兼務させ、学校監察は大目付が兼務した。藩士の師弟が十歳になると入学した。授業料は無料であったが、年末に白紙二帖を納めさせた。

阿部家十一代藩主正篤《まさあつ》は藩校の創立にあたり、自ら開校式にのぞみ、文武の奨励と就学の心構えについて家老より諭達させている。阿部家の歴代藩主も学問に造詣が深く、藩校の経営、学問の奨励に熱心であった。

郷学と私塾、その他の学問

藩校の他に藩士教育のための機関である家塾があり、白河藩の儒官が塾主で藩校にかよえない軽輩の藩士が学んだ。また、庶民の教育機関としては、敷教舎《ふきょうしゃ》

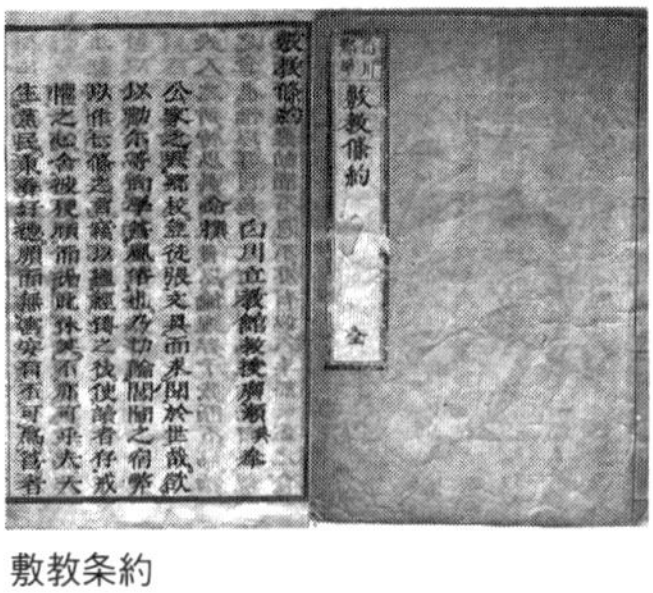
敷教条約

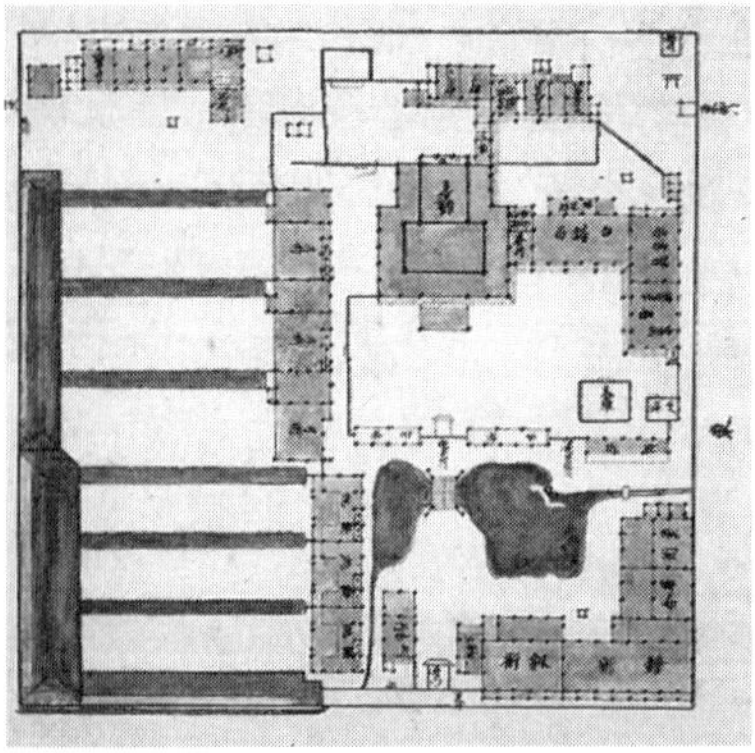
立教館平面図（「白河城御櫓絵図」より）

というものがあった。寛政十一年（一七九九）白河城大手門前の馳走屋敷（他藩の使者を接待する屋敷）に敷教第一舎を創設した。同じ頃、領内須賀川馬町の郷士相良貞清の屋敷内に敷教第二舎が設立されている。定信はこれらの郷学所の設立にあたり、自ら敷教条約というものをつくり、郷学設立の目的と封建社会の庶民のあり方を示している。

郷学の教授者は、須賀川在住の郷士、医者、町役人、百姓などが分担してあたり、藩が手当を与えていた。生徒は商人、郷士、町役人の子弟が多く女子も入学していた。

その他、藩領内には私塾や寺子屋といった教育機関がいくつかあった。

馳走屋敷跡

相良貞清屋敷跡（現・風流のはじめ館）

敷教第二舎跡

敷教第二舎の看板
（個人蔵。須賀川市提供）

これも白河

忍者服部半蔵と白河

徳川家康に重用された伊賀忍者の服部半蔵正成《まさなり》は、本能寺の変の際の「神君伊賀越え」を成功させ、その子の正就《まさなり》は関ヶ原の戦いで活躍し、江戸城の搦手にあたる場所に屋敷を拝領した。この屋敷の近くの門が「半蔵門」で、ここが甲州街道の起点となっており、地下鉄「半蔵門」線の名の由来でもある。

その後正就は家来との支配関係で問題を起こし、幕府より改易されてしまうが、正就は家康の異父弟である松平定勝の娘を妻とした縁で、子孫が桑名の松平（久松）家に抱えられて幕末まで存続する。

正就の子孫は藩主の御家族の処遇扱いとされ、「小服部家」と呼ばれ、正就の弟の正重《まさしげ》は藩の家老職につき、「大服部家」と称された。

松平家の白河時代には、家老をつとめ屋敷が横町門の近くにあった。

白河市内の妙関寺には大服部家の「服部半蔵正賢《まさかた》」と妻の「清愛院殿日浄大姉」の墓がある。

また、小服部家の墓は松平家の菩提寺であった常宣寺に、「星梅鉢」が刻まれた、正賢の次の当主正禮《まさひろ》の妻の墓がある。常宣寺から南方に通じる坂をのぼっていくと、通称「山の寺」と呼ばれる黄檗宗龍興寺のすぐ向かいに、「服部正統《まさむね》」「服部正言《まさこと》」「服部正賀《まさよし》妻」の三基の墓がある。

このように、白河と忍者として有名な「服部半蔵」とはゆかりが深いのである。

なお、服部半蔵家の最後の当主正義は、戊辰戦争の際に桑名藩主松平定敬にしたがい各地で戦った後、明治二年（一八六九）三月十六日に白河を訪れている。

正義の「日記」には、

「白河に入ると鹿嶋神社に遥拝し、「山形屋」で草鞋を脱いだ後に、関川寺と常宣寺に参詣。それぞれ、二〇〇疋と一〇〇疋の御茶湯料を供えた。」

とある（『しらかわ観光ガイドブック』「服部半蔵　白河に参上！」安司弘）。

小服部家の墓

正賢・大服部家の墓

これも白河

白河のお茶文化と和菓子

松平定信は茶の湯の関心が高く、『茶道訓』や『茶事掟』などの茶道に関する著書を残している。そのなかで定信は、作庭の思想と同様に「質朴」・「質素」といった、華美でなく自然でありのままを重要視する茶道の理念を記している。定信の茶の湯の理念は共楽亭や蘿月庵などの茶室に受け継がれている。定信のつくった南湖の一角には現代になってからつくられた翠楽苑《すいらくえん》という日本庭園があり、そこにも松楽亭《しょうらくてい》と秋《しゅう》水庵《すいあん》という茶室がある。

定信が産業振興策として奨励した茶の栽培は残念ながら白河には根付かなかったが、白河城下では茶道がさかんとなり、それにともない優れた和菓子がつくられるようになった。

文久三年（一八六三）創業の「玉家」は白河藩御用達の老舗の和菓子店であるが、白河にはその他にも多数の和菓子店があり、高いレベルの味を競いあっている。

白河の茶道文化

玉家

玉家

玉家の和菓子

これも白河

定信の別荘桜山

白河城の西の小高い丘に桜山というところがあった。この地からは、眼前に阿武隈川の清流が、さらに東方には白河城が望める風光明媚な場所であった。定信がこの地に別荘をつくり、風景を楽しみながら茶を喫したという。

定信のこの別荘については、『白河風土記』などに記録があり、「一遊亭」「桜山御茶屋」と呼ばれていた。別荘の周囲には「南殿」という八重桜を植えさせ、丘の下には桃を植えさせたので、あたかも桃源郷のようであったと伝えられている。

もともと別荘のあった金勝寺山付近は松・桜・紅葉の樹があり眺めがよかったので、定信は「一遊亭」の額を掲げ、家臣やその家族に開放していた。この桜山に対して城の東方の「羅漢山」には紅葉を植えさせ、「一予亭」をつくっている。

定信は桜山に自ら詠んだ和歌

「春ごとに夢の胡蝶となりたてに　桜の山の花をとはまし」

の歌碑を建てたが、文政六年（一八二三）に桑名に転封する際、天神町の庄屋藤田家に払い下げた。この歌碑は現在南湖公園内に移されている。

明治二十三年（一八九〇）、定信を敬慕していた旧会津藩家老の山川浩がこの別荘を買い取り移り住んだ。東京の生活や仕事の上のことで疲弊した心身を癒すためとも伝えられている。この別荘には松平容保をはじめ旧会津藩士たちが訪れていたらしい。浩は明治三十一年に亡くなるまで白河の住人だった。浩はことのほか桜山への愛着、思いが深く、戒名に「忠烈院殿靖誉桜山大居士」として「桜山」を入れるほどだった。

のちに、松平容保の六男で秩父宮の勢津子夫人の父である松平恒雄（宮内大臣）が揮毫した「櫻塚」の碑が桜山に建てられている（『遺跡の位置と歴史環境』佐川庄司より）。

桜山現況

山川浩著、高木盛之輔（山川浩の弟健次郎と同年の白虎隊士）編『さくら山集』（明治35年）より桜山実景（会津若松市立会津図書館蔵）

第五章 幕府崩壊と戊辰戦争

藩主なき特殊な状況下、戊辰戦争に巻き込まれて戦場となる。

1

阿部家の出自と入部

白河藩最後の藩主をつとめた阿部家は、歴代六人もの老中を輩出した譜代大名の名家であった。長く関東の要衝・忍を支配し、十代正権の時、白河十万石に入封。御家存続の危機を本家と一族をあげてのりこえ、幕末までの四十三年間藩主をつとめた。

阿部家の出自

阿部家は徳川家に仕えたもっとも古い家臣であり、「三河安祥《あんじょう》以来★」の譜代の直臣の家柄である。

先祖は藤原道兼《みちかね》★の末流で、後代になって姓を「阿倍」と改め、家号を「阿部」と称するようになったと伝えられている。阿部家は徳川家康の祖父の代から徳川家に仕え、家康が竹千代と名乗り、織田家と今川家の人質となっていた時期にも側近くに仕えていた。阿部正俊の子正宣が家康の祖父松平清康とその子広忠に、正宣の子正勝は家康にそれぞれ仕えた。

天文十六年（一五四七）、正勝は家康が人質として今川に行く際には、家康と同じ駕籠に乗っていったと伝えられている。家康と二歳年長の正勝は主君と家臣の

▼三河安祥以来
「安祥譜代」ともいい、文明年間の三河国安祥城攻略から、松平清康（徳川家康の先祖）が岡崎に移るまでに家臣となった者。徳川氏の譜代家臣団の中枢となり、徳川氏発展の基礎を築いた。

▼藤原道兼
平安中期の貴族。藤原兼家の子で、道隆（兄）・道長（弟）と同母の兄弟。

関係ではあったが、きわめて親しい間柄であったといえる。永禄三年（一五六〇）桶狭間の戦いで今川義元が織田信長に敗れたため、家康とともに正勝も三河に帰った。その後正勝は、長篠の戦い・小田原の役など諸処の戦場で徳川家のために戦い、数々の武功をあげている。本能寺の変の際の「神君伊賀越え」にも従っている。この正勝の長子正次が大名に取り立てられて白河藩阿部家の宗家となる。正次の福山藩（広島県福山市）阿部家は幕末まで続くが、正勝の二男の忠吉が白河藩阿部家の祖となる。忠吉は元亀元年（一五七〇）三河に生まれ、天正十四年（一五八六）遠江国横須賀（現静岡県掛川市）城主大須賀康高の娘婿となる。忠吉は同十八年の小田原の陣で北条氏邦の軍勢を破り、一番槍の武功を立てている。これにより家康から千石を与えられ、のちには五千石加増され、大番頭となる。その後、家康、秀忠、家光の三代の将軍に仕えている。

この忠吉の長子が忠秋である。忠秋は江戸に生まれ、幼名は小平次と称したが、のちに正秋と名乗る。将軍秀忠より一字を賜り忠秋と改名する。

家光の小姓として仕え、寛永三年（一六二六）に旗本から大名に取り立てられた。寛永十年八月三日、家光が品川で旗本の馬揃えを上覧した。この時、忠秋は樺色の羅紗地に鮮やかな猩猩緋《しょうじょうひ》の水玉を縫いつけた陣羽織を身につけて評判となった。この陣羽織は今も残っている。

有能で家光の信頼の厚かった忠秋は、宗家の阿部重次や知恵伊豆と称された松

阿部正勝筆「寶」
（小峰城歴史館蔵）

忠秋所用「樺色羅紗地水玉文様陣羽織」
（小峰城歴史館蔵）

平伊豆守信綱らと六人衆（若年寄）となり、幕政を運営した。その後、宿老並となり下野国壬生二万五千石の城主（城持大名）となり、寛永十六年、武蔵国忍城の城主として五万石を与えられた。忍城は、小田原城・岩槻城・佐倉城・川越城とともに「老中の城」と称される重要な城であった。さらに八万石に加増された阿部家は、これより文政六年（一八二三）白河に転封となるまでの百八十四年間忍を支配することとなる。

忠秋は老中となり幕閣で重きをなし、三十一年間の長きにわたって幕政に参画した。忠秋は家光を支えながら、幕府中枢のひとりとして幕藩体制の確立とその安定化に大きな功績を残した。外交政策では、キリシタン禁制と貿易の統制のためのポルトガル人の来航禁止、内政では、田畑永代売買禁止令を出したり、正保諸国国絵図・城絵図の提出を命じたりという、重要な政策にかかわっている。同じ時期に幕府の重鎮であった、才気煥発な松平信綱とは対照的に、忠秋は温厚篤実な人柄で家光をはじめ人々の信望が厚かった。

慶安四年（一六五一）四月に家光が死去し、長男の家綱が四代将軍に就任すると、幼い家綱を補佐して、慶安の変★や浪人問題、明暦の大火などによく対処した。

寛文五年（一六六五）三月、病気により老中の月番★および評定所への出座を免じられ、翌年老中職を辞任している。その後、九年間病と闘いながら江戸と忍を幾度か往復したが、延宝三年（一六七五）五月三日、麻布下屋敷で没する。享年

忍城（埼玉県行田市）

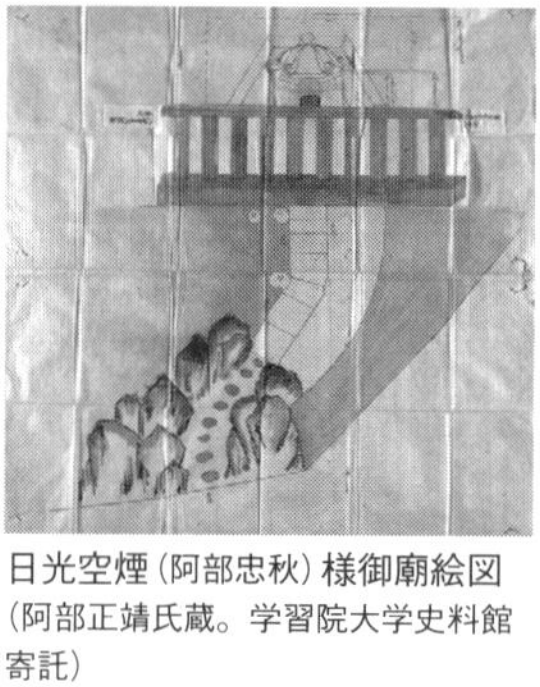

日光空煙（阿部忠秋）様御廟絵図（阿部正靖氏蔵。学習院大学史料館寄託）

▼慶安の変
由井（比）正雪の乱ともいい、慶安四年（一六五一）に、駿河生まれの兵学者由井正雪が牢人丸橋忠弥らと企てた幕府転覆未遂事件。

は七十四。

忠秋は家光への忠心が深く、死後も家光に仕えるために家光の埋葬された日光の大猷院御霊所の境外へ分骨させ、さらに外国から江戸城を守るためにと、品川沖にも遺骨を沈めさせている。

松平定信は忠秋を尊敬し、「阿部豊後守忠秋は、忠をもっぱらとして人の善を好めり、物いわずして信有、語らずして徳あり（中略）案ずるに忠秋の賢徳、その事跡多く世に伝ふ、細川武蔵守入道常久以来の執権なり」とし、政治家として高く評価している。

忠秋以後、三代正能《まさよし》、四代正武《まさたけ》、五代正喬《まさたか》、六代正充《まさちか》と、藩主が五代連続で老中となり、その後間を空けるが十六代の正外《まさと(う)》も老中となり、本家の福山藩阿部家と同様に、六人もの老中を輩出して幕政に重きをなした。

藩主が老中となると、家臣の多くが江戸詰となり、幕府の行政機構の官僚（役人）となる。阿部家は老中を出していない譜代大名と比較すると、江戸詰の藩士の人数の割合が高い。七〇〇から八〇〇名の藩士のうちほぼ半数が江戸詰であった。そのために伝統的に阿部家の藩士は幕府の行政にかかわることが多く、それが藩政にも影響を与えていたと考えられる。その一方で、江戸詰藩士の経費が莫大で、藩の台所は恒常的に苦しい状態に置かれたと考えられる。

七代藩主正敏《まさとし》も歴代の阿部家当主のように老中就任をめざして幕閣への働きか

▼月番
御用番ともいい、同一役職に複数の担当者が、一カ月交代で勤務すること。

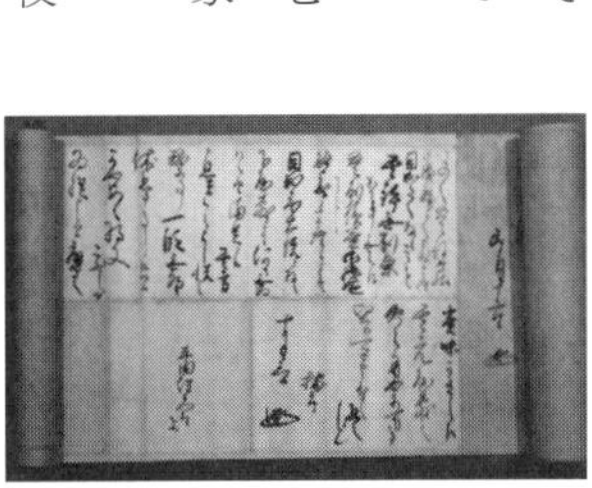
三代正能自筆書状集巻（小峰城歴史館蔵）

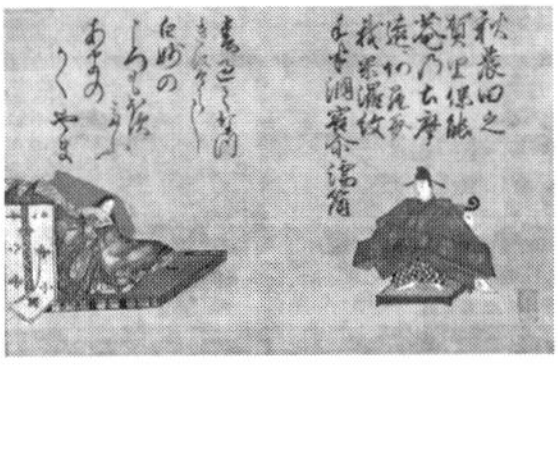
五代正喬筆「天智・持統天皇歌仙絵」（小峰城歴史館蔵）

四代阿部正武筆「葦葉達磨図」（小峰城歴史館蔵）

けをおこなったりして、さらに藩財政を悪化させた。しかし、正敏は老中になる前に大坂城代在任中に急死してしまう。

その後を継いだ八代藩主正識《まさつね》は、幕府内での出世を望まず、藩財政の立て直しをめざした。それまでの藩風を一新すべく、家臣に対しては厳しい倹約令を出し、正敏が建立した忠秋を祀るお宮の取りこわしを命ずるなどの改革をおこなった。しかし、領内の荒川の氾濫や旱魃《かんばつ》により損耗高が大きくなり、ますます財政は窮乏する結果となってしまった。

白河入封の背景

松平定信が引退した後、嫡子の定永《さだなが》が藩主となった。その定永が、房総警備のために佐倉（千葉県）への転封を幕府に願い出ていたが、幕府は忍への転封を打診してきた。しかしこの転封は成立せず、結果的に白河の松平家は先祖の領地である桑名へ、桑名の松平（奥平）忠堯《ただたか》が忍へ、忍の阿部正権《まさのり》が白河へ、という三方所替となった。

この所替でもっとも得をしたのは、松平（久松）家で、念願だった豊かな旧領へ、しかも房総警固の役は免じられている。松平（奥平）家は不本意な転封であり、もっとも不利益を被ったのは、収入が半減した阿部家である。阿部家はお家

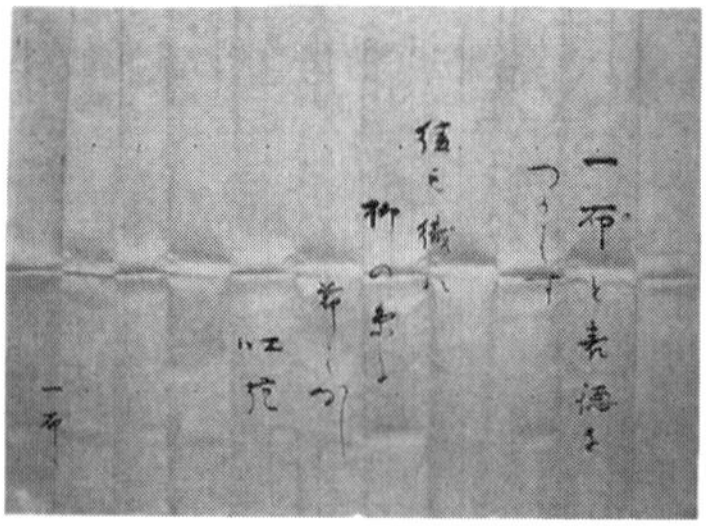

七代正敏筆俳句（小峰城歴史館蔵）

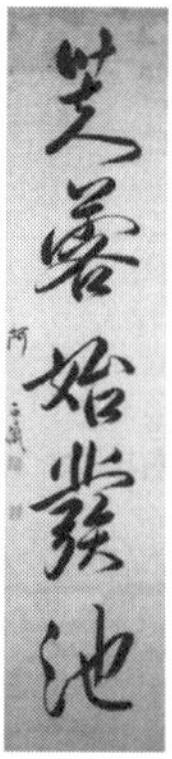

八代正識筆「五言詞（芙蓉始發池）」（小峰城歴史館蔵）

の事情もあり、お家存続の最大の危機を迎えるのである。

当時阿部家の当主は、正権であったが、重病のために将軍への拝謁もかなわない状況であった。阿部家は一族を集めて、当主正権が不治の病のため回復の見込みなく、このままでは幕府へのご恩に報いる奉公ができないので、領地返上も覚悟の上で養子願いを提出することにした。

阿部家の本家である福山藩主で老中の阿部正精の応援もあり、この養子願いが認められた。阿部家は、紀州徳川宗将《むねのぶ》の五男頼興の子頼矩（十一代正篤）を養子として迎え、やっとお家存続を果たしたのである。しかし、この直後に正精は老中を辞任している。

病弱な正権は、阿部家が養子願いを幕府に提出した時点で亡くなっていた可能性が高い。江戸初期の頃であれば阿部家は改易されたであろうが、この時代には幕府の処分も緩和されていて、阿部家は左遷的な転封で赦されたのであろう。

阿部氏家譜

（宗家）阿部正勝《まさかつ》

正次《まさつぐ》

（家祖初代）忠吉《ただよし》
［忍城主］（藩祖二代）老中 忠秋《ただあき》
（三代）老中 正能《まさよし》
（四代）老中 正武《まさたけ》
（五代）老中 正喬《まさたか》
（六代）老中 正允《まさちか》
（七代）正敏《まさとし》
（八代）正識《まさつね》
（九代）正由《まさより》

（十代）正権《まさのり》
（十一代）正篤《まさあつ》
（十二代）正暸《まさあきら》
（十三代）正備《まさかた》
（十四代）正定《まささだ》
（十五代）正耆《まさひさ》
（十六代）老中 正外《まさと(う)》
（十七代）正静《まさきよ(しず)》
（十八代）正功《まさこと》

＝は養子

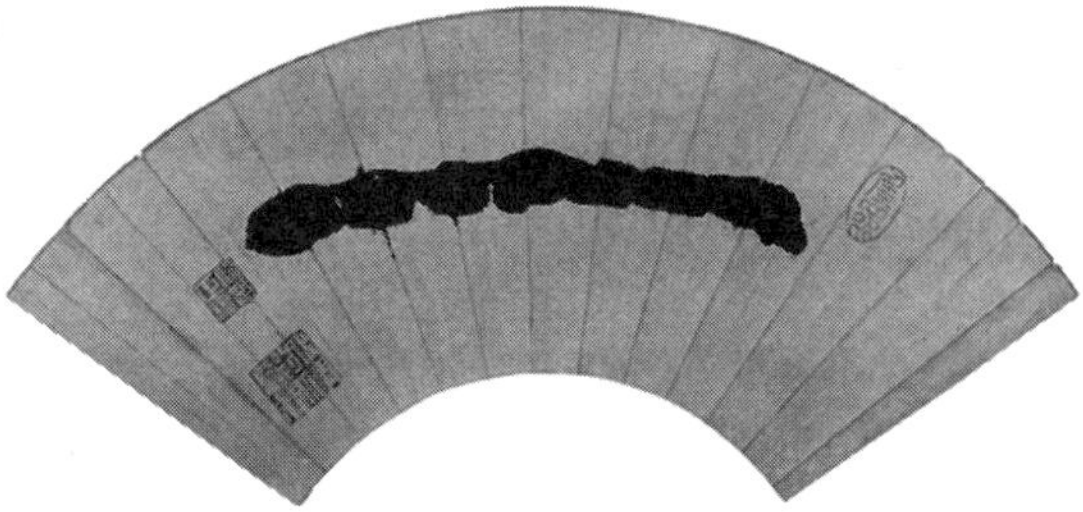

阿部正権筆「一字扇面」（小峰城歴史館蔵）

幕府の動向や世相を記録した『藤岡屋日記』（神田の古本屋藤岡由蔵著）によると、阿部家は正権の死を隠し、養子が決まるまで正権の身代わりを立てていたことが露見し、このために阿部正精は老中を辞職しなければならなかったとしている。阿部家は本家と一族をあげて御家断絶の危機を乗り切ったのである。

忍藩時代の阿部家菩提寺・大長寺本堂

白河藩時代の阿部家菩提寺・常宣寺（浄土宗）

棚倉藩時代の阿部家菩提寺・蓮家寺山門

江戸の阿部家菩提寺・西福寺
（東京都台東区蔵前）

② 藩財政の窮乏

幕府は貨幣経済が進むと、しだいに財政的に窮迫するようになり、やがて諸大名から家臣まで武士階級すべてが困窮していくことになる。その上、転封による減収、たびかさなる飢饉に見まわれ、さらなる財政難に苦しめられた。

借金の増加

徳川幕府ができて二百年もたつと、さまざまな幕政の矛盾が顕著になってくる。本来自給自足を建前とし、米を基本とする経済のしくみが、しだいに貨幣経済の発達とともに崩れてくる。どこの大名もその家臣も、収入が決まっているにもかかわらず、物価の上昇や暮らしの変化により支出が年々増大する。そのために、武士階級全体が困窮するようになっていた。そんな時期の転封で、阿部家は家中の移転費用、城受け渡しの経費などがかさなり、京・大坂などの商人から借金をしなければならなかった。

さらに、生産力の高い関東の忍から奥州白河への転封によって阿部家は、約五〇～六〇パーセントの減収となった。阿部家は急場をしのぐために、借入金・才覚金を歳入に入れ、さらに家中の俸禄を下げ、足軽の人員整理、父子勤めの場合の子の休役などをおこなわざるを得なかった。また、白河藩分領の豊かな土地との村替え、込高《こみだか》増を幕府に働きかけた。

阿部家は忍時代から、大坂城代や京都所司代などを務めたこともあり、上方の銀主との関係が強かった。転封によって困窮した財政を立て直そうと、上方の金融業者に交渉をおこなった。そうして、従来の借金の返済の破棄を承諾させ、あらためて未払い元利金を無利子・長期返済にしてもらったのである。

面扶持と天保の飢饉

藩財政の困窮により藩では財政の再建策を講じねばならなかった。通常の倹約程度ではどうにもならず、根本的な見直しが必要となった。そのために家臣への宛行《あてがい》には知行・扶持米・切米・切符金などがあったが、これらの大転換に迫られた。阿部家では忍時代にすでに半知借り上げ★がおこなわれていたが、転封にともないさらに家臣への俸禄の支給は減じられた。それでも藩財政は困窮し、幕藩体制の根幹をなすといわれる身分制度の崩壊をも懸念される面扶持《めんぶち》という、家臣にとって過酷な非常手段をとらざるを得なくなってくる。

家臣の家禄は身分と格式に応じて支給される米・金を、家族の人数に応じて身

九代正由筆和歌短冊「折花」（小峰城歴史館蔵）

▼半知借り上げ
財政の窮乏した藩が、家臣の俸禄の半分を借りるという形で削減すること。

分の上下なく平等に支給する方法（面扶持）に変更された。それでもたびかさなる凶作のために藩財政はますます困窮していく。

阿部家の白河における治世は四十三年間であったが、じつにその半数以上の二十五年間が凶作であった。そのなかでも最大のものが天保の大飢饉であった。天保四年（一八三三）の飢饉は、東北・関東・中部地方と広範囲であった。その後、天保七年、九年も凶作であった。

これらの飢饉の際に、藩の御用達商人たちが、領内の困窮者に対して救恤《きゅうじゅつ》米金★をほどこしている。藩は、常松次郎衛門、常松栄右衛門、常盤彦之右衛門、川瀬作右衛門、向井平左衛門らの御用達に救済を要請した。

藩の要請にこたえ、それぞれの商人は、米や銭をほどこしたり、貸し付けをおこなったりしている。また、施粥《せがゆ》として、中町の問屋常盤彦之助は、天保七年十月下旬から翌八年の四月まで、一日に五〇〇人から八〇〇人に粥をほどこした。一釜に粥米五升・麦五升・大豆五升・水五升を使用し、朝の八時から昼の十二時までの間にほどこしている。藩もお手当米、稗、種籾の貸し付けなどをおこなっている。

白河藩が天保の大飢饉に際して、打ちこわしや一揆騒動、餓死者などの犠牲を最小限にとどめることができたのは、御用達商人や有徳者の協力があったからである。また、定信時代からの囲穀蔵制度による穀類の備蓄があったからでもある。

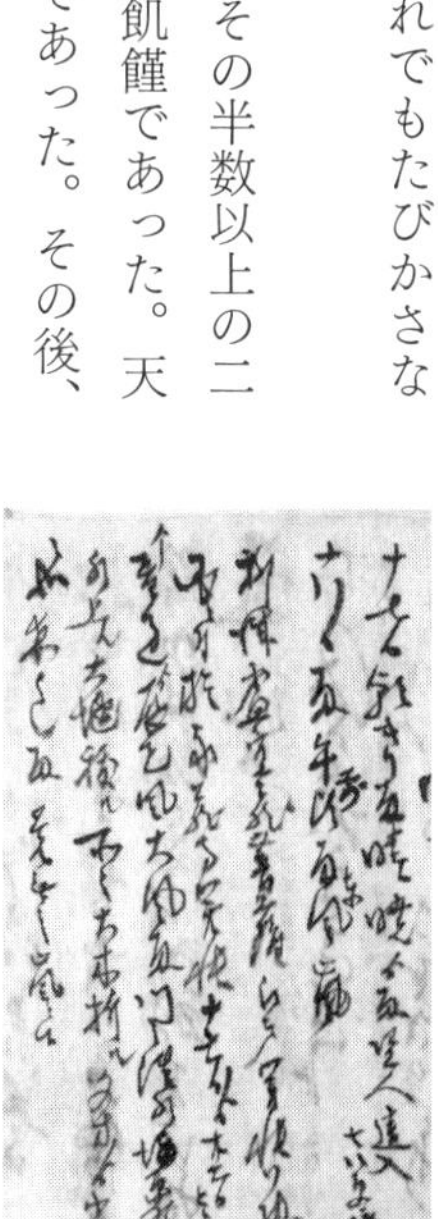
川瀬家文書
（天保七年七月十七・十八日部分）

▼救恤米金
飢饉などで困窮した者へ与える救済のための米や金。

十二代正瞭筆「菊図」
（小峰城歴史館蔵）

③

阿部正外と兵庫開港問題

きわめて有能だった旗本阿部正外は白河藩阿部家に入り、短期間で出世し外国掛の老中に任じられた。開明的な考えの正外は藩政を近代的に改革し、外交方針としては開国を進めようとした。長州征討や兵庫開港問題等、国難に奔走するが、その結果は思いもよらぬものだった。

旗本時代の阿部正外

阿部正外《まさと》は、阿部家の分家である旗本（三千石）阿部正蔵の三男として生まれた。長兄誠一郎が先に白河藩阿部家の養子となったが死去。次兄津次郎は須田家の養子に入っていたことから、正外が家督を継いだ。その頃大老井伊直弼は公武合体をはかるために、十三代将軍家茂に孝明天皇の妹、皇女和宮の降嫁を朝廷に要請していた。京都所司代の酒井忠義の補佐役として親戚筋の正外を抜擢し、禁裏附とした。

文久元年（一八六一）十一月和宮が無事江戸に到着すると、正外は和宮降嫁御用掛を免じられ、すぐに神奈川奉行に任命され、列強諸国との外交に苦慮することとなった。翌二年には外国奉行兼任となる。正外の在任中に、薩摩藩の国父島

阿部正外
（『國事鞅掌報効志士人名録　第壱輯』より）

津久光と英国との間で生麦事件が起こる。

幕府に政治改革を承認させて江戸から上洛する帰途、久光の一行が神奈川宿近くの生麦村で英国人を殺傷する事件が起きた。外国奉行だった正外は、久光一行に対して小田原宿に止まるように指示を出すが、久光は無視して京に向かってしまう。英国代理公使は下手人の処罰と遺族救助金・英国政府への償金と謝罪を幕府に要求してきた。

この難局に将軍家茂は上洛中で留守であった。江戸に残された老中だけでは処理できずに苦慮していた。その頃上方にいた徳川慶篤、一橋慶喜、小笠原長行を将軍の代わりに江戸に下向させ、この問題の処理にあたらせた。長行の判断で、一〇万ポンドの償金を英国に支払うことを約束した。これにより日本と英国は戦争とはならず、一応、江戸市民は安堵した。この問題の処置については正外も賛成であった。

老中阿部正外と兵庫開港問題

白河藩阿部家十五代正耆《まさひさ》が急死した。幕府は正外を幕閣に登用する考えから、正外を正耆の養子とし、白河藩主を継がせた。正外はさっそく奏者番兼寺社奉行に任命されると、わずか二日後には老中に抜擢されている。いかに幕府が正外の

浮世絵「生麦の発殺」
（横浜市中央図書館蔵）

才能を高く評価し、その力を必要としていたかがわかる。

正外は老中として国難に即応すべく、ただちに藩政の改革をおこなった。軍事面では従来の甲州流の軍法を廃し英式銃隊を採用した。それまで一隊だった藩兵を五隊に編成替えし当番と非番に分け、いつでも出動できる体勢をととのえた。

そうした時期に長州征討という問題が起こった。文久三年（一八六三）八月に、尊王攘夷派の公家が京都から追放された「八月十八日の政変」に反発した長州藩が翌年、京都に攻め上り御所を攻撃した。しかし、御所を守っていた会津藩、薩摩藩などに撃退された。いわゆる「禁門の変」である。これにより長州藩に対する第一次征討がおこなわれた。いったんは幕府の処分を受け入れた長州藩ではあったが、藩内の政情が変化して幕府に対抗姿勢をみせたために、第二次長州征討がおこなわれることになった。

元治元年（一八六四）の長州征討の際には、白河藩は軍備を整えて上洛した。五月十六日、正外に率いられた先発隊一九四人が出発した。二十三日には、後続隊七〇二人が大坂に向けて進発。

軍費として藩は、二万二五五〇両を準備した。また、武器としては、小銃のゲベール銃三三二挺、弾四万九八〇〇発、大砲はボート砲五挺・破裂玉五〇〇発を用意した。軍装は、毛織筒袖の上着に山形裁付《たっつけ》★の細袴を着用した。

その後政情は変化し、長州再征はなかなか進まなかった。その上に、諸外国

「摂州神戸海岸繁栄図」
（神戸市立中央図書館蔵）

▼山形裁付
袴の一種でカルサン（筒が太く、裾口が狭い袴）のこと。

（英・仏・蘭・米）は、将軍家茂の上坂を機に軍艦九隻を率いて兵庫沖に投錨し、以前に幕府が約束していた兵庫開港を強要してきた。正外は武力行使も辞さない覚悟で強硬に開港を迫る諸外国と、開港を忌避する朝廷とその意を受けた一橋慶喜らとの間で対応に苦慮する。

開港は時代の流れであり、すでに約束していたことでもあるので、勅許なしで幕府単独で承認することに幕議は決した。

兵庫開港には勅許を前提とする考えの慶喜は、正外とともに外国掛《かかり》の老中として外国との交渉にあたっていた松前崇広《たかひろ》★のふたりの老中を処罰し、開港を阻止しようとして、当時京にいた松平容保と松平定敬とともに朝廷に意見書を提出した。これにより関白から幕府に対して、官位召し上げの上、国元において謹慎するようにとの二老中への処分が示された。当初幕府内では、朝命による老中処分のいわれはないので拒否すべきとの意見も出たが、幕府権力の衰えは明らかであり、結局は受け入れざるを得なかった。

正外の処分はいかにも不当きわまりないものであった。誰もがその困難さから忌避した外務担当の老中として国家の危急を救うために奔走・尽力したあげくのいわれなき処分であった。いかに幕威が凋落したかがわかる。これにより阿部家および正外は不幸な運命をたどることになっていく。

▼松前崇広
松前藩主で幕府の老中をつとめた。慶応元年（一八六五）、同じく老中の阿部正外と兵庫開港を主張し、罷免された。

松前崇広（国立国会図書館蔵）

4

阿部家の転封と白河城

白河藩最後の藩主であった阿部家は、藩主正外の時に兵庫開港問題で処分を受け、棚倉に転封となる。白河には代わりの大名が来ず、二本松藩を城番として、棚倉藩・三春藩・相馬藩・平藩・泉藩などが交代で守備することとなった。白河城は城主不在のまま戊辰戦争を迎える。

阿部家の転封

藩主正外の蟄居《ちっきょ》謹慎、隠居という処分の上に、追い打ちをかけるように隣藩棚倉への転封命令が幕府から出された。阿部家の家督は正外の実子正静《まさきよ》が継ぎ、藩主交替という混乱のなかで、阿部家は棚倉への引っ越しの準備に追われた。動揺は家中、領民ばかりでなく、世情も不穏な状況であった。

慶応二年（一八六六）七月、第二次長州征討のために大坂に出陣していた将軍家茂が二十一歳の若さで死去した。そのため長州征討は中止となり、兵は引き上げた。この長州征討の失敗は幕府側の敗北であり、幕府の権威は著しく失墜した。さらにその五カ月後、公武合体を支持していた若き孝明天皇も没してしまった。

もともと阿部家の望まぬ転封である上、このような世情の状況下で引っ越しは

棚倉城（亀ヶ城）本丸跡

遅々として進まず、阿部家は幕府に転封延期を願い出た。阿部家は数年来の江戸警衛、京都出張により財政的に逼迫している上、破損の目立つ白河城の修復もままならず、引っ越し先の棚倉城下の屋敷も全家臣が入るには十分ではないので準備に時間がかかる、という理由であった。そうしているうちに、阿部家と交替で棚倉から白河へ移ることになっていた松平周防守家（松井松平家）の白河転封は白紙となり、武蔵川越に転封先が変更されてしまった。

その結果、白河城は宙に浮いてしまい、幕府直轄領とされたのである。

城主不在の白河城

慶応三年（一八六七）一月、棚倉城は幕府上使立ち会いのもとで松平家から阿部家に引き渡された。その後八月には白河城の引き渡しもおこなわれた。

八月九日、幕府上使から阿部家家老高松佐兵衛、阿部勘解由《かげゆ》、用人山田為右衛門、才田兵太夫らに高札が手渡された。幕命により白河城を管理することになっていた二本松藩丹羽家から家老井口三郎右衛門が立ち会った。

十一日、白河城の引き渡しが秋涼の晴天のもとにおこなわれた。早朝、阿部家の役人が道場門から入城し、二本松藩の重臣と藩士八〇〇人は大手門から入城した。双方が勢揃いしたところで、城下本町の本陣で待機していた幕府役人が呼ばれ、白河城の引き渡し手続きがおこなわれた。阿部家の者は退出し、以後白河城は幕府の管理下、二本松藩が城番として、棚倉藩・三春藩・相馬藩・平藩・泉藩などが守備することとなった。

棚倉に転封となった阿部家は、その後白河への再封嘆願を幕府に提出している。幕府崩壊の混乱期であり、いきさつには不明の部分が多いが、ともかく慶応四年二月になると、阿部家は白河への転封命令が出されたのであった。

棚倉城は当分阿部家の預かりとなり、白河城はそれまで管理していた二本松藩から二月二十四日、阿部家に引き渡されている。阿部家の家臣も続々と白河に戻ってきていたが、三月に入ると、阿部家の白河再封は突然取りやめとなる。

小峰城址（鈴木写真館蔵）

5 戊辰白河戦争

戊辰戦争でもっとも多くの被害を受けたのは、現在の福島県内にあった諸藩である。会津藩、二本松藩の戦いが有名であるが、奥羽の咽喉と呼ばれた白河でもおよそ百日にわたる戦争で約一〇〇〇名の戦死者が出る激戦が繰り広げられた。

奥羽越列藩同盟

慶応四年（一八六八）三月、九条道孝《みちたか》を総督とする奥羽鎮撫《ちんぶし》使の一行が仙台入りして以来、仙台藩は下参謀世良修蔵《せらしゅうぞう》（長州藩士）たちから会津藩追討の強請と傍若無人の振る舞いを受け苦しみ続けていた。仙台藩は会津藩と戦争をする考えはなく、米沢藩とともに、戦争回避のために会津藩を説得するが、会津藩は容易に応じなかった。会津藩は一応新政府に対して謝罪の姿勢は示していたが、いつ攻撃されても対応できるようにと、武備恭順の態勢を整えていたのである。

同年閏四月十一日、仙台藩領白石において東北諸藩の列藩会議が開催された。ここで会津藩の寛典処分について話し合われ、嘆願書を奥羽鎮撫総督に提出したが、にべなく拒否された。

閏四月二十日に福島で奥羽鎮撫総督軍の参謀であった世良修蔵を、以前から世良に反発心を抱いていた仙台藩士らが襲撃して斬ってしまった。これにより、もはや後戻りのできなくなった東北諸藩は実質的に奥羽列藩同盟を成立させる。

　棚倉藩はこの白石の会議に、家老の平田弾右衛門と用人の梅村角兵衛を出席させているが、棚倉藩が同盟に参加するかの意思表示はただちにはできなかった。平田は梅村を白石に残していったん棚倉に帰る。棚倉藩は他の多くの藩同様、新政府に恭順するか同盟に参加するかで藩論は揺れていた。藩主正静はまだ若く、家督を継いで間もないので、この未曽有の危機にどう対処すべきか、確信がもてなかった。重臣

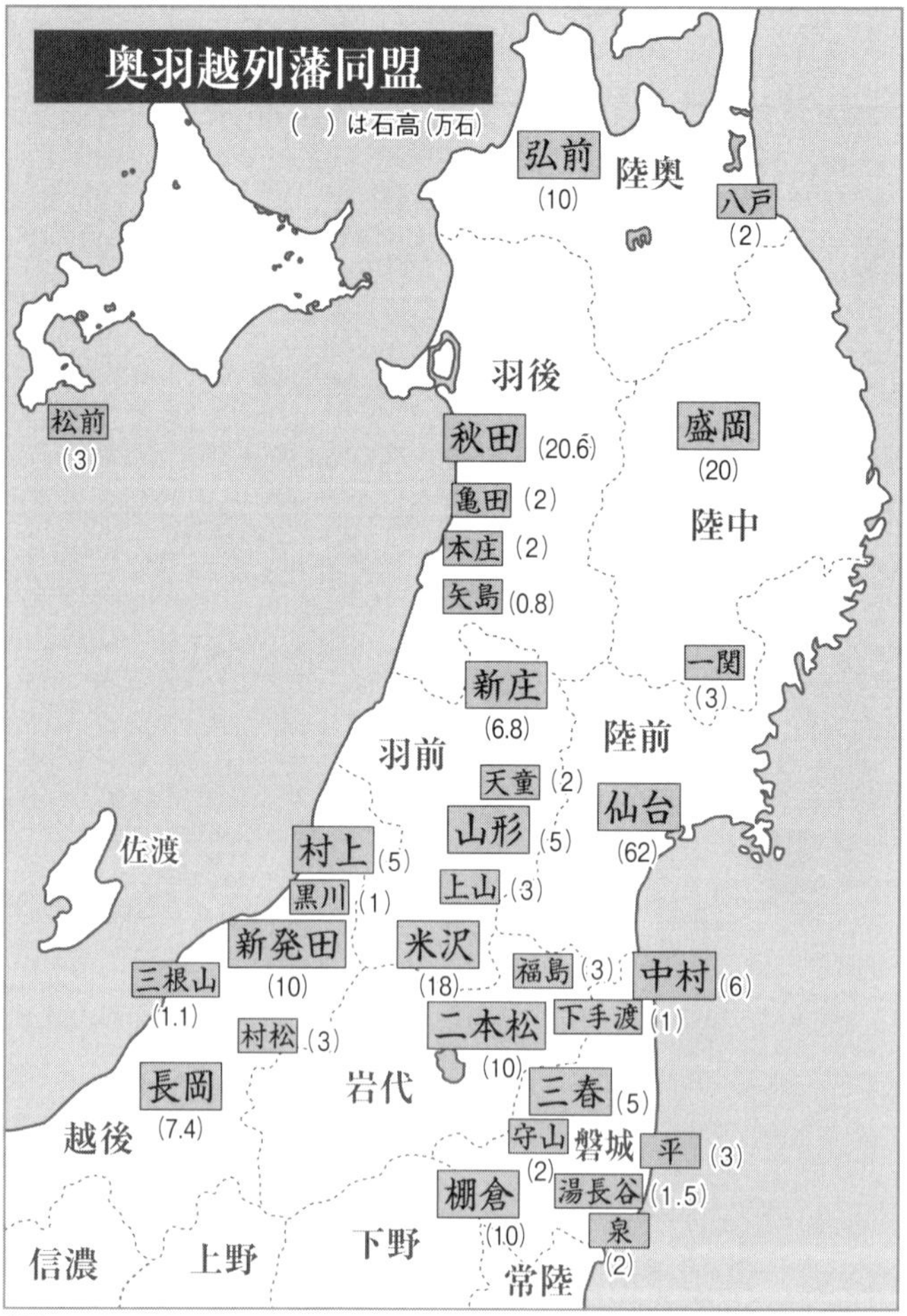

（『戊辰　白河戦争』より作成）

の多くの本音は世の大勢の流れに乗った恭順であったと考えられる。しかし、奥羽における情勢のなかにあっては、その態度を明確にすることもできない。

一方、隠居はしていたがいまだ若年の藩主を後見する立場の前藩主正外は、元幕府老中でもあり、開明派で藩の軍制を洋式に改革したという経緯を考えると、当然新政府に対しては抗戦の意向であったと推測される。この時期、藩内には藩主派の「主党」と正外派の「隠党」というふたつの派閥が対立していたという史料も残されている。

結局、棚倉藩は同盟に参加して、新政府と戦うことに藩論が決する。この後、棚倉藩阿部家は、戊辰戦争の戦中・戦後にわたって正静と正外は別行動をとることになり、この藩内の対立は阿部家全体の行末にも大きな影を落としていく。

五月一日の戦い

白河は奥羽の咽喉《いんこう》と呼ばれ、東北の関門であり、奥羽列藩にとっては戦略的に最大の要地である。白河が新政府軍に破られれば、一挙に奥羽の深部へと侵入されてしまう恐れがあった。

領主不在の空き城の白河城は、仙台・棚倉・二本松・三春・泉・湯長谷の各藩兵が奥羽鎮撫総督の命により守備していた。奥羽列藩同盟の成立直前の閏四月二

白石城
(白石市・蔵王町提供)

奥羽越列藩同盟軍旗章
(宮坂考古館蔵)

阿部正静
(国立国会図書館蔵)

十日、会津藩が白河城を攻撃した。本気で戦う意志のない守備兵は形ばかりの戦闘をした後、すぐに城を焼いて退去し、なんなく会津藩が白河城を占拠した。

閏四月二十五日、奥羽列藩同盟が実質的に成立し新政府軍に徹底抗戦することとなった奥羽諸藩と会津藩が守備する白河に、新政府軍が攻撃を加えてきた。この最初の戦闘は奥羽諸藩の勝利に終わる。戦いに敗れた新政府軍は白河南方に兵を集結させた。薩摩藩、長州藩、大垣藩、忍藩のおよそ七〇〇の兵。これに対して同盟軍は、会津藩、仙台藩、棚倉藩、旧幕府兵、新選組など約二五〇〇であった。

会津藩の兵数はおよそ一〇〇〇名で、各隊長は鳥羽伏見戦以来の歴戦の勇士であったが、指揮官に不安があった。総督の西郷頼母はもともと非戦派であり、戦闘経験がない。副総督の横山主税《ちから》は欧州へ留学した若きエリートであったが、こちらも戦闘経験はなかった。仙台藩の指揮官も同様であった。

阿部家は隣藩で旧領ということもあり、なんとしても白河は死守しなければならなかった。筆頭家老の平田弾右衛門を総指揮として、およそ三〇〇の兵が家老の冨加須庄兵衛の一隊と中老の高木与兵衛の一隊に分かれて白河に入った。別動隊として藩主一族の血を引く阿部内膳（物頭四百石）

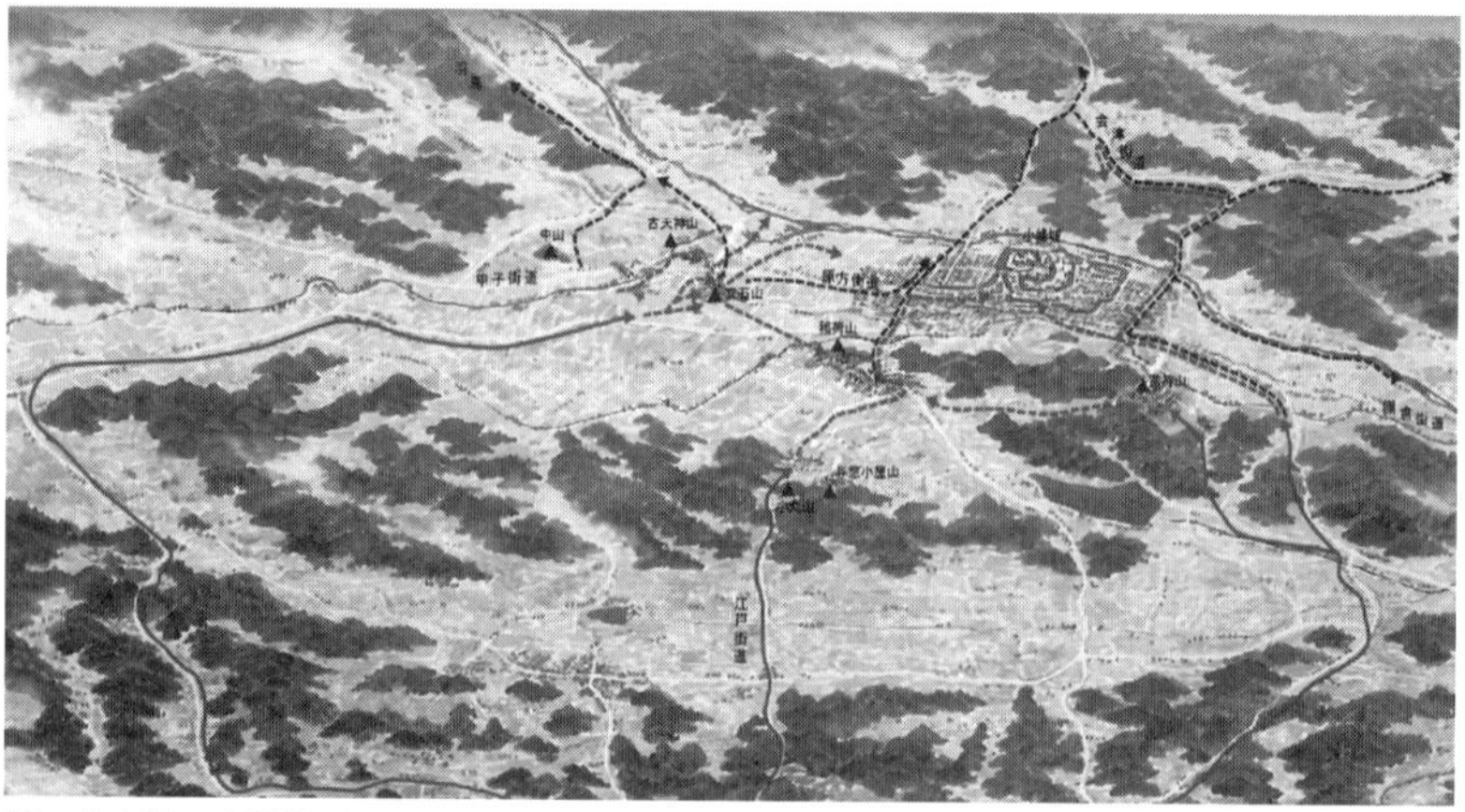

第二次白河口攻防戦（イラスト／香川元太郎）

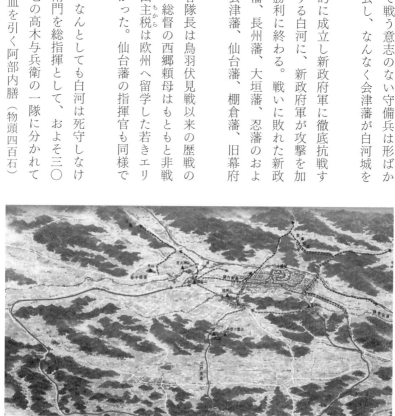

率いる「十六ささげ」と呼ばれた、頑なに古来の軍装にこだわった兵たちもいた。
同盟軍は、白河城を本営として、城下に入る三つの入口を三隊に分けて守備した。戦闘経験の豊富な新選組の斎藤一や旧幕府兵が、防御線を広く設け、探索方を南方へ派遣する態勢をしくように提案したが、首脳部はとりあげなかった。一方、新政府軍は兵を中央隊、右翼隊、左翼隊の三隊に分け、同盟軍の守備する三つの入口を攻撃する作戦をたてた。

五月一日（太陽暦の六月二十日）、三隊のなかでもっとも早く白坂の本営を出発した薩摩四番隊長川村純義《すみよし》が率いる右翼隊は、城下東方の棚倉口を激しく攻撃してこれを破る。新政府軍兵士が城下南方の丘陵地帯に侵入し、ここから攻撃してきた。西方の立石山の陣地は午前十一時頃に新政府軍が占拠した。膠着状態だった南方の稲荷山の陣地でもしだいに新政府軍が優勢となり、背後からも攻撃を受けるようになると、ここの同盟軍は孤立してしまう。やがて包囲されて全滅の危険が出てきた。その救援に白河城の本営にいた副総督の横山主税が手勢を率いて稲荷山に駆けつけようとしたが、途中で銃撃されて戦死してしまう。同盟軍はまもなく総崩れとなり、正午過ぎには新政府軍が白河城に入り、錦旗を立てた。

敗北した同盟軍の被害は甚大であった。会津藩の戦死者は、副総督の横山以下二二二名。仙台藩は八二名、棚倉藩は一八名、その他旧幕府軍と新選組など合わせて六八二名が、この日一日で戦死した。これに対して新政府軍は、薩摩藩六名、

西郷頼母（会津武家屋敷蔵）

横山主税
（白虎隊記念館蔵）

斎藤一家族写真（左から二人目が斎藤一。個人蔵。福島県立博物館寄託）

大垣藩三名、長州藩一名、黒羽藩一名その他あわせて一三名の戦死者であった。
戊辰戦争中、一日の戦死者数としては最大の戦死者が出た激戦であった。

同盟軍の白河奪還戦

新政府軍に勝る兵数を有していたにもかかわらず大敗した同盟軍は、これ以後決着のつくまでのおよそ三カ月間、白河城の奪還戦を続けていく。新政府軍は白河城を占拠したといってもわずか七〇〇名ほどの兵で守備していただけであり、すぐには奥羽奥地への侵攻はできなかった。

同盟軍は五月一日の敗戦以後、兵力の立て直しをはかる。

会津藩はいったん会津藩領の三代《みよ》まで撤退し、会津若松からの応援部隊を待ち、軍を再編成した。仙台藩は本藩からの増援兵と福島にあった兵とをあわせ、須賀川まで進出した。

さらに会津藩兵と二本松藩兵とをあわせて矢吹を本営とした。棚倉方面では、棚倉藩兵と二本松藩兵と相馬藩兵とをあわせ、金山（白河市表郷）に陣営を築いて他の藩兵と共同する態勢をとった。

白河以外では、五月十五日には上野の彰義隊が新政府軍に討伐された。十八日には奥羽鎮撫総督九条道孝が、沢為量《さわためかず》副総督と合流するために仙台を脱出し盛岡

稲荷山

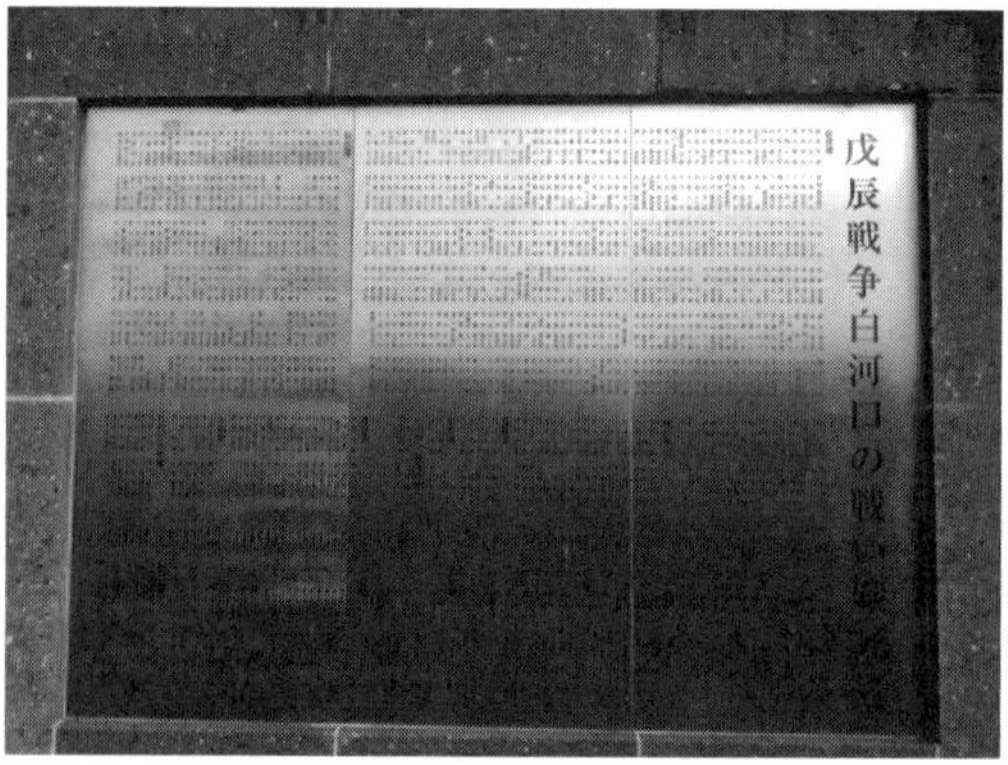

稲荷山の「戊辰戦争白河口の戦い戦死者」の碑

に向かった。十九日には長岡が新政府軍に占領された。二十四日には、徳川宗家を相続した徳川亀之助が駿府に七十万石で封ぜられている。

　ようやく同盟軍も本格的に奪還作戦を実行することになった。二十五日、同盟軍の諸将が須賀川に集まって奪還作戦について話し合った。そうして、五月二十六日、二十七日、二十八日、二十九日と連続して攻撃をおこなった。しかし、同盟軍の兵数は新政府軍に勝ってはいるのだが、足並みがそろわず大きな戦果はあげられなかった。三十日と六月一日については戦闘の記録がないが、数名の戦死者が出

同盟軍の第1次白河奪還計画（5月26日）

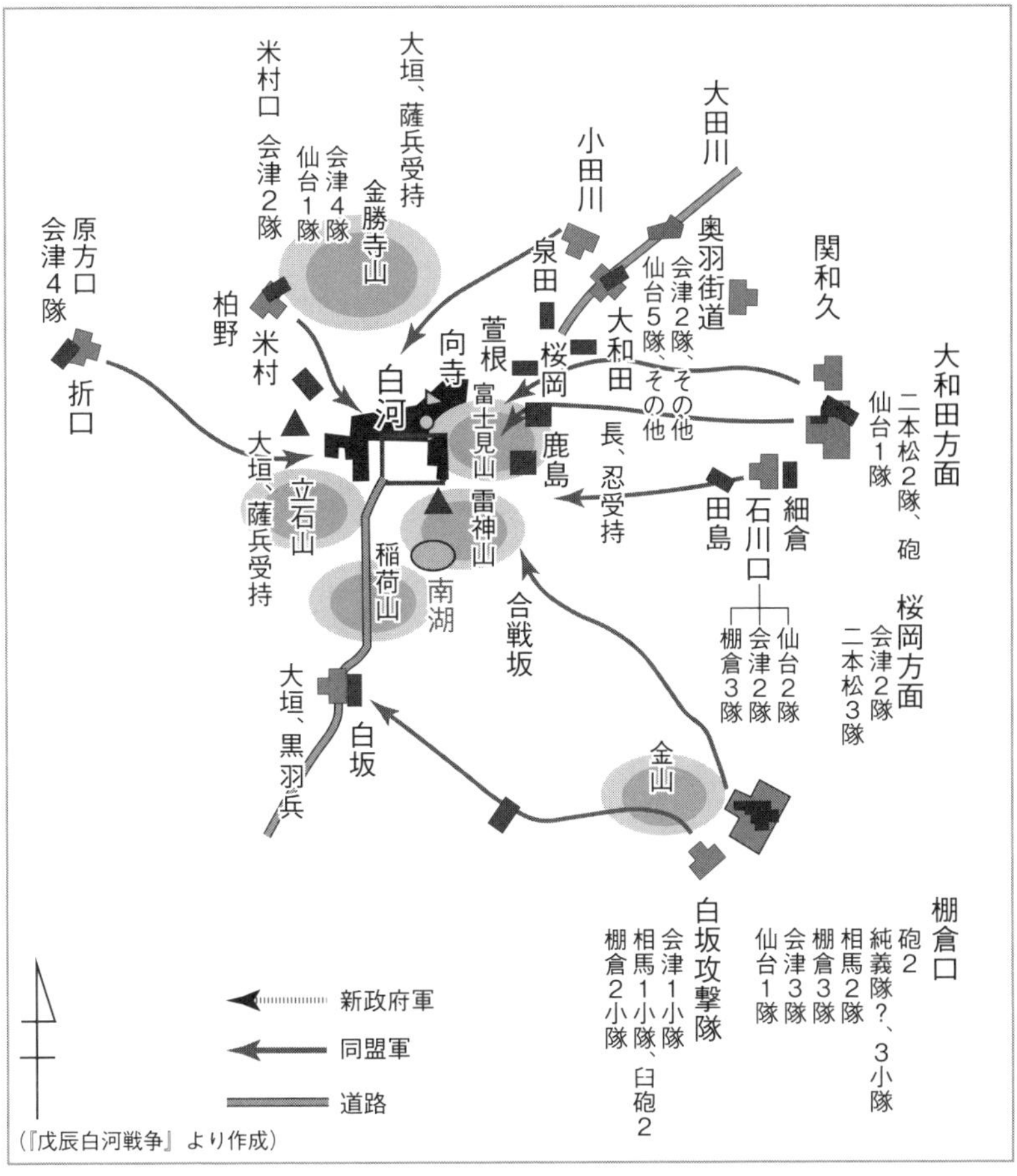

（『戊辰白河戦争』より作成）

ているので小規模の戦闘があったと考えられる。

　六月に入ってしばらく同盟軍の攻撃はなかったが、その間に新政府軍には続々増援部隊が送られてきた。五月二十九日に参謀板垣退助が土佐藩兵を率いて白河に到着している。六日には薩摩藩兵の精鋭部隊と砲隊が到着し、白河の新政府軍は著しく増強された。

　一方、五月の奪還作戦に失敗した同盟軍も、次の作戦に向けて態勢を整える。会津藩の松平容保と容保の家督を継いだ喜徳《のぶのり》は会津街道の福良《ふくら》を本営とし、藩兵の軍事演習を謁見したり、各方面に兵を派遣して偵察させたりしている。

　さらにこの方面の強化のために鳥

同盟軍の第４次白河奪還計画（6月12日）

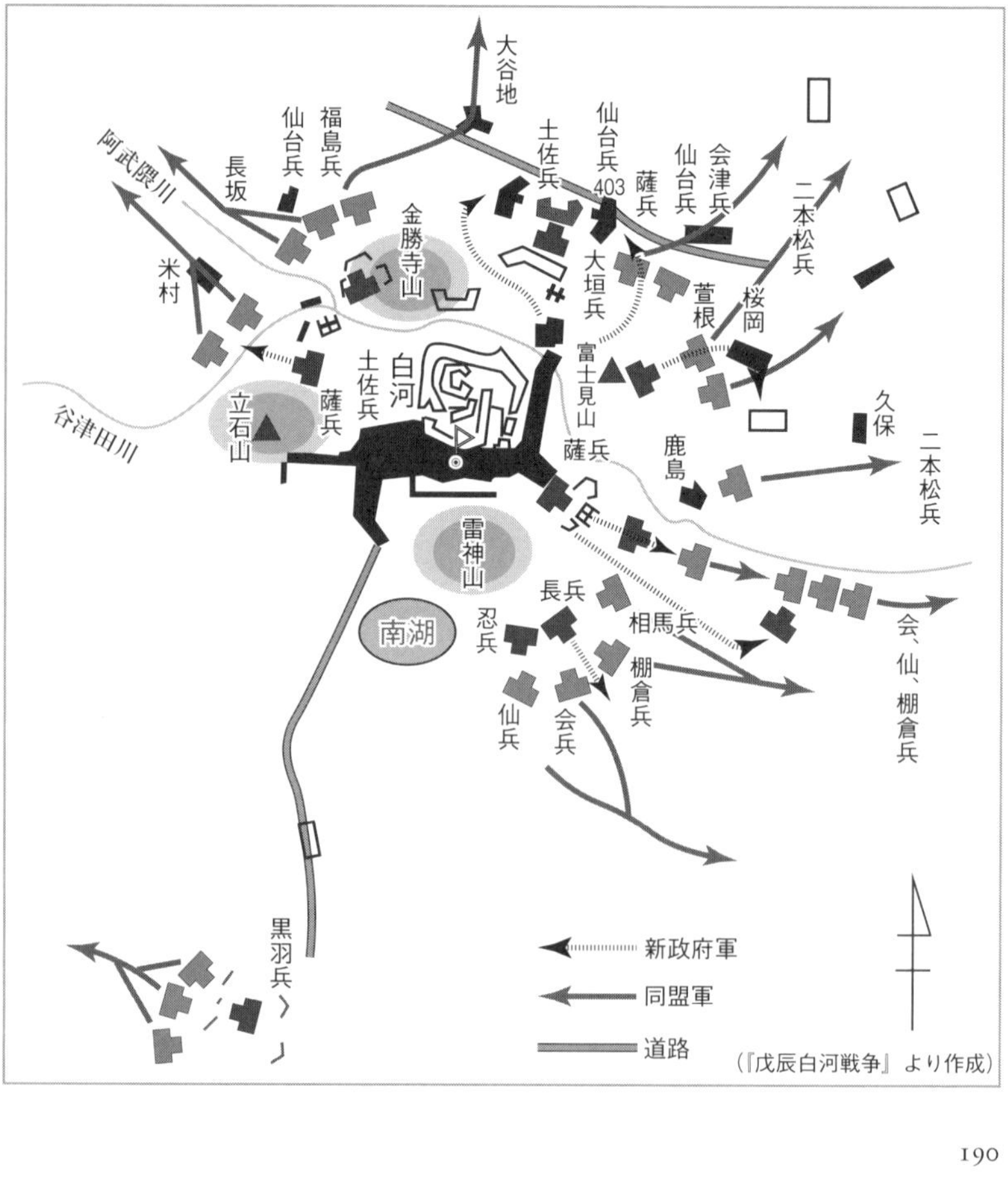

（『戊辰白河戦争』より作成）

羽伏見の戦い以来の豊富な戦闘経験のある家老内藤介右衛門を陣将として配している。新選組も、土方歳三は宇都宮の戦いで負傷した足の傷がまだ癒えず療養中であったが、斎藤一を中心として福良に集結した。

上野戦争の敗戦から逃れてきた輪王寺宮《りんのうじのみや》公現《くげん》法親王《ほうしんのう》が★、平潟から上陸し会津若松に入った。これに従っていた旧幕府伝習隊隊長竹中重固《しげかた》が三〇〇名の兵を率いて福良に出陣してきた。

陣容を整えた同盟軍は、十二日に白河総攻撃をおこなった。この日の戦闘は五月一日以来の激戦であったが、結果はまたしても同盟軍の完敗であった。そうしている間に新政府軍の増援隊一五〇〇名が平潟に上陸し、またたく間に、泉、湯長谷、平を陥落させた。

六月二十三日、東征大総督参謀の鷲尾《わしのお》隆聚《たかつむ》が援軍を率いて白河に入ると、常宣寺で軍議を開き、すぐさま棚倉侵攻を決する。翌二十四日、ただちに板垣退助は八〇〇の兵を棚倉に向けて侵攻した。

棚倉藩は五月一日の白河落城後、棚倉城も危険となり、ま

官軍の棚倉攻撃（6月24日）

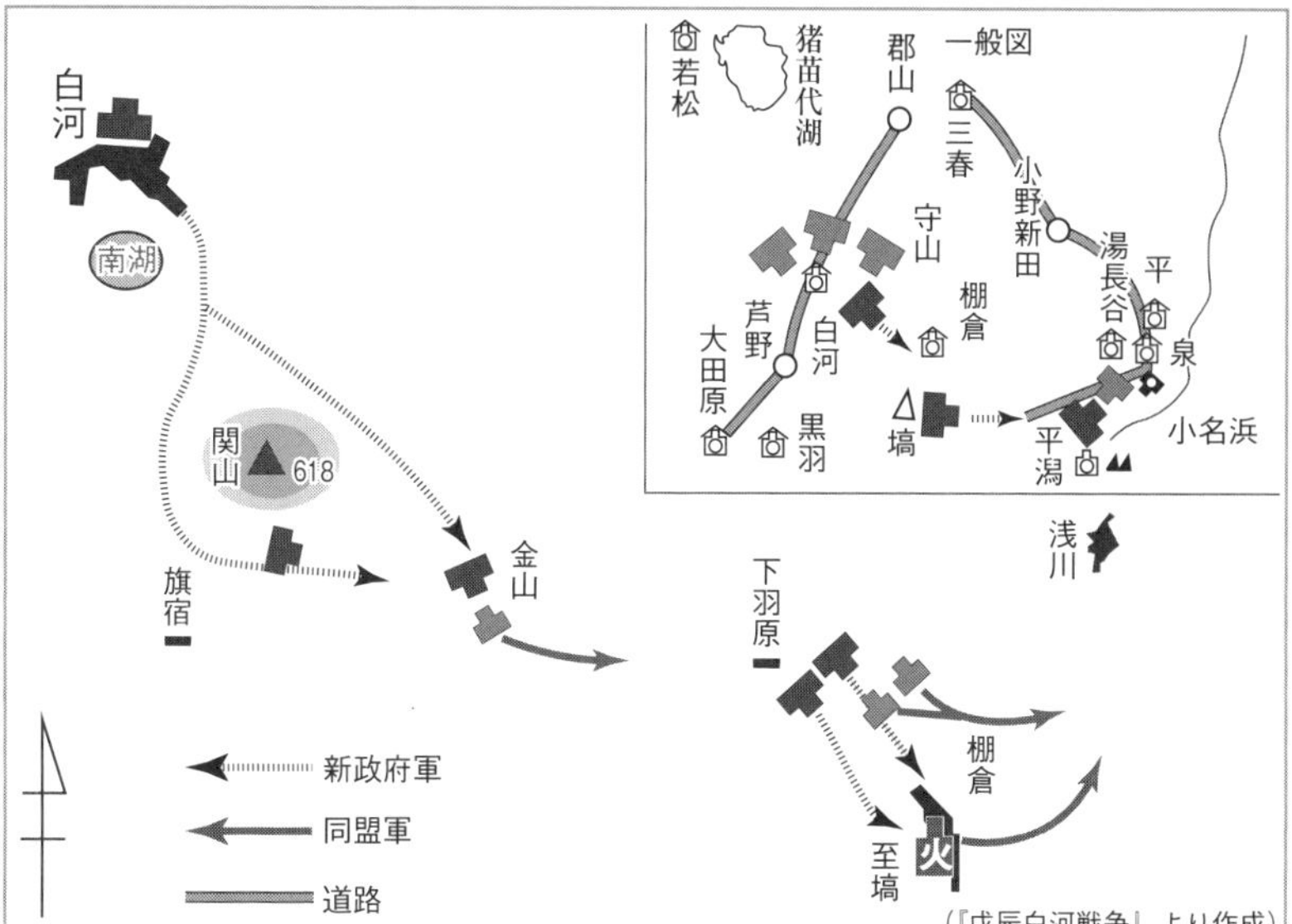

（『戊辰白河戦争』より作成）

た会津藩より人質を要求されていたこともあったので、やむなく藩主正静が会津若松の願成就寺に入った。この時いっしょに妻子などの家族も長沼に避難させている。

そうした後、棚倉城を守っていたのは前藩主正外であった。棚倉藩兵の多くは、飛び領のあった平方面や白河方面の戦線へ出陣していたので、城を守備する兵はわずかしかいなかった。同盟軍に援軍を要請しても十分には集まらず、板垣軍の猛攻を受けると、正外は家臣に城を焼かせて退去したのだった。

板垣軍は棚倉を占拠すると、翌二十五日には高田藩の釜子陣屋を襲撃し、周辺地域の掃討戦をおこなった。その後ひと月ほど棚倉に駐屯する。

棚倉を退去した正外と藩士やその家族は飛び地のあった保原陣屋へと逃れた。棚倉落城の知らせを聞いた会津の正静や長沼の家族も保原へと避難する。

七月になっても同盟軍の白河奪還攻撃は続けられたが、奪還作戦はついに成功しないまま終わる。二十七日、棚倉に駐屯していた板垣軍と平の兵とが呼応して北上し三春藩を降伏させ、二十九日、すぐさま二本松城を陥落させた。

それまで同盟軍の支配下にあった福島県北地方は一挙に緊迫した状態となる。同盟に参加していた下手渡《しもてど》藩（本藩は九州柳川藩）と三春藩が新政府側となったので、保原陣屋に避難していた棚倉藩は仙台藩とともに新政府軍と戦うことになった。しだいに戦況が不利になってくると、棚倉藩士とその家族は仙台領や飛び地

▼輪王寺宮公現法親王
上野の東叡山（寛永寺）において天台宗を管轄していた。上野戦争の後東北に逃れてきた。戊辰戦争後は還俗して能久親王と復名し北白川家を相続した。

正静が一時非難した保原の泉福寺

保原陣屋跡前

のある山野辺陣屋へと避難する。

白河戦争以後

七月末で白河口の戦闘は一応の決着をみたが、八月になると新政府軍の攻勢は一段と強まっていく。一日に北越では新潟を占領し、四日には相馬を降伏させた。枝葉をひとつひとつ落とし、外堀を埋め、しだいに本丸の会津藩に迫っていく。二本松を占拠していた板垣退助、伊地知《いじち》正治《まさはる》★両参謀に率いられた新政府軍は、二十一日に石筵《いしむろ》・母成《ぼなり》峠を突破し、翌日には猪苗代湖北岸の戸の口原の十《じゅう》六橋《ろくきょう》まで侵攻した。

さらに二十三日には、一気に怒濤の勢いで会津若松城下に押し寄せた。会津藩はここからひと月の籠城戦に入る。その間に、米沢藩、仙台藩という会津藩の盟友であり同盟軍のもっとも核となる藩が次々と降伏した。為すすべのなくなった会津藩もついに力尽きて、九月二十二日、松平容保が城を出て降伏した。

こうした情勢のなかで棚倉藩も降伏せざるを得なくなる。阿部家十三代藩主であった正備《まさかた》はすでに隠居して養浩《ようこう》と称していたが、実家である大村藩などを通じて降伏の意を新政府側に伝えた。これにより、棚倉藩は九月十八日に降伏が認められた。

伊地知正治
（国立国会図書館蔵）

▼伊地知正治
薩摩藩の戦奉行・官軍の参謀として戊辰戦争を戦う。明治政府では、参議兼左院議長などをつとめた。

落城後に撮影された小峰城正面（南側）の石垣
（『訂正増補白河案内　全』〈明治44年発行〉より）

十月十三日、藩主正静と養浩は保原を出発し、東京で謹慎することとなった。正静は隠居し、阿部家の家督は光之介（のちの正功《まさこと》）が継いで十八代藩主となった。棚倉藩士とその家族もこの年の暮れから翌年の春にかけて続々と棚倉に帰還してくる。

旧幕府海軍副総裁榎本武揚率いる軍は、北海道の箱館に拠って新政府軍と戦ったが、明治二年（一八六九）五月十八日に降伏し、ついに戊辰の内乱は終わりを告げた。

白河藩主であった阿部家が棚倉に転封されたことで白河藩はなくなったが、幕末期から明治初期にかけては政治の混乱期であり、行政機構も目まぐるしく変わっている。白河藩領は、阿部家の支配から小名浜代官領になり、新政府の成立以降は政府の直轄領となった。慶応四年（明治元年）四月、佐久山《さくやま》藩白河民政取締所★の支配となり、同藩から取締官が白河に赴任してきて玄仙小路の常盤彦市家★が庁舎とされた。

明治二年二月、白河民政局が置かれ平民政局官員が派遣されてきた後、八月に白河県が誕生すると民政局は廃止された。このような支配のしくみは、明治九年の福島県の成立まで続いた。

薩長を中心とした新政府軍は錦旗を掲げ官軍と称し勝利をおさめ、旧幕府軍・会津藩および奥羽越列藩同盟軍は敗れて朝敵とされ、戦争後は減封や転封などの

阿部正功
（小峰城歴史館蔵）

▼佐久山藩白河民政取締所
戊辰戦争後、白河城下は明治政府の命により、一時期佐久山藩が管理していた。

▼常盤彦市家
常盤家は白河城下において町名主をつとめ、問屋を営み富裕な町人だった。

重い処罰を受けた。

白河の戦争はおよそ百日間におよび、戊辰戦争のなかで最も長い戦場となり、両軍合わせて千名もの戦死者を出した激戦であった。戦死者はそれぞれの立場や信義において戦い、尊い犠牲となった。白河市内とその周辺には慰霊碑や墓が百基以上もあるが、白河の人々は戦死者を敵味方の隔てなく平等に弔い、百五十年以上経った今日でもなお香華を手向けている。

最大の激戦地であった稲荷山に「戊辰之碑」が建てられ、白河で犠牲となったすべての戦死者の名が刻まれ祀られている。稲荷山の麓の会津藩墓地には、会津藩の鎮魂碑と新政府軍を道案内した大平八郎を仇とし討ち果たして死んだ会津藩士田辺軍次の墓が並んで建っている。また会津藩墓地の道路を隔てたすぐの所には、長州藩士と大垣藩士の墓がある。これらは関係者と地元有志によって祀られたものである。

死者に対してはすべて御霊として祈りを捧げる対象と考える日本人の死生観というものが、白河の人々のなかにも受け継がれていた証でもあろう。

戊辰戦争では、武士だけでなく一般庶民も戦禍で多大な被害を被った。農民は武器・食糧運搬の人夫として徴発されたり、戦火で家を焼かれ、田畑を荒らされた。人々の苦難は戦後もしばらく続き、復興にはなお時間を要するのだった。

鎮英魂碑（南湖鏡山）

阿部正煕の墓（常宣寺）

阿部家墓地（蓮家寺）

白河口の戦いでのおもな戦死者の慰霊碑・墓・供養塔一覧

所在地	東西別等	慰霊碑・墓・供養塔
女石《おんないし》	東	仙台藩士戊辰戦没之碑
	東	戦死供養塔
	他	無名戦死ノ碑
	他	遊女《ゆうじょ》・しげの碑
芳寺《ぼうじ》(向寺《むかいでら》)	東	福島藩士十四人墓
護神山(郭内《かくない》)	西	戊辰薩藩戦死者墓
峯寺(道場町《どうじょうまち》)	東	戦死供養塚
川寺(愛宕町)	東	棚倉藩・小池理八《こいけりはち》の墓
	東	仙台藩・石川大之進《いしかわだいのしん》の墓
	東	戦死供養塔
	他	中町問屋《とんや》・常磐彦之助《ときわひこのすけ》の墓
徳寺(大工町《だいくまち》)	東	戦死人供養
	東	新選組・菊池央《きくちたのむ》の墓
長寿院(本町北裏)	西	慶応戊辰殉国者墳墓(新政府軍92人の墓)
	西	白河役陣亡諸士碑
蔵寺《ぞうじ》(本町)	東	戦死供養塔
持寺《じじ》(巡り矢《めぐりや》)	西	広島藩・加藤善三郎《かとうぜんざぶろう》の墓
宣寺(向新蔵)	東	会津藩戊辰戦死十二士之墓
	東	南無阿弥陀仏《なむあみだぶつ》
	東	明治戊辰戦死之墓
	東	棚倉藩・阿部内膳《あべないぜん》の墓
	東	棚倉藩・間野保之助《まのやすのすけ》の墓
	東	会津藩・三坂喜代介《みさかきよすけ》の墓
	東	会津藩・笹沼金六《ささぬまきんろく》の墓
	東	会津藩・長谷川信之《はせがわのぶゆき》の墓
	東	会津藩・中野半三郎《なかのはんざぶろう》の墓
興寺《こうじ》(向新蔵)	東	会津藩・海老名衛門《えびなえもん》の墓
	東	戦死塚
南町《みなみまち》	東	南無阿弥陀仏
白井掛《しらいかけ》	東	無縁塚
米山越《よこやまごえ》	東	仙台藩・斎藤善治右衛門《さいとうぜんじえもん》の墓
円明寺《えんみょうじ》	東	二本松藩士慶応戊辰役戦死之霊
寺小路《てらこうじ》	東	戊辰役戦死之碑

所在地	東西別等	慰霊碑・墓・供養塔
松並	東	戦死墓(会津藩)
	東	銷魂碑《しょうこんひ》(会津藩)
	東	会津藩(斗南藩《となみはん》)・田辺軍次《たなべぐんじ》の墓
	西	長州大垣藩《ちょうしゅうおおがきはん》戦死六名墓
南湖	東	鎮英魂《ちんえいこん》(棚倉藩)
八竜神《はちりゅうしん》	東	戊辰役戦死之碑
小野薬師堂《おのやくしどう》(小田川)	東	戊辰戦死供養塔
宝積院《ほうしゃくいん》(小田川)	東	仙台藩・佐々木広之助《ささきひろのすけ》の墓
	東	会津藩・丹羽新吾《にわしんご》の墓
桜岡	東	戦死供養
南田《みなみだ》	東	戦死数名埋葬塔
双石《くらべいし》	東	戦死霊魂《れいこん》供養
搦目《からめ》	東	戊辰戦死之碑
	東	戦死数名埋葬塔
北裏	東	戦死霊魂供養
夏梨《なつなし》	他	農民・大竹繁三郎《おおたけしげさぶろう》の墓
観音寺《かんのんじ》(白坂)	東	会津藩・鈴木義之助《すずきぎのすけ》の墓
	西	大垣藩・酒井元之丞《さかいもとのじょう》等三名の墓
	西	長州藩・岡勝熊《おかかつくま》の墓
	西	長州藩・浅野外祐《あさのがいゆう》の墓
	他	庄屋・大平八郎《おおひらはちろう》の墓
	他	大庄屋・白坂市之助の墓 ※観音寺道路向かいの個人墓地にある
白坂	西	大垣藩・酒井元之丞戦死跡の碑
関辺	東	戦死墓
清光寺《せいこうじ》(田島《たじま》)	西	宇都宮藩・増渕勝蔵《ますぶちかつぞう》の墓
正金寺(表郷金山《おもてごうかねやま》)	東	仙台藩・西田林平《にしだりんぺい》の墓
	西	館林藩・梅沢長次郎《うめざわちょうじろう》の墓
表郷三森《みもり》	東	棚倉藩・内儀茂助《ないぎもすけ》の墓
長伝寺《ちょうでんじ》(東釜子)	東	忠干碑(越後高田藩)
	東	戦死集霊供養塔

東：同盟軍（東軍）
西：新政府軍（西軍）
他：その他

慰霊碑・墓・供養塔名は、基本的に碑面の表記に従っているが、個人の碑・墓・塔については、「(所属藩・身分)・(名前) の墓 (碑)」等と表記している。藩が限定されているものについては、(○○藩) と記した。

『れきしら 上級編』(白河市) の図を参考に作成。

これも白河

「脇本陣柳屋」——新選組の泊まった宿

旧脇本陣柳屋の蔵座敷

白河は城下町であり、また、奥州街道の宿場町でもあった。とくに白河城下本町には旅籠《はたご》が軒をつらねていたが、そのうちのひとつの脇本陣が現在も残っている。参勤交代などで大名が泊まるのが本陣で、脇本陣はそれに次ぐ格式の宿であった。

戊辰戦争の時に「脇本陣柳屋」の蔵座敷に新選組が泊まっている。

慶応四年（一八六八）一月三日の鳥羽伏見の戦いに敗れた旧幕府軍と新選組は大坂から江戸に逃れてきた。その後、江戸近郊での戦争にも敗れた新選組は、会津へと落ち延びた。京都において、会津藩の指揮下で任務を遂行していた新選組は会津藩を頼ったのである。

すでに局長の近藤勇は千葉の流山で新政府軍に投降し、板橋で処刑されていた。副長の土方歳三は宇都宮の戦争で負傷したために、会津では斎藤一が隊士の指揮を任された。

斎藤一（個人蔵。福島県立博物館寄託）

慶応四年閏四月、新政府の管理下にあった白河城攻撃のために白河に進軍してきた会津藩兵とともに新選組（約一〇〇名）も白河にやってきて、白河での戦争に出陣している。

閏四月二十五日の戦争では新政府軍を撃退した。この時、流山で「大久保大和」という偽名で投降した近藤を新選組局長であると新政府軍に告げた元新選組隊士で、薩摩藩指揮下にあった清原清を戦死させている。近藤の敵討ちを果たしたのである。その後、五月一日の激戦で奥羽列藩同盟軍・会津藩とともに戦った新選組は敗れ、隊士の菊地央が戦死している。

菊地央
（市立函館博物館蔵）

これも白河

新選組沖田総司

新選組副長助勤の沖田総司は白河藩と縁が深い。沖田総司に関しては、資料が乏しくはっきりしない部分が多く、研究者の間でも諸説がある。沖田の墓のある東京都港区元麻布の専称寺の過去帳によれば、総司の父親は沖田勝次郎となっている。白河藩の「阿部藩分限帳」には、

米二十二俵二人扶持　天保二卯七月廿日

友部時右衛門組　沖田勝次郎

の記載があり、これによれば総司は白河藩士の子ということになる。沖田家は代々江戸詰の藩士であった。勝次郎の死後、沖田家は総司の姉ミツの夫林太郎が継いでいる。

やがて林太郎と総司は白河藩を離れ、新徴組そして新選組隊士となる。

天然理心流の試衛館道場で鍛えた総司は天才的な剣士に成長する。十二歳の時には、白河藩阿部家の剣術指南役と試合をして勝っていると伝えられている。

戊辰戦争白河口の戦いで同僚の斉藤一や中島登が戦っている時、沖田は労咳が悪化し江戸で療養中であったが、白河落城のひと月後、享年二十五（または二十七）で短い生涯を終えている。

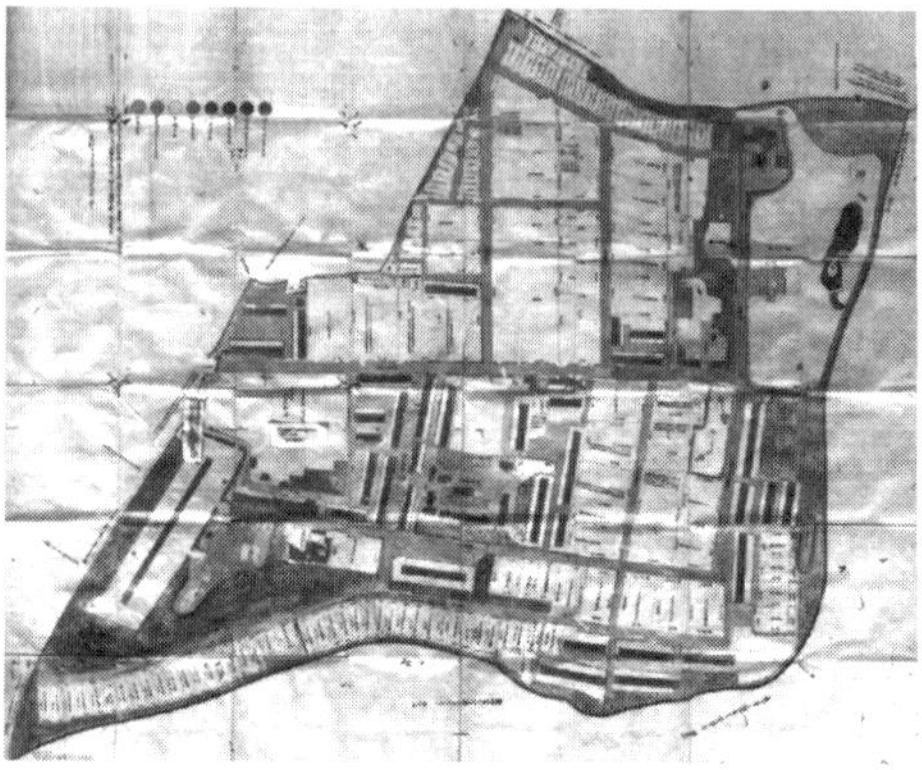

阿部家下屋敷絵図（阿部正靖氏蔵。学習院大学史料館管理）

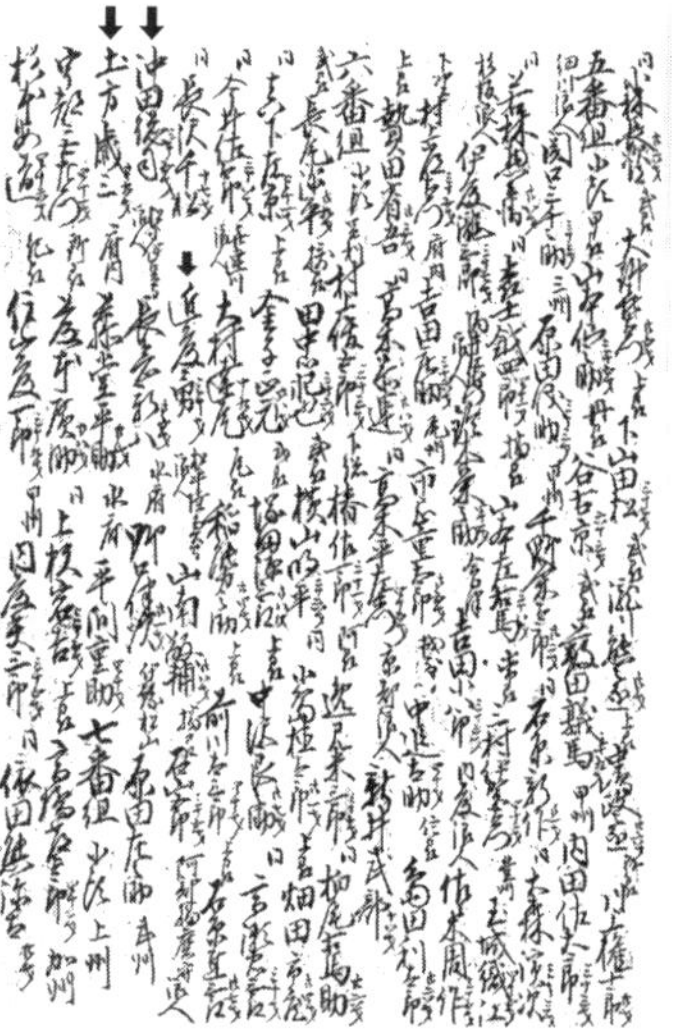

「公餘録」浪士連名控より（⬇は編集部／阿部正靖氏蔵。学習院大学史料館管理）

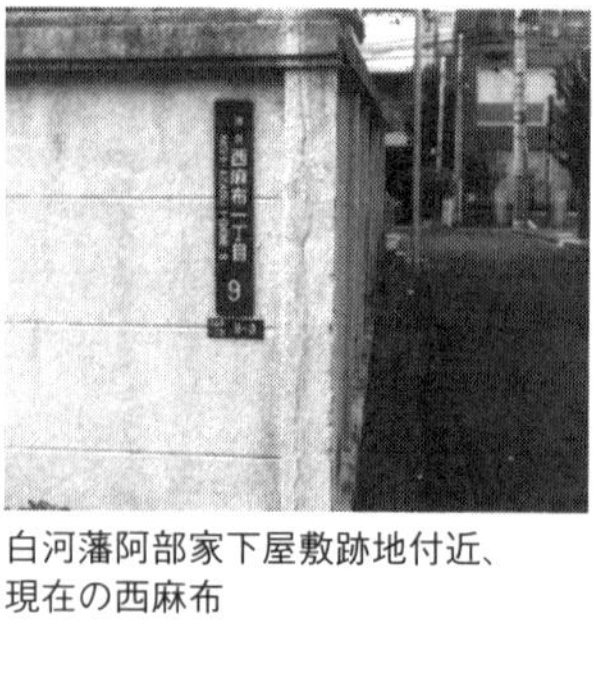

白河藩阿部家下屋敷跡地付近、現在の西麻布

これも白河

大正の天才画家関根正二と芥川賞作家中山義秀

洋画家の関根正二は明治三十二年（一八九九）四月三日、白河市搦目に生まれた。その後、父の政吉が東京の深川に転居することになったので、正二も上京して深川の小学校に入学した。

正二は、のちに美人画で有名になる伊東深水と交友をもつようになり、伊東の紹介で東京印刷会社の図案部に就職する。正二は伊東に勧められて日本画を描き、大正二年（一九一三）第十三回巽画会展に「女の児」を出品して入選している。

その後正二は、洋画家の小林専、河野通勢、安井曽太郎などの影響を受けて思索を深め、芸術的にあるいは宗教的に目覚めていったようである。

大正四年、第二回二科展において「死を思う日」が初入選する。この時の印象派のセザンヌの影響を受けたといわれる安井の作品の色彩感覚に正二は強い衝撃を受け、その後の作品に大きな変化が生まれる。

そうして正二は、「少年」「真田吉之助夫妻像」などを描き、大正七年には第五回二科展で「信仰の悲しみ」「姉弟」「自画像」を出品し樗牛賞《ちょぎゅうしょう》を受賞している。まさにこれから正二の画家としての才能が大きく開花しようとした翌年、正二は深川の自宅で息を引き取った。

わずか二十年の、あまりにも短い天才画家の一生であった。

関根正二

中山義秀

芥川賞作家の中山義秀は、明治三十三年十月五日、西白河郡大屋村（現白河市大信）に生まれた。父親は、石岡藩の長沼陣屋の武士の末裔であり、大屋村の下小屋で水車小屋を営んでいた。その後、中山家は平、郡山、二本松と転居した後、義秀は郡山の安積中学（現安積高校）に入学し、卒業後早稲田大学へ進んだ。その後、中学校の英語の教員をしながら創作活動を続け、昭和十三年（一九三八）に「厚物咲」で芥川賞を受賞。孤高の作家として高い評価の作品を書き続けた。

同三十九年に「咲庵《しょうあん》」で野間文芸賞、同四十一年芸術院賞受賞。生まれ故郷への思いがひときわ強く、数多くの郷里に関連した作品を残している。

中山義秀生家

エピローグ

白河、四百年の歴史

令和三年（二〇二一）、戊辰戦争から百五十三年の月日が流れた。現在の白河市というものを考える場合には、近世（江戸時代）の白河藩の二百二十九年間と明治以降の時代の歩みを合わせて振り返って見なければならないであろう。

本文で記したように、白河には松平定信がつくった南湖公園その他の文化遺産がある。現在はなくなってしまったが、かつては近世から昭和まで続いていた馬市があり、そしてダルマ市は現在も白河の最大の年中行事、冬の風物詩として続いている。

しかし、白河には近世から続く郷土料理や伝統産業、あるいは文化が少ないという声も聞く。これは七家の藩主が交替したことにより、長い時間のなかで持続的に醸成され得べき産業や文化が育ちにくい環境にあったことも大きく影響しているのではないだろうか。藩主家の交代がほとんどなかった藩と比較した場合にはそのようなことが感じられる。

会津藩は加藤家が改易となったのちに徳川一門の松平家（保科家）が入り、幕末・戊辰戦争を迎える。二本松藩は外様であったが、白河から丹羽家が移り幕末まで藩主であった。相馬藩は相馬家が中世から連綿と続いて近世においても藩主となり、幕末まで存続した。三春藩も秋田家が江戸初期より幕末まで続いた。

白河と似たように譜代大名が何度も交替したのは、福島県内では平藩、棚倉藩などである。一概に比較はできないが、二十三万石の大藩の会津は、近世から続く産業や文化が現在まで数多く伝えられている。また、三春や相馬にも同様に、規模は異なるが近世から続く伝統的なものが残っている印象を受ける。

白河藩の場合には、初代藩主丹羽家が城と町を形成し、その後の白河藩の基礎を築いた。次にきた徳川四天王の一家である榊原家の白河在城は短期間（六年）であったので、とくにみるべきものはないが、その次の本多家の影響が暗い影を落としている。

丹羽家の時代には比較的ゆるやかだった徴税が、本多家がおこなった慶安検地以降、白河藩領内の農民に過酷な重税が課せられることとなった。その結果、多くの白河領民が困窮し、間引きや身売りせざるを得なくなったり、潰れ百姓が多く出て農村が荒廃した。このことが長く農民を疲弊させ、生産力を衰えさせ、領内の産業の発展を阻害した大きな要因ではないかと思われる。

人口の八割以上の農民が貧しく、主産業の農業が振興しなければ、当然のごとく地域の商業その他の産業も発展しない。また、経済的にある程度の余裕がなければ文化的発展ものぞめないのは明らかである。まさに、「衣食足りて礼節を知る」である。

このことを実証する良い例として、幕末期に有名となった農政家の二宮金次郎がいる。

当時は多くの農村が疲弊し、諸藩の財政もほとんどが窮迫していた。二宮が自家の農業経営に成功すると、財政の破綻したいくつもの藩から農村の立て直しを依頼される。金次郎が荒廃した農村でまず最初におこなったことは、一軒一軒の農家の暮らしの改善であった。あばら家を修繕し、破れた衣服をまともなものに替えさせ、きちんと食事をとらせた。その費用は金次郎が負担した。

そうして金次郎が農民の最低限度の生活の立て直しに成功すると、農民は健康となり働く意欲が出てくる。その結果、以前よりも広い面積の田畑を耕し、生産力も増加するのであった。さまざまな条件や方法の違いはあるが、金次郎の農村改善のおもな手法はこのようなものであった。

つまり、重税に喘ぐ白河藩の農民は最低限度の暮らしもままならず、そのために働く気力も体力も奪われ、一つひとつの農家が没落し、農村全体が荒廃していたのである。

藩の財政を農民からの税に依存している大名家は、農民が困窮していれば税収入は少なく、商人の献金などに頼らざるを得なかったが、その商人もそれほど豊かではなかった。白河では豪商という言葉は聞かない。民が貧しければ武士階級も困窮するのは当然の結果だった。

松平定信が藩主となると、さまざまな政治改革を実施して領内の産業と文化の振興に尽力した。文化政策は成功し、のちの世に多くの文化遺産を残している。しかし、産業振興策としてさまざまな産業移入をおこなっているが、それが定着して後世に続いたとはいい難いのでないだろうか。定信の松平家が桑名に移ってしまうと廃れてしまったものが多いように見受けられる。

戊辰戦争で白河は百日もの長い期間戦場となり、約一〇〇〇人の戦死者を出した。城は焼け落ち、民衆も甚大な被害を受けた。新しい時代となっても戦争後の荒廃から復興するまでに多くの犠牲と時間を要したのであった。

それまで政治の中心であり、知識階級でもあった武士層は転封により棚倉に移った。戊辰戦争後白河に戻ってきた士族はわずかであった。一概にはいえないが、このことも他の城下町とは異なる状況ではないか。

白河に戻ってきた阿部家の士族が、町長となったり、教育者となったりして、白河の行政や教育・文化における指導者として貢献した面もみられるが、やはり絶対的に数は少なかった。そのようなことも明治以降の白河の発展に少なからず影響しているのではないだろうか。

現在の白河市は、『週刊東洋経済 臨時増刊』の「住みよさランキング二〇二〇」で、全国の八一二市区中六一位、福島県内では初めて第一位となった。白河市は首都圏からおよそ二〇〇キロ。高速道路のインターチェンジと新幹線の駅があり、交通の利便性は良い。

秀麗な那須連峰とその山系を源流とする清冽な阿武隈川の流れ、標高三〇〇メートル台の高原の冷涼な気候。江戸時代初期から四百年変わらない、旧奥州街道と街並は落ち着いた城下町の佇まいを見せている。郊外店を中心として商業施設も飲食店もあり、生活の快適度も高い。近年では図書館や文化ホールも新しくでき、文化面での充実度も増している。

これは明治以降、白河の発展に心血を注いできた先人の苦労とたゆまぬ努力の賜物であろう。

プロローグで触れた白河藩の特徴や問題が本書でどれだけ明らかにすることができたかはわからないが、本書がこれまでの白河の歩みを考える一助となり、将来の白河に寄与するものとなれば幸いである。

あとがき

「シリーズ藩物語」には、本来白河藩は刊行予定にはなかったものである。それは、このシリーズにおける藩は、大政奉還（一八六七年十月）時点で存在した藩が対象だったからだ。冒頭と本文の中にあるように、最後の白河藩主であった阿部家は、大政奉還直前の慶応二年（一八六六）六月に棚倉に転封となり、その代わりの大名も来ないまま白河には藩そのものがなくなってしまった。

しかし、日本全国を対象としたこのシリーズのなかで白河藩がないのは、寛永から大政奉還の直前までの二百数十年間確かに白河藩が存在していたこともあり、「城下町白河」の人間としてはあまりにも残念な思いから、現代書館の菊地泰博社長にお願いしたところ出版の運びとなった。菊地社長および編集担当の荒井由美さんには大変感謝申し上げます。

二〇二〇年は年明けから新型コロナウイルスが全世界に拡大し、一億人以上が感染し百万人以上の人々が亡くなっている。経済的には、世界恐慌以来の不況といわれる未曽有の危機的な状況が、今なお続いている。

一概に比較はできないが、個人的には二〇一一年の東日本大震災を思い出す。地震と津波の被害の後、目に見えない放射能の影響に日本中が怯え恐れた。ウィルスも目に見えない恐怖をもたらしている。感染そして死の恐怖が蔓延し、経済はまさに恐慌状態である。現在のところまったく終息の兆しすら見えない。

東日本大震災の時は多くの人々が互いに助け合い、絆を深めた。そのなかで同じ日本人、東北人、そして放射能の直接的被害と間接的な風評被害に晒された福島県人の思いを深く感じたものであった。

あれから十年、まだまだ復興の途次にあるなかで、今回さらなる災禍に見舞われた。われわれはどのようにして現在の苦難を乗り越えていったらよいのか誰にもわからない。しかし、わたしは人間というものの強さを信じたい。その強さの背景、根底にあるものは、やはりこれまで先人が長い間培ってきた歴史ではないだろうか。人類も日本人も膨大な歴史のなかでさまざまな苦難に遭遇し、それを克服してきたのである。われわれはそれを歴史から学び、現在の苦境を乗り越えていかねばならないと思う。

最後に、出版にあたり、貴重な資料や情報を提供してくださった方々に心より感謝申し上げます。

誠に有難うございました。

植村美洋

令和三年春　新型コロナウイルス感染の終息を祈念して。

参考文献

白河市編『白河市史』全三巻　一九七一年
白河市編『白河市史』全十巻　二〇〇六年
白河市編『れきしら　入門編』二〇一三年
白河市編『れきしら　上級編』二〇一五年
白河市編『白河市勢要覧』二〇〇九年
白河市・白河戊辰一五〇周年記念事業実行委員会編『戊辰白河戦争』二〇一八年
白河市教育委員会編『白河市の文化財』二〇〇〇年
白河市教育委員会編『史跡名勝南湖公園　整備基本計画』二〇一七年
白河市教育委員会編『国指定史跡及び名勝　南湖公園』二〇一〇年
白河市歴史民俗資料館編『定信と庭園』二〇〇一年
白河市歴史民俗資料館編『白河城下　町絵図調査報告書』二〇〇三年
白河市歴史民俗資料館編『特別企画展　松平定信とその時代』二〇一六年
白河市歴史民俗資料館編『企画展　丹羽長重と小峰城』一九九〇年
福島県教育委員会編『歴史の道　白河街道』一九八四年
ふくしまDC県南推進協議会編『しらかわ観光ガイドブック』二〇一六年
学習院大学史料館編『阿部家史料　一』一九七五年
学習院大学史料館編『阿部家史料　二』一九七六年
学習院大学史料館編『陸奥国棚倉藩主・華族・阿部家資料』(二〇〇一年)
一般社団法人白河鎮英魂保存会編『譜代大名　阿部家の歴史と慰霊』二〇一九年
佐久間律堂『戊辰白河口戦争記　復刻』一九八八年
金子誠三『新聞写真で綴る　日本一の白河馬市』二〇一四年
金子誠三『白河の関　歴史と文学』一九八八年
橋本登行『服部半蔵と吉村又右衛門』二〇〇九年
西沢淳男『代官の日常生活』二〇〇四年
歴史春秋社編『白河』二〇一五年
歴史春秋社『寺西封元』一九七七年
歴史図書社『白河古事考』一九七六年
戎光祥出版『関ケ原と直江兼続』二〇一四
金森敦子『芭蕉「おくのほそ道」の旅』二〇〇四年
三栄書房『戦況図解　戊辰戦争』二〇一八年
株式会社郷土出版社編『白河の歴史』二〇〇〇年
二本松市歴史史料館編『丹羽家興亡の足跡』二〇一八
財団法人福島県文化振興事業団『天地人の時代』二〇〇九年
石田明夫『国境に造られた攻守の遺構』二〇〇七年
しらかわ歴史のまちづくりフォーラム『天地人』二〇〇九年
山川出版社『詳説日本史図録』二〇〇八年
雄山閣編『藩史大事典　第一巻　北海道・東北編』一九八八年
青蛙房編『五街道細見』一九五九年
山川出版社『日本史広辞典』一九九七年
山川出版社『日本史用語集』二〇一四年
白河市歴史民俗資料館『白河藩主七家二十一代』
白河市産業部商工観光課『戊辰としらかわ』

協力者

白河市歴史民俗資料館　小峰城歴史館　白河市立図書館　白河市中央公民館　学習院大学史料館　伊達市歴史文化資料館　須賀川市文化財課　須賀川市立博物館　風流のはじめ館　福島県立博物館　会津若松市立会津図書館　白虎隊記念館　塙町教育委員会　白河市鎮英魂保存会　玉家
泉岳寺　西福寺　大長寺　泉福寺　常宣寺　長寿院　関川寺　龍興寺　大網寺　皇徳寺　妙関寺　蓮家寺　南湖神社　鹿嶋神社　白河神社
金子誠三　安司弘子　福井勝己　鑓水実　鈴木正興

図版(地図・系図・表)一覧

植村美洋（うえむら・よしひろ）
昭和三十一（一九五六）年福島県棚倉町生まれ。白河市在住。
福島県立高等学校、白河市中央公民館勤務。現在中山義秀記念文学館館長。
著者『白河市史　二　近世』（第四編執筆）『戊辰白河戦争』『譜代大名　阿部家の歴史と慰霊』『白河』他。

シリーズ藩《はん》物《もの》語《がたり》・別《べっ》巻《かん》**白河藩《しらかわはん》**

二〇二一年三月二十日　第一版第一刷発行

著者――植村美洋
発行者――菊地泰博
発行所――株式会社　現代書館
東京都千代田区飯田橋三―二―五　郵便番号１０２―００７２　http://www.gendaishokan.co.jp/
電話０３―３２２１―１３２１　ＦＡＸ０３―３２６２―５９０６　振替００１２０―３―８３７２５
組版――デザイン・編集室 エディット
装丁・基本デザイン――伊藤滋章（基本デザイン・中山銀士）
印刷――平河工業社（本文）東光印刷所（カバー・表紙・見返し・帯）
製本――鶴亀製本
編集――荒井由美
編集協力――黒澤　務
校正協力――高梨恵一

 ISBN978-4-7684-7301-6

江戸末期の各藩

松前、**八戸**、七戸、黒石、**弘前**、**盛岡**、**一関**、**秋田**、亀田、本荘、秋田新田、仙台、松山、**新庄**、**庄内**、天童、長瀞、**山形**、上山、**米沢**、米沢新田、相馬、福島、**二本松**、三春、**会津**、**守山**、棚倉、平、湯長谷、泉、**村上**、黒川、三日市、**新発田**、村松、三根山、与板、**長岡**、椎谷、**高田**、糸魚川、松岡、笠間、宍戸、**水戸**、下館、結城、**古河**、下妻、府中、土浦、麻生、谷田部、牛久、大田原、黒羽、烏山、喜連川、**宇都宮・高徳**、**壬生**、吹上、**足利**、佐野、関宿、高岡、佐倉、小見川、多古、一宮、**生実**、鶴牧、久留里、大多喜、請西、飯野、佐貫、勝山、館山、岩槻、忍、岡部、**川越**、沼田、前橋、**伊勢崎**、館林、高崎、吉井、小幡、安中、七日市、飯山、須坂、**松代**、**上田**、**小諸**、岩村田、田野口、**松本**、諏訪、**高遠**、飯田、金沢、荻野山中、**小田原**、**沼津**、小島、田中、掛川、**相良**、横須賀、浜松、富山、加賀、**大聖寺**、郡上、高富、苗木、岩村、加納、大垣、高須、今尾、犬山、挙母、岡崎、西大平、西尾、**三河吉田**、**田原**、大垣新田、尾張、**刈谷**、西端、長島、**桑名**、神戸、菰野、亀山、津、久居、鳥羽、宮川、彦根、大溝、山上、西大路、三上、膳所、水口、丸岡、勝山、大野、**福井**、鯖江、敦賀、小浜、**淀**、新宮、田辺、紀州、峯山、宮津、田辺、綾部、山家、園部、亀山、福知山、柳生、柳本、芝村、郡山、小泉、櫛羅、高取、高槻、麻田、丹南、狭山、岸和田、伯太、豊岡、出石、柏原、篠山、尼崎、三田、三草、明石、小野、姫路、林田、安志、龍野、山崎、三日月、赤穂、鳥取、若桜、鹿野、**津山**、勝山、新見、岡山、庭瀬、足守、岡田、岡山新田、浅尾、松山、鴨方、福山、**広島**、広島新田、高松、丸亀、多度津、西条、小松、今治、松山、**大洲・新谷**、**伊予吉田**、**宇和島**、徳島、**土佐**、土佐新田、**松江**、広瀬、母里、浜田、津和野、岩国、徳山、長州、長府、清末、小倉、小倉新田、**福岡**、**秋月**、**久留米**、柳河、**三池**、蓮池、唐津、**佐賀**、**小城**、鹿島、大村、島原、平戸、平戸新田、**中津**、杵築、日出、**府内**、臼杵、**佐伯**、森、**岡**、熊本、熊本新田、宇土、人吉、延岡、高鍋、佐土原、飫肥、薩摩、対馬、五島（各藩名は版籍奉還時を基準とし、藩主家名ではなく、地名で統一した）

★太字は既刊

シリーズ藩物語・別巻『白河藩』（植村美洋著、一六〇〇円＋税）

シリーズ藩物語・別冊『それぞれの戊辰戦争』（佐藤竜一著、一六〇〇円＋税）

江戸末期の各藩

（数字は万石。万石以下は四捨五入）